MATRIMONIOS *triunfantes,* FAMILIAS *felices*

GUILLERMO GOFF

EDITORIAL MUNDO HISPANO

EDITORIAL MUNDO HISPANO

7000 Alabama Street, El Paso, Texas 79904, EE. UU. de A.

www.editorialmundohispano.org

Nuestra pasión: Comunicar el mensaje de Jesucristo y facilitar la formación de discípulos por medios impresos y electrónicos.

 La Casa Bautista de Publicaciones publicó ediciones anteriores de este libro como *El matrimonio y la familia en la vida cristiana*.

Las citas bíblicas han sido tomadas de la Santa Biblia: Versión Reina-Valera Actualizada, 2006.

Editor: Rubén Zorzoli

Portada: Jorge Rodríguez

Diseño de páginas: Carlos Santiesteban

Primera edición: 2009

Segunda edición: 2013

Clasificación Decimal Dewey: 248.4

Tema: Familia, matrimonio

ISBN: 978-0-311-46338-1

EMH Art. No. 46338

1 M 2 13

Impreso en Colombia

Printed in Colombia

CONTENIDO

PRIMERA PARTE: EL MATRIMONIO

11 La vida espiritual en el hogar

12 Sugerencias para el programa de educación familiar en la iglesia

PREFACIO

La familia es lo más particular de cualquier cultura del mundo, ya sea vista por sus costumbres, relaciones o expresiones distintivas. Lamentablemente, desde el punto de vista cristiano evangélico, hay muy poco escrito sobre esta gran institución, vista desde la experiencia familiar hispanoamericana. La mayoría de los materiales disponibles son los que han sido traducidos y reflejan otra cultura. Indudablemente, estos materiales han servido para mucho bien, en especial cuando se han basado sobre fundamentos y principios bíblicos. Las bases bíblicas siempre se prestan para una aplicación de una cultura a otra. Sin embargo, hace falta algún intento de aplicar las verdades bíblicas al medio en que uno vive. Esta ha sido mi labor de amor por varios años sirviendo como misionero entre los enérgicos y vitales bautistas venezolanos. Reconozco que no tengo derecho de aparentar ser muy experto ni en la cultura hispanoamericana ni en el tema de la familia cristiana. La única justificación que tengo para escribir este libro es que he sentido de Dios que era preciso y urgente hacerlo. Los ensayos son estudios basados en la Biblia, libros y materiales de referencia, experiencias y observaciones personales, así como sugerencias y contribuciones de pastores y seminaristas. Mi esperanza es que esto sirva, aunque sea en una manera limitada, para orientar a mis hermanos de las iglesias evangélicas, junto con sus pastores y ayudantes, a tener una mayor conciencia en cómo vivir la vida cristiana dentro de la circunstancia familiar de cada uno. ¡Que el Señor nos haga a todos sabios en sus caminos y suficientemente valientes como para poner por obra sus mandamientos en nuestra vida particular y familiar!

Caben unas palabras de profundo agradecimiento a algunos que me ayudaron en gran manera con sus observaciones, sugerencias y correcciones. Especialmente dirijo estas palabras a Raúl Lavinz, amigo y estudiante en el Seminario Bautista de Venezuela, quien me asesoró y ayudó a poner en limpio los varios capítulos por dos ediciones. También a Rosa de Alfonso, Ester de Portillo y Ruth Chávez (de Lima, Perú), quienes leyeron varios capítulos e hicieron correcciones. La hermana Helen de Villamizar me ayudó, constreñida por el tiempo, a sacar en limpio varios de los capítulos en su

forma final. Una nota de gratitud también doy a mi hermano en Cristo, Daniel Cadima, secretario de relaciones públicas del Seminario Teológico Bautista de Venezuela, por producir una edición preliminar de esta obra para las clases de esta materia en la misma institución y para los estudios por extensión. Además de todos los mencionados, debo agradecer a mi esposa, Emilee, por su fiel colaboración y apoyo durante todo el tiempo de escribir este libro.

¡Alabado sea el Señor!

Guillermo Goff

Primera parte

EL MATRIMONIO

Capítulo 1

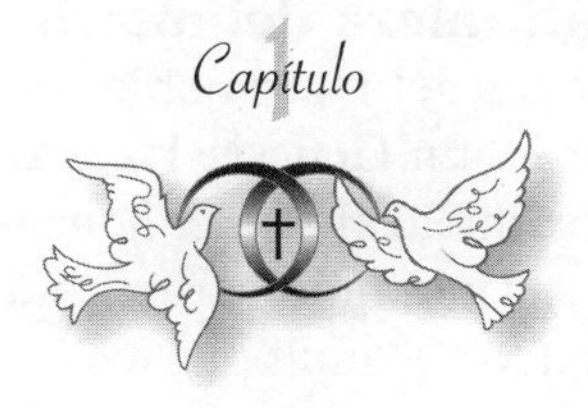

EL MATRIMONIO: LA RELACIÓN PRIMORDIAL

Cuando Dios comenzó el mundo, él puso en su ambiente todo lo necesario para una vida fructífera y placentera. Todo fue hecho así para que el hombre habitase en plena comunión con el Creador y con su creación. El hombre fue la máxima expresión de la creación hecha por Dios. La unión conyugal del hombre y la mujer fue la primera y, por consiguiente, la primordial institución de la creación de Dios. El hogar es antes del estado, la economía (o el trabajo) o aun la iglesia. Por eso, el hogar sirve y ha servido a través de los siglos como el fundamento de la sociedad. La sociedad depende, en gran parte, de la expresión y la forma de las familias que la componen.

Es por esta razón que es muy importante que la familia refleje el diseño y el deseo que Dios tenía cuando la comenzó. Este libro es un intento de investigar lo que la Biblia, sus expositores y los comentaristas dicen sobre el particular. Puesto que la problemática familiar es una expresión de cada cultura, tenemos que estar prestos para hacer que la luz escritural alumbre cada circunstancia cotidiana en nuestro ambiente, especialmente en el del mundo hispanoamericano. Sin embargo, la cultura latina no es la cuestión primordial, sino la naturaleza y el propósito que Dios ha dado al matrimonio primeramente y, por lo tanto, a la familia. Nuestra tarea es establecer con claridad los principios bíblicos que gobiernan el ideal divino para el matrimonio y la familia, y después examinar la expresión cultural a la luz de estos mismos principios.

La naturaleza del matrimonio

Las bases escriturales del matrimonio se encuentran en los capítulos 1 y 2 de Génesis. En Génesis 1:27, 28 se afirma que Dios, por su papel de creador, inició el primer hogar en el mundo, formando la primera pareja en una unión fructífera y responsable (note las palabras "sed fecundos", "multiplicaos", "sojuzgadla" y "tened dominio"). Debemos recordar que la naturaleza del matrimonio comienza con el hecho de la creación de Dios. De ahí que el primer elemento de la naturaleza del matrimonio es ser una institución divinamente ordenada.

Hemos dicho ya que el hogar es la primera institución de la creación. Sin embargo, es menester interpretar esta institución, antes que todo, no en términos fríos y estáticos por medio de estadísticas, sino verla desde el punto de vista de la relación humana que la vivifica. El punto de vista bíblico la mira como la unión de dos personas de diferente sexo (desgraciadamente, hoy en día hay que ser claro sobre este asunto), creadas por Dios como distintas y a la vez hechas la una para la otra. Esta naturaleza divina que Dios formó y bendijo como la unión conyugal es una realidad para todos.

El segundo elemento de la naturaleza del matrimonio sigue esta misma idea, porque es una unión natural. Dios hizo a todo hombre y a toda mujer dándoles ciertos impulsos naturales, y uno de los más fuertes es el sexual. El matrimonio brinda la forma más natural para dar expresión adecuada y sensata a este impulso. Por lo tanto, encontramos en Génesis 2:24 que los dos se unirán "y serán una sola carne". Esto se explorará más adelante, pero debemos entender en este contexto que el matrimonio es la expresión natural que Dios ha provisto para que una pareja se una en una relación física y placentera. Además, "una sola carne" desde el punto de vista hebreo se entiende en términos de toda la personalidad y no solamente lo físico. En otras palabras, es una descripción de la relación matrimonial entre dos personas, aun con sus personalidades diferentes. Es por medio de esta relación conyugal que el hombre y la mujer pueden cumplir algo de su naturaleza. Sin el trato sexual, algo queda incompleto en la personalidad de ambos. Por lo tanto, se requiere un don especial, el de "continencia", para poder tener una vida fructífera, sin el goce de la

unión conyugal (1 Cor. 7:7-9). Además, la experiencia en el ministerio nos ha mostrado que muchos que eligen quedarse sin casarse tienen que resolver su condición ante el Señor por medio de una dedicación continua en algún ministerio o servicio a otros. A veces esa dedicación tiene que ser renovada a lo largo de su vida. Para muchos no es algo que se decide una sola vez, sino que se repite durante los años de su vida.

Además, un tercer elemento señala que el matrimonio es una unión exclusiva. La frase "una sola carne" subraya la particularidad de la naturaleza humana. No somos hechos para diferentes uniones a la vez (poligamia), sino para una sola unión (monogamia). Aquellos que tratan de mantener más de una relación conyugal se frustran a sí mismos y frustran el propósito de Dios porque están dividiéndose en partes, dándose a otras personas que no son su cónyuge. La tarea de poder satisfacer a un solo marido o a una sola esposa es tan completa, que es imposible abarcar más y mantener la sanidad emocional. La infidelidad de uno de los cónyuges es también causa de una desintegración de su relación matrimonial y, por consiguiente, de debilitar la composición de la sociedad. (1 Cor. 6:16; 1 Tim. 5:6). Otro ángulo de este exclusivismo es el de dejar a los padres para unirse como pareja. Es ideal (en lo posible) que la nueva pareja tenga su propio techo y lecho para disfrutar la libertad y la responsabilidad de la vida matrimonial. Una implicación de este concepto es que la nueva pareja debe dedicarse mutuamente y no seguir dependiendo en los padres (Gén. 2:24.) Otras implicaciones de este principio serán exploradas bajo el estudio de los ajustes dentro del matrimonio.

El cuarto elemento de la naturaleza matrimonial está implícito en la idea de ser "una sola carne" en una unión permanente. Si hay un punto de flaqueza moral en los conceptos actuales sobre el matrimonio es en este asunto de la permanencia de los votos matrimoniales. La razón de esta debilidad moral en el mundo hoy es:

> que las parejas van corriendo ciegamente al casamiento sin una consideración detallada, aun sin conocerse realmente el uno al otro como personas. Algunas veces son sinceras, y creen que están profundamente enamoradas. Otros dirán, y muy en serio: "realmente no sabemos cuán duradera pueda ser nuestra unión, pero casémonos de todos modos y veamos cómo resulta. Si no concordamos, siempre tenemos la oportunidad de divorciarnos"[1].

También es problemática la cantidad cada vez mayor de personas que no se casan formalmente, sino que se unen en una convivencia de concubinato para no correr ni el riesgo del compromiso ni con el gasto de una ceremonia. Esto permite que la pareja se separe sin ninguna intervención de la ley civil, sufriendo de esta manera las heridas emocionales y morales.

¿Y qué de los niños, víctimas inocentes de ambos tipos de uniones inestables? ¿Es esto lo que Dios quería cuando instituyó el matrimonio? Claro que no. Dios quiere que el matrimonio sea una decisión que se haga con cuidado y con una debida preparación, que incluya la búsqueda de la voluntad de este mismo Dios al respecto. Aquí es donde tenemos que poner más peso como cristianos e iglesias: ayudar a nuestros jóvenes a saber cómo seleccionar con cuidado a su compañero de vida y cómo entregarse el uno al otro, para que la unión tenga mayor posibilidad de permanecer íntegra aun en medio de las tormentas morales de la actualidad.

Hay que reconocer, en quinto lugar, que el matrimonio, en su sentido original e ideal, es una unión espiritual. El elemento básico de todo buen matrimonio es el amor. Este amor debe cambiar y crecer con el paso de los años. Al principio, lo físico es absorbente, pero con el tiempo toma otra cara, no de menos importancia sino de una perspectiva más amplia. Llega a ser visto dentro de las múltiples facetas de la relación y no como una cosa aislada. En realidad, si hay madurez en el trato de la pareja, hay consideración y respeto mutuo que hacen que la expresión sexual sea aún más tierna e íntima. La verdad es que lo físico a veces no satisface por sí solo si no coincide con lo espiritual. Dios, por medio de Cristo, ha destinado que en él todas las cosas subsistan (Col. 1:17). El amor, aun siendo tan fuerte como para consolidar el matrimonio, puede morir si no recibe constantemente una renovación por medio de aquel que nos amó primero y se entregó a sí mismo por nosotros (Efe. 5:25-29).

Los propósitos del matrimonio

Estos cinco elementos de la naturaleza del matrimonio se están complementando en un sexto: es una unión para cumplir propósitos

definidos. Los propósitos de la unión son tanto positivos como negativos, esto es, creativos y preventivos[2].

El primer propósito creativo que el matrimonio tiene es el del compañerismo. Dios otorgó al hombre "una ayuda idónea" en el huerto de Edén. Esta expresión tiene que significar que Dios le dio al hombre una compañera para trabajar a su lado y ser el complemento de su vida.

Esta comunión íntima es primordial en la relación conyugal, más importante aun que la procreación y las otras funciones del matrimonio. Si traer niños al mundo fuera de primera importancia, ¿cuál sería la razón de seguir estando casados cuando los hijos son mayores y no siguen compartiendo el techo con los padres? La necesidad humana más grande es ser amado y apreciado. Esta sigue siendo una realidad aun cuando seamos viejos. (Referente al compañerismo en el matrimonio ver 2 Cor. 6:14; 1 Ped. 3:1-12; Gén. 2:18-24).

El segundo propósito creativo del matrimonio es la procreación. En realidad "una sola carne" significa no solamente que la unión sea establecida para ser "procreativa" sino también "unitiva"[3]. Esto será explorado más en el capítulo 5, pero aquí es menester señalar que el traer niños al mundo es una parte esencial del plan de Dios para la pareja. Lo más natural para una pareja que no puede tener niños es querer adoptarlos. La razón de esta tendencia humana es el feliz cumplimiento de la naturaleza del matrimonio desde la creación: el llegar a ser padres. Es de mucha importancia que "los hijos nazcan bajo las mejores condiciones posibles, y que tengan el cuidado amoroso de un padre y una madre quienes trabajan juntos y, aun con sacrificio, para su mayor bienestar"[4]. Es en este sentido de juntos crear una nueva vida, que el hombre y la mujer continúan colaborando con el Creador en la creación. Mace enfatiza que la palabra procreación significa "crear para y en beneficio de" otro, y este otro es el mismo Dios[5]. (Ver Sal. 127:3; Mal. 2:15).

Yendo más al grano de la naturaleza del matrimonio, especialmente desde el punto de vista cristiano, un tercer propósito creativo es la edificación mutua de la pareja, sus niños, familiares y aun de la sociedad misma. Hay una cierta inspiración que llega a la pareja y a

los que comparten su vida, cuando hay una buena y sana comunicación dentro de la relación conyugal (1 Ped. 3:1, 7; Efe. 5:29-32). La edificación está expresada claramente en 1 Pedro 3:4, 7 donde se exhorta a la mujer a tener "un espíritu tierno y tranquilo", mientras que el hombre es estimulado a dar "honor a la mujer como a vaso más frágil y como a coheredera de la gracia de la vida, para que vuestras oraciones no sean estorbadas".

Otra faceta de este propósito edificante es la de que dentro del hogar los niños reciban sus primeras instrucciones morales. Siempre la influencia de los padres deja huellas indelebles en las vidas de sus hijos. Es de suma importancia la perspectiva de los padres hacia esta responsabilidad para que logren criarles en "la disciplina y la instrucción del Señor" (Efe. 6:4b).

Los padres cristianos demuestran por su sabio gobierno en el hogar su capacidad de dirigir una familia más grande: la iglesia (1 Tim. 3:4, 5). Esta edificación también abarca la relación de la familia con el reino de Dios; es decir, Dios también quiere ser el Señor del hogar. Donde él es rey, hay paz y bendiciones incontables. Es ideal que la salvación llegue a todos los miembros de la familia (Hech. 16:31). Además, por su comportamiento y palabra, los que son cristianos tienen la potencia de influir (santificar) en los demás (1 Cor. 7:14-16).

Un cuarto propósito de la edificación creativa dentro de la familia es su importancia en el plan de Dios para la propagación de la fe. ¡Cuántas veces encontramos a Pablo hablando de la iglesia en la casa de algún creyente! (Rom. 16:5; 1 Cor. 16:19; ver Hech. 5:42). La familia cristiana puede tener una influencia para bien en sus propios hijos, y esto debe conducirles a la salvación y a la vida cristiana. (2 Tim. 3:14, 15). Hay un sentido genuino en que si Dios es nuestro padre celestial y si nos convertimos en parte de la familia de Dios, algo del cielo existirá aquí en la tierra. Por eso decimos que la familia tiene el propósito de edificar a la sociedad y al mundo por su ejemplo y conducta, esperando así poder alcanzar a otros para que ellos también pertenezcan a la gran familia cristiana.

Existen al menos dos propósitos preventivos que deben ser considerados. El primero de ellos es que el matrimonio provee el

vehículo natural para el control de las pasiones. Por muchos siglos los cristianos consideraron los impulsos sexuales como algo inferior en el hombre y que debían ser suprimidos. Sin duda alguna la pasión descontrolada es algo que corrompe y destruye la moral y el carácter. Pablo recalcó que el celibato es un don especial solo para aquellos que puedan controlar sus impulsos sexuales. Aquellos que no pueden hacerlo deben casarse para no caer en tentación (1 Cor. 7:1-6, 37). Quizá todo esto no parezca un motivo muy elevado para casarse. Sin embargo, Pablo reconoce que el sexo tiene una función particular dentro del matrimonio y llega a ser una expresión especial del amor matrimonial, donde dos se han entregado a sí mismos en casamiento. Ernest White dice que el matrimonio sirve para evitar que los deseos se conviertan en concupiscencia[6]. El matrimonio es la forma divinamente diseñada para la más legítima y satisfactoria expresión de los deseos sexuales (ver cap. 5).

El segundo propósito preventivo es el de impedir la disolución de la sociedad. Llegamos a esta interpretación por implicación del estudio bíblico en vez de escrituras específicas. Para los hebreos, el concepto de la familia se halla en la palabra *mishpaja* (tribu o pueblo), que significa la unidad familiar y el factor esencial de la comunidad[7]. Mientras que esta unidad se guardaba en Israel, los escritores bíblicos presumían que la estabilidad de su sociedad estaba garantizada. Es interesante notar que la idolatría, el adulterio y la fornicación estaban ligados en la ley mosaica y se los consideraba entre los pecados más graves, porque eran amenazas a la estabilidad familiar y social (ver Lev. 20:1-8, especialmente vv. 5 y 6). Yahvé declaró que rechazaría a Israel si se practicaban en ella el adulterio y otras aberraciones sexuales como en las demás naciones (Lev. 20:22, 23; nótese que esta declaración sigue a la condenación de toda clase de abominación sexual, Lev. 20:10-21). Tales prácticas inmorales amenazaban la sociedad que Dios había formado y eran una gran ofensa para él.

El matrimonio no solamente mantiene la sociedad unida y funcionando vitalmente, sino también cumple con el propósito que Dios tenía al instituir y consagrar la familia. Aún más, debemos preocuparnos con la diferencia que Cristo hace en el hogar.

El hogar cristiano

Es posible decir que toda familia en el mundo está constituida de tal forma que pueda gozar de la naturaleza y de la mayor parte de los propósitos del matrimonio sin mucha referencia a Dios. Es cierto, porque la familia es una realidad universal. Pero esto no ha de promover un punto de vista secular en cuanto al matrimonio y la familia, sino el que reconoce que la naturaleza de ellos viene desde la creación.

Entonces, si todo el mundo puede gozarse de los privilegios del sexo y tener una familia naturalmente feliz, ¿qué diferencia hace que el hogar sea cristiano? La respuesta es que hace toda la diferencia en el mundo. El hogar cristiano es un elemento redentor en la sociedad porque es el lugar donde Cristo debe y puede manifestar su "superioridad", especialmente haciendo más efectiva y funcional la vida familiar, especialmente en sus relaciones e interrelaciones. En la relación con Cristo la pareja puede aprender cómo responder en sumisión voluntaria y agradable a su Señor. Esto les prepara para someterse el uno al otro (Efe. 5:21). En "conocer" a Cristo, uno comprende el gran misterio de conocer a uno que de veras le ama. Esto le capacita para expresar un amor no fingido hacia otros. Lo que uno ha recibido de Cristo como perdón, estímulos, aprecio, esperanza y gozo debe y puede ser reflejado en sus relaciones cotidianas comenzando dentro de su propia casa (Col. 3:12-21). Así hay una dimensión adicional, de mayor profundidad y potencialidad cuando la familia está fundada en Jesucristo. Las funciones naturales de compañerismo, unidad sexual y edificación están ampliadas al máximo cuando la pareja está relacionada amorosamente con Cristo como su Señor y Salvador. En realidad, es en Cristo que se cumple el potencial máximo del ser humano. Esto es verdad también en la experiencia familiar. Al poner en práctica el cristianismo en las relaciones más íntimas del matrimonio y en el trato familiar, se espera que se vean los beneficios de mayor estabilidad, gozo, propósito en la vida, comprensión y capacidad para realizar los roles que Dios diseñó para nosotros desde el principio.

Ejercicios

Cuestionario:

1. ¿Por qué se considera que la familia es la institución primordial en el plan de Dios para su creación?
2. Mencione los cinco elementos de la naturaleza del matrimonio. ¿Cuáles dos de ellos piensa que son los de mayor importancia? ¿Por qué cree que son los de mayor importancia?
3. Mencione los cuatro propósitos creativos del matrimonio.
4. Mencione los dos propósitos preventivos del matrimonio.

Para dinámica de grupo:

1. Si el matrimonio es una realidad en todas las culturas del mundo, ¿por qué enfatizamos que el hogar cristiano es el ideal? ¿Qué tiene de especial el hogar cristiano? (Anote algunas de sus propias ideas).
2. A la luz de 1 Corintios 6:16, cuando una persona forma una unión adúltera, ¿qué clase de confusión y frustración causa dentro de su matrimonio? ¿Es posible tener más que una unión de "una sola carne" y mantener la felicidad conyugal? ¿Por qué? (Anote algunos de sus pensamientos).
3. ¿Cómo explica la naturaleza espiritual del hogar? ¿Qué papel tiene el amor en el matrimonio? ¿Qué entiende por el concepto de que todas las cosas subsisten en Cristo (Col. 1:17), aun el hogar? (Anote sus observaciones).
4. ¿Está de acuerdo con que el primer propósito del matrimonio sea el de compañerismo? Explique sus razones por estar de acuerdo o en desacuerdo.

Capítulo 2

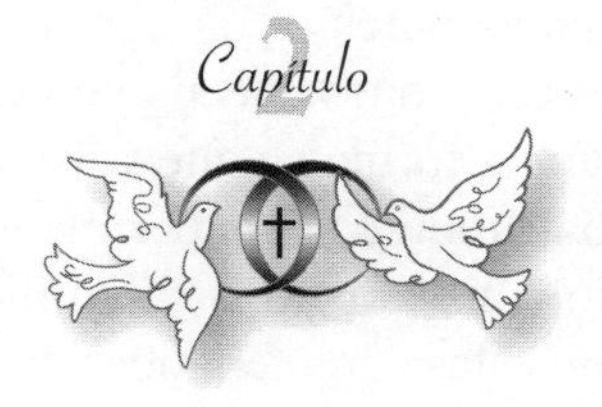

PREPARATIVOS PARA EL NOVIAZGO

Hay tres decisiones fundamentales que uno normalmente espera tomar en su vida: decidir si sigue a Cristo como creyente y discípulo, escoger una vocación, y elegir al compañero o a la compañera con quien casarse y compartir la vida. Como evangélicos ponemos mucho énfasis en capacitar doctrinalmente a los nuevos creyentes, y en cuanto a las prácticas y la moral de la vida cristiana, todo antes de bautizarles. Sería una falla muy seria el no preparar bien a aquellas personas para poder entrar en la vida de creyentes, como miembros de una iglesia. También nos preocupamos en prepararnos secularmente para nuestras vocaciones, para poder ejercer bien un oficio o trabajo y así poder sostenernos económicamente. Pero debemos reconocer que hemos flaqueado en preparar a los jóvenes de nuestras iglesias para la tarea cuyo cumplimiento durará toda la vida, esto es, en seleccionar a su cónyuge y casarse, sabiendo lo que hacen y cómo hacerlo bien. Hace falta darles un buen adiestramiento y una buena orientación en este campo. En el presente estudio serán investigados varios aspectos del noviazgo que incluyen: la amistad, las citas, los elementos de selección y algo de autoanálisis para calificar la compatibilidad entre los novios. Es preciso aquí tocar la delicada cuestión de las relaciones sexuales prematrimoniales, para ayudar a los jóvenes a entender bien el peligro que hay en ello.

Las amistades

Algunos piensan que la preparación para el matrimonio es un

asunto de pocas semanas antes de la ceremonia. En realidad comienza en la cuna. Las relaciones que alguien forma, aun en la infancia, crean las bases para la forma en que se relacionará cuando entre en el noviazgo y el matrimonio. Si experimenta a temprana edad la seguridad y el aprecio con los padres y familiares es más probable que siga reproduciendo estas características dentro de sus amistades. Por el contrario, el sentir inseguridad y rechazo puede crearle la incapacidad de relacionarse satisfactoriamente con sus semejantes o dentro de su círculo.

También es menester recalcar que la dirección que tome nuestra vida se debe a nuestra forma de tomar decisiones. Si tratamos de elegir correctamente, nos creamos un hábito de éxito, pero las malas selecciones también nos traen su sentido de frustración. Alguien lo expresó cierta vez así: "Siembra un hecho y cosecha un hábito; siembra un hábito y cosecha un carácter; siembra un carácter y cosecha un destino". La aplicación de este criterio es obvia en la selección de amistades y novios.

La manera en que alguien se acostumbra a formar amistades afecta considerablemente cómo se relacionará con su novio/a más tarde. Ganar y mantener buenas amistades es un arte que todos deseamos aprender. Se puede definir a un amigo como alguien que nos aprecia o nos quiere a pesar de conocernos. De modo que los amigos son de gran valor y han de ser tratados con cuidado. Este hábito de cuidar y nutrir la amistad crea un criterio estable para mantener la amistad íntima que se espera formar en el matrimonio.

El doctor Ralph Phelps hace resaltar que la amistad se engendra por ser amistoso, mantener una buena disposición, expresarse sinceramente, saber dialogar y manifestar un genuino interés en los demás. Son contraproducentes el egoísmo, la timidez, los modales incorrectos, la apariencia descuidada, la supersensibilidad, el mal genio, el faltar a los compromisos, la manipulación de otros y el ser criticón[1]. La escuela primaria para el matrimonio es el trato que uno da y recibe con los amigos de ambos sexos durante el tiempo de la niñez y adolescencia.

Estrechando vínculos

La cita romántica[2] es una costumbre relativamente nueva[3]. Es normal que esta comience por la inclinación natural de los jóvenes de formar parejas aunque permanezcan dentro del grupo que se reúne en el templo, en la escuela, o cuando salen en grupo a pasear. Es en este nivel que los jóvenes

> manifiestan preferencia mutua que puede representar tan solo amistad y no amor. Pero siempre indica un apego más fuerte. Es aquí cuando muchas veces se comienza a prescindir de otras compañías, cuando sienten atracción el uno por el otro, cuando caminan juntos y consideran que cierta afinidad se apodera de ellos; es el tiempo que debería ser aprovechado por la pareja para saber si en verdad están dispuestos a sembrar la semilla del amor, si se identifican en sus intereses e ideales[4].

A veces las citas consisten en visitas a la casa de la señorita para conversar y entrevistarse. Es en este estado de cercanía que ellos logran lo que Adrián González llama una "primera amistad" que quiere decir que ellos

> concentran sus intereses en una sola persona, sin que por ello dejen de tener relaciones amistosas con otras personas; es el período que sirve para hacer comparaciones antes de comprometerse[5].

Es todavía común en algunos países latinos que la pareja no salga a solas hasta que estén comprometidos y aún en este nivel de noviazgo es de esperar que algún familiar les acompañe a dondequiera que vayan. Si esta es la costumbre social y también el deseo de la familia de la señorita, debe ser respetado. La pareja ganará la confianza de la familia, iglesia y sociedad por su comportamiento responsable, cualquier que sea la costumbre social.

Quizá, siendo este capítulo uno de los relacionados con la preparación para el matrimonio, baste sugerir en él una sola cosa para ayudar a la pareja en cualquiera de las fases del noviazgo en que se encuentren. Mucho de la problemática de formar esta íntima amistad, de formar pareja, se resuelve con una conducta cortés que crea una concordancia y confianza entre los jóvenes. Un acuerdo alentador y aliviador que los novios cristianos pueden establecer es el de terminar todas sus citas en oración. Es una práctica amena que les ayudará a planificar y conducir sus tiem-

pos juntos de tal manera que ellos se sentirán complacidos y el Señor será honrado.

Elementos de selección

Siempre existe la pregunta, y es legítima: ¿Cómo puedo yo saber si esta es la persona que Dios quiere para mí? También cabe la interrogación sincera de cómo uno puede calificar sus sentimientos de estar enamorado. Una cosa es cierta, Dios tiene una voluntad exacta al respecto; él tiene alguien preparado para cada uno, para que sea su copartícipe y compañero/a de por vida. Quizá haya varias personas con quienes uno podría formar pareja y vivir felizmente, pero Dios sabe cuál es la mejor, y con su ayuda podremos encontrarla. Reflexionando sobre la forma en que Dios proveyó a Eva para Adán, los judíos dicen que el hombre tiene la tarea de encontrar su "costilla perdida".

Como cristianos desearíamos tener por delante una lista de características que nos sirvan de guía en la selección de nuestro cónyuge. Luis Palau sugiere una lista de trece elementos que deben ser tenidos en cuenta por la persona durante el proceso de esta elección. Él los presenta en forma de preguntas[6]. Hemos adaptado su presentación básica en los siguientes puntos:

1. ¿Es esta persona verdaderamente cristiana? Es decir, las personas no deben pretender ser cristianos simplemente para poder casarse con el que en realidad es cristiano.

2. ¿Estoy orgulloso de esta persona o me avergonzaría presentarla a algún personaje importante?

3. ¿Considero que esta persona es inferior a mí en algún sentido?

4. ¿Siento respeto por esta persona o me tomo ciertas libertades para maltratarla o abusar de ella?

5. Al estar en oración, ¿siento tranquilidad al pensar en casarme con esta señorita, o con este joven?

6. ¿Tengo plena confianza en su amor y fidelidad, o siento sospechas y celos infundados, inventados por mi corazón esquivo?

7. ¿Podemos conversar por largas horas sin aburrirnos, o no tenemos nada más que conversar?

8. ¿Estoy dispuesto a esperar el tiempo que sea necesario? La cualidad de poder hacer las cosas en su debido tiempo demuestra una madurez que es elemental para llevarse bien en el matrimonio.

9. ¿Quiero ser yo la clase de persona que él o ella puede respetar, o pretendo hacer todo por la fuerza? (Hay una relación entre esta pregunta y la del núm. 4. Ambas radican en el problema del egoísmo, que es el enemigo número uno de las buenas relaciones).

10. ¿Es esta persona idónea para mí? ¿Suplirá mis deficiencias? Y yo, ¿supliré las deficiencias de ella? La idea aquí es que los dos sean complementos el uno del otro. También, hay que preguntarse si estoy buscando a alguien para hacerme sentir feliz. Mejor es preguntarse si yo soy la clase de persona que puede hacer que mi pareja se sienta feliz. A menudo recibiremos según lo que damos.

11. ¿Esta persona me resulta físicamente atractiva?

12. ¿Están de acuerdo y satisfechos mis padres —y los de ella o de él, según el caso— de nuestro noviazgo y posible casamiento en el futuro?

Palau sugiere que el seguir con los planes de casarse en contra de los deseos de los padres es peligroso e impropio (ver Efe. 6: 1; Col. 3:20). Es cierto, el no tener la aprobación de los padres es traer angustia y frustración a la pareja. Es aconsejable, cuando los padres se oponen, preguntarse: ¿Por qué se oponen? Quizá ellos están esperando ver más madurez en la pareja. O más responsabilidad económica, o más disciplina propia. Palau propone que la pareja averigüe la razón de los padres, pero que recuerde ser solícita, sincera, sencilla y humilde en su trato. También es bueno confiar en que, si Dios quiere que una pareja se case, él mismo puede cambiar la opinión de los padres, basado por cierto en el comportamiento responsable de los jóvenes.

13. ¿Amo o no amo a esta persona con quien digo que me voy a casar?

Quizá a esta lista se necesite agregar algunas cualidades más que ayudarían a formar el concepto de un compañero ideal. Todo esto es lo que a veces se llama elementos de compatibilidad. Ralph

Phelps menciona algunos asuntos interesantes que merecen la consideración de cualquier pareja que esté buscando la voluntad de Dios para ellos. Sólo se incluyen aquí algunas facetas distintas a las sugeridas por Palau[7].

(1) Que tengan buena salud.

(2) Que tengan buena disposición.

(3) Que tengan madurez emocional. En este último punto Phelps resalta cuán importante es que hayan dejado atrás las características inmaduras (como pataletas, morriñas y celos), y que sean capaces de actuar como adultos.

(4) Que tengan algunos gustos similares como los de la música, recreación, comida, etc.

(5) Que tengan sentido del humor.

(6) Que tengan sentido común en el uso del dinero.

(7) Que tengan buena disposición hacia el trabajo, que es esencial si van a poder independizarse de los padres.

(8) Que tengan la misma fe cristiana. Una buena manera de fijar la calidad de cristianos es que oren juntos.

Si hay grandes diferencias en la pareja debe sonar una nota de cautela. Algunas diferencias que deben ser consideradas son las de edad, condición económica, formación social y familiar, educación e inteligencia. Además, la diferencia de religión es algo que se debe destacar y ser bien entendido. Es ideal que ambos sean cristianos activos y estables. Son muchos los que creen que pueden convertir a su cónyuge después de casarse, pero la triste verdad es que uno se convierte solo porque quiere. Nosotros no cambiamos a nadie sino solo a nosotros mismos. Si otros, especialmente en este caso "el otro", ven algo deseable en nuestra vida cristiana, estarán atraídos a ella, ofreciéndole oportunidad de dar razón por la esperanza que hay en nosotros (1 Ped. 3:15). Empero, es mucho mejor que haya un estrecho y pleno acuerdo en este asunto antes de casarse. Recordemos también los consejos bíblicos: "No os unáis en yugo desigual con los no creyentes" (2 Cor. 6:14a); "¿Andarán dos juntos, a menos que se pongan de acuerdo?" (Amós 3:3). Además, siempre hay el peligro de que la fe del cristiano sea debilitada y confundida por ligarse a una persona incrédula

o de otra religión[8] (Jue. 3:6). En pocas palabras, los casamientos mixtos están lejos de ser de "un corazón y un sentir". Tampoco es aconsejable que un cristiano piense que pueda casarse con un inconverso y después llevarlo a convertirse a Cristo. Algunos llaman a esto "el matrimonio misionero", pero la experiencia nos ha mostrado que en la gran mayoría de los casos, en vez de que el cristiano influya para bien en la vida del no creyente, ocurre lo contrario.

El doctor David Mace sugiere que la pareja tome nota de estas facetas de compatibilidad para evaluarse a sí misma. Deben tratar de entender las áreas en que descubren que sienten ansiedad o tensión emocional y buscar las razones de aquello. Agrega el doctor Mace que cada uno debe evaluarse a sí mismo, pero es bueno compartir abiertamente y juntos lo que cada uno siente y ha experimentado. Si hay alguna faceta en uno mismo que le inquieta, debe tratar de buscar orientación o consejo para poder entenderse antes de comprometerse con otra persona que posiblemente tendrá aún más problemas en entenderle. Buscar ayuda no es señal de debilidad sino de madurez y sabiduría. Se pueden evitar grandes problemas en el matrimonio por haberlo hecho[9]. En el próximo capítulo trataremos algunos aspectos del consejo pastoral para los novios. Esta sección sobre la compatibilidad es un elemento muy importante y debe ser tratado por el pastor con la pareja.

La diferencia entre el amor maduro y el inmaduro

Antes de dejar los preparativos para el noviazgo es preciso aclarar un aspecto que es tanto emocional y psicológico como espiritual: el amor. Como fue dicho anteriormente, hay muchas razones para las confusiones en cuanto al sexo.

Comúnmente algo del fondo de esta confusión actual es la desorientación sobre en qué consiste el amor. A continuación se encuentra una lista que compara el amor maduro y verdadero, con el inmaduro e inadecuado.

Amor maduro	*Amor inmaduro*
1. Es algo que crece y se desarrolla.	1. Es algo repentino, una emoción que inflama súbitamente.
2. Se basa en un compartimiento mutuo.	2. Se basa en una gratificación egoísta.
3. Se concentra en una sola persona como objeto.	3. Tiene dificultad en apreciar a uno solo.
4. Se caracteriza por seguridad y confianza.	4. Se caracteriza por inseguridad y celos.
5. Entiende que lo físico es solo una parte del amor.	5. Concibe que lo físico es lo céntrico y más importante.
6. Hay un respeto mutuo.	6. Hay una explotación o manipulación mutua o por uno de ellos.
7. Sus ideales se basan en la realidad de sus personalidades y posibilidades.	7. Sus ideales se basan en fantasías en cuanto a sus personalidades y posibilidades.
8. El amor les conlleva a crecer, a conocerse y ajustarse.	8. Hay mucha ambivalencia, se mueven las emociones de un extremo a otro. (Se sienten amor y repudio a la vez y fuertemente).
9. Se tratan de ayudar y edificar. Buscan lo mejor el uno para el otro.	9. Hay una competencia para ver quien tiene la última palabra.

En el caso del amor verdadero es saludable recordar cómo está descrita esta cualidad en 1 Corintios 13, especialmente los versículos 4-8 y 11. Los altos ideales sobre el amor tienen un buen servicio en nuestras conciencias, el de mantenernos deseando lo mejor en nuestras relaciones con el sexo opuesto. He aquí un área que necesita una luz bíblica arrojada sobre ella para programar de nuevo (o por primera vez) las conciencias de nuestros jóvenes: es la de las relaciones sexuales prematrimoniales.

Relaciones sexuales prematrimoniales

La nueva inmoralidad que está inundando el mundo entero está

convenciendo a una multitud de jóvenes (y de adultos también) de que la única felicidad se encuentra en el coito. ¡Nada puede estar más lejos de la verdad! El impulso sexual jamás nos fue dado por Dios simplemente para ser un placer, como lo hemos indicado en el primer capítulo. Hay muchas razones en contra de la onda popular de experimentar con las relaciones sexuales antes del matrimonio, pero unas pocas bastan.

1. El respeto y la confianza son esenciales para la felicidad sexual; no se logran durante una experiencia sexual. La experiencia puede ser placentera, especialmente para el varón, pero no es una entrega de las dos personas, porque muchas veces falta aquella intención de establecer una unión permanente. Aunque sí puede existir la promesa de casarse, no existe en realidad. A la mujer le cuesta entregarse si no hay la confianza de tener un cónyuge asegurado. Se puede experimentar el placer pero no la felicidad como la diseñó Dios al crear la unión de una sola carne.

2. Debemos recordar qué es el amor. El amor jamás quiere causar daño ni pena. Como dice Pablo en Romanos 13:10: "El amor no hace mal al prójimo". Así nos sentimos frente a la persona que esperamos que sea nuestra compañera para la vida. Algo menos que un respeto y un aprecio hacia la otra persona no puede ser amor, pero bien puede ser egoísmo.

3. Hay evidencia de que existe un auge de inestabilidad emocional debido a las prácticas de libertinaje en la sexualidad posmoderna. Esta conclusión se basa en las investigaciones del psiquiatra Francis Braceland, quien dice que no se puede jugar con el sexo sin sufrir las consecuencias. José Grau agrega que las personas que se involucran en esta onda sexual:

> Están aprendiendo que cuando uno expresa amor a media docena de personas diferentes con el símbolo físico máximo del amor, el símbolo se convierte en un fin en sí y pierde todo su sentido más allá de ese fin. Están aprendiendo que en la mayoría de los casos el coito prematrimonial es "pre" pero no matrimonial: una gratificación pero no una entrega. Y para muchos jóvenes con sensibilidad y sentido común este descubrimiento —y no las reglas liberales de las residencias de estudiantes ni tampoco los hogares o iglesias restrictivas— es el que impone tensiones explosivas a su personalidad y desarrollo[10].

4. Algunas parejas argumentan que se aman y que entonces experimentar con las relaciones sexuales es solo un adelanto y preparativo al ajuste del matrimonio. Grau responde a este argumento diciendo que el sexo no es algo para probar como un carro nuevo o como ponerse un sombrero nuevo[11]. La relación sexual es solo uno de los ajustes en el matrimonio y es sumamente difícil ajustarse en este aspecto aisladamente de todos los demás ajustes normales de la unión conyugal. En la mayoría de los casos lo que está ocurriendo es nada más que la "absolutización" del placer sexual, que Grau denomina una "caricatura del amor" y no un amor verdadero[12].

5. Otra razón en contra de las relaciones sexuales prematrimoniales es la que se crea muchas veces después de la unión matrimonial, los celos. La conclusión, al final de cuentas, es que no se sienten seguros el uno del otro por la facilidad de la conquista (si cede tan fácil conmigo, ¿cómo voy confiar en ella?) o por la forma agresiva y suave (si pudo persuadirme a mí, ¿cómo voy a confiar en él?). La realidad es que aquellos que se casan habiendo experimentado sexualmente entre ellos y/o con otros tienden a ser más infieles y más egoístas en el matrimonio.

6. La relación sexual prematrimonial puede resultar en rupturas interpersonales. Desgraciadamente, a veces después de tener la relación sexual prematrimonial se pierde el respeto el uno por el otro. En otros casos la pareja pierde el respeto de sus familias y amigos, especialmente los de la iglesia o del círculo cristiano. En algunas familias tales acciones producen tensiones y vergüenza.

7. Siempre está presente la posibilidad de que el resultado sea un embarazo, el cual crea un sinfín de consecuencias para la pareja y sus familias.

8. Otra de las fuertes razones de evitar la relación sexual prematrimonial es lo que últimamente se está notando: un auge de las enfermedades venéreas. El incremento en la promiscuidad ha producido una epidemia de tales enfermedades. Por más cuidadosos que sean los participantes, este es siempre un peligro.

9. Además de todas las razones anteriores está la de tomar en cuenta los consejos bíblicos en cuanto a la fornicación, porque la relación sexual prematrimonial es exactamente aquello. La forni-

cación y el adulterio causan la desintegración moral de una persona, trayendo consecuencias hasta sobre la nación (Jer. 3:2-5). Es algo que Dios detesta y reprueba. El profeta Oseas amonesta que la fornicación, como el vino y el mosto, quita el juicio (Ose. 4:11). Cuando Pablo describe la mente reprobada que rechaza a Dios y que es rechazada por Dios, la fornicación es una de las primeras características en la lista (Rom. 1:28-32). O sea, la fornicación refleja rebelión contra Dios y desintegración moral. Para el joven cristiano, la fornicación constituye algo sumamente dañino en su carácter moral y espiritual, y afecta directamente el testimonio del mismo. La vida desmoralizada de algunos cristianos es causa de tristeza en la iglesia, y exige el arrepentimiento para que haya una restauración a una sanidad mental y espiritual (2 Cor. 12:21).

10. Por último, la relación sexual prematrimonial, según 1 Corintios 6:12-20, frustra el propósito que Dios tiene para con el cuerpo del hombre, especialmente el del cristiano. Pablo explica que Dios ha diseñado que el cuerpo sea para lo más alto y digno de la vida, para lo sano y lo edificante; es decir, el cuerpo es para el Señor (v. 13). Dios planifica dignificar nuestros cuerpos con la resurrección por su poder, igual como hizo con Cristo (v. 14). Es por este motivo que él no quiere que entremos en la bajeza de una vida impura (vv. 15, 16). Además, mientras estemos en el cuerpo, nos recuerda que le pertenecemos a él y que él habita en nosotros; hasta considera que nuestros cuerpos sirven de templos para el Espíritu Santo (vv. 17, 19). De modo que la fornicación ensucia la morada del Dios Santo e influye sobre nuestros pensamientos y acciones. En algunos casos puede resultar en un tipo de suicidio espiritual (v. 18), debido a que esas personas, por su vergüenza, se aparten del Señor. Por lo tanto, se debe siempre procurar glorificar al Señor tanto en el espíritu como en el cuerpo, para encontrar las fuerzas para poder huir "de la inmoralidad sexual" (vv. 18, 20).

Por todas estas razones, decimos entonces que las relaciones sexuales prematrimoniales no preparan a nadie para el matrimonio, sino que son la causa de desconfianza, celos, desorientación y desintegración moral.

¿Qué de las caricias?

Las caricias son una parte esencial del juego preparatorio para el acoplamiento sexual. Esas caricias estimulan al cuerpo de tal forma que uno está siendo preparado para el acto sexual. En este aspecto físico hay diferencias entre los hombres y las mujeres. El hombre se excita sexualmente simplemente por la vista (de modo que la mujer debe estar consciente de cómo ella se viste para no incitar al hombre indebidamente), mientras que una vez que la mujer ha sido acariciada sexualmente por el hombre, ella deseará el coito igual que el hombre. Con esto en mente, los novios deben reconocer lo que se están haciendo a sí mismos cuando siguen demasiado adelante en el trato físico. Es cierto que no hay nada tan excitante como piel contra piel. Una vez que la olla está puesta sobre las llamas, tarde o temprano, el agua va a hervir. Dios nos hizo con los impulsos sexuales, pero repetimos que el lugar de disfrutar al máximo de esta faceta física es en una unión fija, también creada por Dios, que garantiza la intención de confianza, cuidado y entrega. El cristiano tiene una gran ventaja en este asunto porque conoce a un Dios que le ayuda a vencer todas las tentaciones cuando el ser humano (y la pareja) quiere vencerlas (1 Cor. 10:13). Pablo indica que el poder de Dios demostrado en la resurrección de su Hijo esta a nuestra disposición ante las grandes tentaciones de las relaciones sexuales prematrimoniales y fuera del matrimonio (1 Cor. 6:14). Todo esto quiere decir que los novios se gozarán mejor de lo físico en el matrimonio cuando se han guardado el uno para el otro hasta entonces. Esto no es negarles el derecho de tomarse las manos y besarse, pero es hacerles ver algunas razones por las que es mejor limitar las demás expresiones físicas, o sea, las caricias presexuales.

Ejercicios

Cuestionario:

1. ¿Cuales son las tres decisiones que normalmente cada uno toma en la vida?
2. ¿Dónde comienza la preparación para el noviazgo? ¿Por qué es así?
3. ¿Cómo se puede definir un amigo?

4. Mencione cuatro elementos positivos para la formación de amistades.
5. En este capítulo se encuentran dos juegos de listas de cualidades que se recomiendan para ayudar en la selección de cónyuges. De la primera lista, indique seis cualidades que usted considera de mayor transcendencia. De la segunda lista, indique lo que usted considera que la pareja debe tomar en cuenta al calificar su compatibilidad. Mencione unas seis sugerencias.
6. Si los padres se oponen, ¿cuál sería una reacción sabia de los novios?
7. Mencione las siete áreas de diferencias que deben ser tomadas en cuenta por los jóvenes en su selección de novio o cónyuge.
8. Mencione cinco facetas del amor maduro y cinco del inmaduro que usted considera de mayor importancia, estableciendo con ellas un contraste.
9. ¿Cuáles son las siete razones por las que la relación sexual prematrimonial no es aconsejable para los jóvenes?
10. ¿Para qué son las caricias?

Tema para desarrollar:

Si usted tuviera que dar una conferencia sobre el problema de las relaciones sexuales prematrimoniales, ¿cómo desarrollaría un bosquejo de los temas o ideas relacionados con el problema?

Capítulo 3

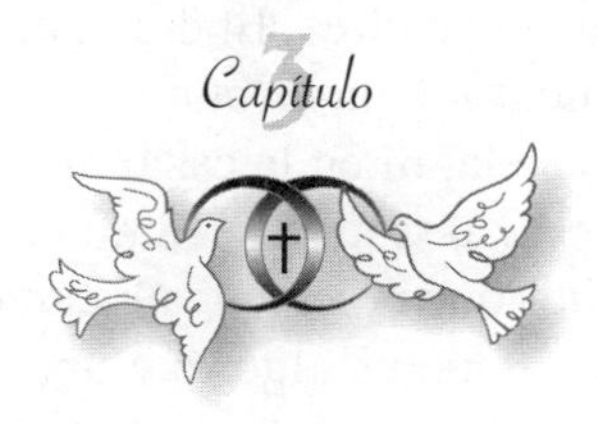

CONSEJOS EN PREPARACIÓN PARA EL MATRIMONIO

Uno de los problemas que produce mayor preocupación en nuestra era es el incremento de divorcios, aun entre los cristianos evangélicos. ¿No es posible que algo de esto podría haber sido evitado si los esposos hubiesen recibido una mejor preparación para el matrimonio? Por cierto, muchas de las decisiones que a diario se toman son más emocionales que racionales. De modo que algunos toman decisiones en cuanto al matrimonio por motivos inadecuados a pesar de que han recibido buenos y razonables consejos de sus parientes, amigos y aun de su pastor. Es decir, algunos jóvenes se casan bajo el estado emocional de estar enamorados aunque haya varios factores obvios en su contra, los que dificultarán la formación de una relación estable y feliz.

La experiencia nos ha enseñado que existe una proporción bastante grande de jóvenes que quieren buenos consejos para poder entrar en el enlace conyugal con una comprensión de sí mismos y con conocimientos adecuados de sus roles como casados. En realidad, nadie busca fracasar en su matrimonio, pero algunos están en mejores condiciones que otros para vencer los problemas que inevitablemente surgen en todo matrimonio. Nuestro deseo es que el número de los que vencen pueda aumentar por medio de una mejor preparación antes de casarse.

Razones para la buena preparación de la pareja

El doctor David Mace señala que muchas parejas entran en el matrimonio con una cierta ignorancia acerca de sus roles como esposos y también los de ser padres. Él dice que hay dos razones para esta falta de conocimiento. Una es que no hay un tipo ni un medio específico, ni en la escuela, ni en la casa, ni en el templo, para recibir una enseñanza directa al respecto. También, se presenta la actitud injustificable de muchos que creen que no carecen de conocimientos especiales para casarse, que es algo que uno hace "naturalmente". No se han dado cuenta de cuán complejas son las relaciones humanas y que es un arte vivir felizmente con otra persona en un estado de intimidad. Tenemos que corregir este problema de ignorancia[1].

La preparación para el matrimonio consiste en no solamente superar cierta ignorancia en cuanto a los roles de los esposos, sino también en llegar a un mayor conocimiento de sí mismos, en conversar y compartir sus planes, anhelos, sentimientos y experiencias. El logro de tales conocimientos permite que se esté bien adelantado hacia poder ajustarse dentro del matrimonio.

La pareja forma sus hábitos y costumbres temprano en el matrimonio, es decir, entre los primeros seis a doce meses; y estos hábitos no se cambian fácilmente. Se pueden preparar para que tengan una buena formación de los hábitos antes del enlace por un sincero y sensible compartir de perspectivas y por establecer buenos hábitos de conducta. Algunas de las áreas sobre las cuales deben tener tanto acuerdos como sanas prácticas son: la buena comunicación, el manejo de conflictos, la práctica de la reconciliación, la forma de tomar decisiones, cómo manejar el dinero, relaciones con los padres y amigos, dónde vivir, cuántos niños quieren, y su vida espiritual. A los hábitos sexuales se ajustan mejor dentro del matrimonio, pero sí deben haber pensado y haber leído algún buen libro sobre este tema. No hay garantías de que una pareja sea feliz por haber logrado estar de acuerdo, ni de que van a actuar según las intenciones declaradas, pero sí hay una mayor posibilidad de un mejor comienzo por haberlo hecho. Cuanto más logran practicar los buenos modales y otros aspectos de buena conducta y comunicación, tanto mejor pasarán los primeros tiempos de su vida matrimonial.

Una razón más a favor de una buena preparación es su efecto sobre los niños que se engendrarán. La pareja que está consciente de lo que hace y que guarda un amor sincero entre sí, proveerá un

ambiente propicio para las criaturas que ellos tengan. Los niños no solamente necesitan vivir con los dos padres, sino también sentir que los padres se aman. En realidad el amor paternal normalmente es una expresión y una extensión del amor conyugal.

Esperamos que toda esta presentación le tenga convencido de lo imprescindible de ayudar a los jóvenes de su iglesia y de su familia a tener una preparación adecuada para su vida de matrimonio. Además, como pastores y consejeros, es preciso tener algunas unas ideas sobre procedimientos para orientar a las parejas que buscan prepararse para el matrimonio.

El consejo prematrimonial

El consejo pastoral para los novios tiene varios propósitos. Sirve para definir lo que cada uno espera del otro en el matrimonio y para ayudarles a desarrollar sus pericias en la comunicación. También debe dirigir su atención hacia las áreas de los ajustes conyugales y de hacer hincapié en la seriedad y permanencia del matrimonio. Además, sirve para hacer los planes para la ceremonia de bodas.

Los consejos prematrimoniales y la celebración de bodas son ministerios que la iglesia ofrece a la pareja y, por lo tanto, esta es responsable de establecer normas de procedimiento para aquellos que se casan en ella. Es sabio requerir a los novios que reciban consejo del pastor antes de casarse. Parte de la sabiduría de esta medida se encuentra presente siempre en estas decisiones: ¿A quiénes se va a permitir casarse en el templo? ¿A los divorciados?[2]. ¿A los inconversos? Exigir que las parejas reciban tales instrucciones causará más respeto en la comunidad hacia la iglesia y destacará la seriedad del matrimonio. Aquellos que no están al tanto del matrimonio cristiano lo descubrirán en este proceso y tendrán oportunidad de arreglar su circunstancia espiritual y moral. Algunos candidatos seguramente pensarán que la insistencia de tener las sesiones prematrimoniales es una exigencia eclesiástica excesiva, pero otros las verán como lo que son, una muy buena oportunidad de estar bien preparados para un matrimonio exitoso.

Será importante que el pastor enseñe a la congregación la utilidad del consejo prematrimonial. Además, por medio de la predicación

y algunas conferencias se pueden presentar muchos de los conceptos que servirán a las parejas que están preparándose para el matrimonio. Algunos consejeros y pastores han descubierto que los retiros son una manera muy práctica para preparar a los jóvenes en particular, para aquella futura vida conyugal. En los retiros y conferencias se pueden enfocar los asuntos de la compatibilidad (ver el ejercicio al final de capítulo 5), motivos dignos e indignos de casarse, el crecimiento espiritual como parejas, algunas áreas de ajustes en el matrimonio, los propósitos del matrimonio, las pericias de la comunicación y el significado de la ceremonia.

Cada sesión de consejo, cada sermón, cada retiro donde se trata del matrimonio, amplía el conocimiento de los que anhelan tener un hogar cristiano y feliz. Sin embargo, toda aquella preparación de las parejas no es suficiente; cada pareja de novios precisa una orientación que enfoque sus problemas personales y que esté directamente relacionada al enlace que espera contraer en un futuro no lejano.

La pareja debe solicitar al pastor el consejo prematrimonial entre cuatro a seis meses antes de su proyectada fecha de bodas. Debe estar bien claro que ellos tendrán que participar en una serie de sesiones personales con el pastor antes de cederles el privilegio de usar el templo para su boda. El pastor puede poner tentativamente en su calendario y en el de la iglesia la fecha de bodas escogida por la pareja, pero depende de la calidad de participación de la pareja en las conferencias y el cumplimiento de las tareas si el pastor presenta la solicitud de la pareja a la iglesia.

La cantidad de las sesiones puede variar entre cuatro y seis, o pueden ser menos si las parejas han participado en retiros o conferencias para los grupos de novios, o si son muy conocidos por el pastor. Sin embargo, la mayoría de las parejas hará bien en tener un repaso de estos conceptos, y les dará la oportunidad de trabajar en equipo como pareja sobre asuntos muy particulares de ellos. En seguida se presentarán sugerencias para cinco sesiones de consejos pastorales, para que la pareja tenga una orientación básica para entrar en el matrimonio.

En la ocasión cuando la pareja primeramente solicita los consejos del pastor, él debe explicarles el proceso y el número de sesiones

que ellos necesitarán recibir y aclarar los propósitos de las mismas. El primer propósito es el de ayudar a la pareja a conocerse mejor y establecer las buenas líneas de comunicación entre ellos y el consejero. El segundo propósito abarca las bases espirituales y bíblicas para el matrimonio. Tercero, hay que dirigirles en el crecimiento espiritual y emocional para lograr la profunda relación que debe caracterizar a los hogares cristianos. En cuarto lugar, la pareja precisa información acerca de los ajustes en el matrimonio, como por ejemplo: las finanzas, las relaciones sexuales, las discusiones, los roles, los niños y los suegros. Quinto, la pareja tendrá la oportunidad, junto con el pastor, de planificar la ceremonia de bodas.

Como parte del primer contacto, el pastor debe fijar con la pareja una fecha para la primera sesión de consejo. Cada reunión debe durar aproximadamente una hora y la pareja debe estar orientada al respecto[3]. He aquí las sugerencias para las cinco sesiones o entrevistas prenupciales.

Primera sesión: Conociéndose

En esta primera sesión se espera formar las bases de una buena relación entre el pastor y los novios, por medio de compartir información e impresiones personales. También, es esencial en este período que los novios revelen sus pensamientos sobre sus experiencias y conceptos en cuanto a la familia y el matrimonio. Se puede comenzar pidiendo a la novia que comparta algo de su experiencia familiar incluyendo información sobre el trato familiar, especialmente hacia ella. Sería bueno que ella relate cómo los padres normalmente manejan y resuelven sus conflictos, resaltando los problemas más frecuentes que han causado discusiones. También es saludable que la señorita exprese sus reacciones a las situaciones de su familia, incluyendo cómo ella trata a sus padres.

Al novio se le presentan las mismas preguntas, prestando interés especial a su actitud hacia los padres, su estabilidad vocacional y su experiencia y profundidad en la fe cristiana. El pastor debería averiguar en cuanto a la educación de cada uno y los planes que tienen en cuanto a sus vocaciones. Otros temas que se puede abarcar son los de la autoridad en el matrimonio y la actitud de servicio,

prácticas de apoyo y amor (o negatividad) en sus familias, y cuáles son sus hábitos y costumbres en cuanto a recreación, uso de dinero, entretenimiento, deportes, comidas, roles en el hogar, etc.

Toda la información que la pareja divulgue será guardada en absoluta confianza y ellos deben estar seguros de lo mismo. En esta atmósfera de confianza se espera que ellos sientan la libertad de abrirse y hablar de su trasfondo familiar. Si hay en ellos sentimientos, motivos o conceptos inadecuados, deberían ser descubiertos y resueltos antes del matrimonio.

A continuación, en esta primera sesión, conviene que los novios expresen sus conceptos del matrimonio: los propósitos, la seriedad y las responsabilidades que involucra. Es importante también cómo llegaron a tener sus conceptos, especialmente si una buena parte de sus ideas las aprendieron por medio de la televisión, el cine o buscando en internet. Sería bueno averiguar los libros que han leído acerca del matrimonio. Además, es aconsejable hacerles hablar de las influencias negativas sobre ellos en cuanto a la familia. Posiblemente caben las preguntas como: ¿Son de familias que pelean mucho? ¿Son de hogares formados legalmente? ¿Cuántos divorcios han experimentado en sus familias? ¿Han recibido un trato vulgar o brutal o abuso sexual? ¿Cómo se sienten en relación con cualquier influencia negativa que han sufrido, como pareja o como individuos?

Esta sesión se concluye invitando a la pareja a hablar de sus experiencias espirituales. A ambos se les preguntará en cuanto a su relación con el Señor, su vida devocional y lo que han compartido de la vida espiritual. Habrá que destacar que el hombre sea la cabeza del hogar, incluyendo el aspecto espiritual. Es de suma importancia la armonía espiritual de la pareja. Si uno de la pareja no es cristiano, se precisa hablarle de la salvación y guiarle a aceptar a Cristo como su Salvador. En caso de que el inconverso demuestre poco interés en la salvación, hay que advertirles a los dos que los cristianos no deben unirse en yugo desigual con los incrédulos (2 Cor. 6:14). En este momento es más sabio no forzar la decisión de la conversión, especialmente evitando que lo haga para complacer al pastor o a la parte cristiana. Se le puede obsequiar al inconverso una porción del Evangelio de Juan, o un Nuevo Testa-

mento marcado (*El camino de vida*, por ejemplo) y un folleto que explique los pasos a la salvación, asegurándole de sus oraciones por su entrega a Cristo. Es aconsejable siempre terminar la sesión con una oración pidiendo al Señor que les guíe ampliamente en los pasos que están para tomar, y que ellos sean receptivos a la buena dirección del Señor.

Tareas para la próxima sesión

Se le asignará a la pareja una lectura bíblica y algunas preguntas que deben preparar para la próxima sesión con el pastor. El tema será las bases escriturales del hogar cristiano. Se les puede dar un esbozo del material que se encuentra en el capítulo 1 de este libro.

1. *La naturaleza del matrimonio* (Gén. 2:18-25; Mat. 19:1-10).
   (1) ¿Quién diseñó el matrimonio y por qué?
   (2) ¿Cómo debe ser la relación entre los cónyuges según estos pasajes?
   (3) ¿Cómo deben relacionarse con los padres después de casarse?
   (4) ¿Cuál es el plan de Dios en cuanto a la duración del matrimonio?
2. *La seriedad del matrimonio* (1 Cor. 7:1-17, 25-40).
   (1) ¿Bajo cuáles condiciones recomienda Pablo el matrimonio?
   (2) ¿Cuál sería el "deber conyugal"? ¿Es un concepto amplio que abarca varios aspectos matrimoniales?
   (3) ¿Cómo debemos entender la permanencia y la separación que Pablo presenta en este pasaje?

Segunda sesión: Las bases bíblicas del hogar cristiano

El consejero les dará oportunidad de compartir sus preguntas y/o sus respuestas a las preguntas de la tarea o a cualquier asunto pendiente de la sesión anterior. Se repasarán las respuestas de ellos y el pastor les aclarará las bases esenciales del matrimonio. Sería bueno resumir para ellos el contenido del capítulo 1 de esta obra sobre la naturaleza y los propósitos del matrimonio (usando el esbozo que se les dio al final de la primera sesión). Si los novios son cristianos hay que hablarles de su servicio en la iglesia y su fidelidad a las normas

bíblicas para la vida cristiana. Si uno de ellos todavía no ha aceptado al Señor, será preciso guiarle a tomar este paso en esta sesión, si es posible y si la persona da indicaciones de estar dispuesta a tomar la decisión. Además, es menester examinar los fundamentos de la vida espiritual. Deben reconocer que el pecado y el egoísmo debilitan toda relación humana y que ellos precisan tener actitudes cristianas al respecto. He aquí un bosquejo para guiar la presentación de las bases bíblicas del hogar cristiano.

1. *El problema del pecado en la vida del cristiano* (1 Jn. 1:6-9; 1 Cor. 2:12—3:3; Rom. 7:14-25).
   (1) La persona que cree que no tiene fallas y que no ha pecado está fuera de la realidad.
   (2) La manera mejor para controlar el pecado en nuestra vida es confesarlo.
   (3) La carnalidad nos lleva a cometer pecados que sabemos que se deben evitar.
   (4) Vivir carnalmente frustra los ideales de la vida cristiana. (Gál. 5:16, 17).
   (5) En las relaciones matrimoniales, es sabio nunca devolver mal por mal, sino bendecir al otro para que haya una paz y un cambio favorable en el trato (1 Ped. 3:8-12). Si uno de la pareja toma la iniciativa de hacerle bien al otro, será más probable que la diferencia disminuya.
2. *Relaciones exitosas en Cristo* (Rom. 8:1-10; Gál. 5:22-26; Fil. 2:1-11).
   (1) El egoísmo y el orgullo producen tensiones sobre el matrimonio, mientras que el amor y la comprensión lo hacen crecer y profundizarse.
   (2) Querer ver al otro edificado y feliz resulta en servirle y pensar positivamente hacia él o hacia ella (Fil. 2:1-11; Efe. 5: 25, 26).
   (3) El Espíritu Santo capacita a cada uno para poder aplicar los principios cristianos a su relación conyugal y familiar. Dios en nosotros produce el fruto de amor, gozo, paz, paciencia, benignidad, bondad, fe, mansedumbre y dominio propio (Gál. 5:22-26).

(4) El Espíritu Santo puede controlar la vida del cristiano que le pide hacerlo y que le permite mantenerle limpio de pecado, lo cual se experimenta por la confesión (1 Jn. 1:9).

(5) Es imprescindible que la pareja establezca desde ya el hábito de leer la Biblia y orar juntos, especialmente orando por el perdón de los pecados y la dirección del Espíritu.

3. *La naturaleza del amor* (1 Jn. 4:7-11; 1 Cor. 13).

(1) El amor es el profundo afecto y entrega de uno para llenar las necesidades de la otra persona. Es el darse uno mismo en un sentido de sacrificio como Cristo se dio a sí mismo para salvarnos (Efe. 5:25). Uno no debe fijarse en lo que desea de felicidad de parte de su pareja, sino en lo que cada uno puede hacer para que el otro sea feliz. El verdadero amor no "busca lo suyo propio" (1 Cor. 13:5).

(2) La lista de cualidades del amor de 1 Corintios 13 no puede ser superada. La pareja hará bien en estudiar este pasaje y escribir una lista de las características del amor, resaltando las que más se aplican a ellos en este momento.

Tareas para la próxima sesión

La tercera sesión con el pastor será realizada por separado. Lo que sigue es un análisis que cada uno ha de escribir, pero que será guardado en estricta confidencia. Ellos tampoco deben compartir sus respuestas antes de estas sesiones por separado. Deben escribir sus respuestas a las siguientes preguntas:

1. ¿Por qué quiere casarse con esta persona? (Mencione por lo menos diez razones).

2. ¿Cuáles son las metas, esperanzas y sueños que tiene usted para su matrimonio?

3. ¿Cuáles son sus propias características positivas y negativas que podrían contribuir o destruir el matrimonio?

4. ¿Cuáles son las características positivas y negativas del otro (novio o novia) que podrían contribuir o destruir el matrimonio? ¿Algo que le intrigue o que le hace sentir mal? ¿Siente una gran paz en cuanto a unir su vida con esta persona? (Col. 3:15).

5. ¿Cuáles conceptos tiene sobre su papel como esposo o esposa? ¿Qué espera de su rol en la sociedad matrimonial?

6. Mencione algunas características de su futuro/a esposo/a que usted quisiera cambiar.

En este punto de las entrevistas, sería de gran utilidad para la pareja leer juntos el libro *Comunicación, la clave de la felicidad conyugal* por H. Norman Wright, u otro que enfoque los aspectos de la buena comunicación. También sería saludable que hagan la encuesta sobre la compatibilidad que se encuentra al final del capítulo 4.

Tercera sesión: Revelándose y comprendiéndose

Primero la novia tendrá una conferencia aparte con el pastor. Para evitar chismes y para ayudar a la joven a sentir libertad para hablar, sería aconsejable que la esposa del pastor estuviera presente durante esta entrevista. Ella y el pastor deben guardar la confidencia de lo que se diga en privado.

Se necesita tiempo para que la señorita sienta la libertad para expresar cualquier sentimiento que ella haya reprimido cuando estaban en las entrevistas anteriores, porque estaba en presencia del novio. Si en las sesiones anteriores el pastor notó alguna duda de parte de la señorita para responder a ciertos temas, ahora los puede volver a tocar. Se dedicará tiempo a los problemas que ella imagina que puedan surgir en su matrimonio futuro.

Después, el consejero preguntará por las impresiones de la novia en cuanto a la tarea asignada para esta sesión. Normalmente en este contexto se revelarán las tensiones que existen tanto como las áreas de ajuste que serán necesarias en el matrimonio. Se debe hablar sobre los conceptos de los roles del esposo y de la esposa. El propósito de este ejercicio es el de detectar cualquier diferencia de grandes proporciones en las perspectivas y esperanzas de los dos. Las mismas preguntas se repiten al novio en su turno con el pastor.

La información compartida en las dos sesiones aparte debe ser estrictamente guardada. El propósito del consejero no es señalarles las áreas de grandes divergencias, sino tener conocimiento del pensamiento de cada uno para planificar la próxima sesión sobre

los ajustes. Si hay demasiados contrastes en algunas áreas, hay que mencionarlos, pero no la información específica que expresaron. El pastor sí ayudará a cada uno a encarar y evaluar sus opiniones acerca de su cónyuge y su matrimonio futuro. Además, en estas sesiones individuales sería aconsejable averiguar el criterio de las respectivas familias en cuanto al futuro matrimonio de la pareja. Esta también es información para la próxima entrevista sobre ajustes en el matrimonio.

Tareas para la próxima sesión

La pareja, junta o por separado, debe preparar un presupuesto que demuestre la distribución de los ingresos que tendrán como esposos. Además, es muy importante que estudien la relación ideal entre el esposo y la esposa como se presenta en Efesios 5:21-33 y 1 Pedro 3:1-8. También deben familiarizarse con las responsabilidades de los padres a sus hijos según Efesios 6:1-4; 2 Timoteo 3:15 y Lucas 11:11-13.

Cuarta sesión: Áreas de ajustes

El pastor ahora tiene en mano las evaluaciones hechas por los novios, sus conceptos el uno del otro, sus ideas de sus roles y sus metas para el matrimonio. Ahora él debe poder señalar las áreas de la relación entre los contrayentes que requieren más exploración y atención. Además, sería aconsejable que el pastor les ayude a asegurarse de poder escucharse y hablar con claridad sobre los aspectos que han expresado (para estos conceptos, ver al final del capítulo 6).

Se puede continuar esta sesión invitándoles a repasar oralmente sus conceptos de los roles del hombre y la mujer en el matrimonio, mencionando cualquier característica personal que temen que puede ser una amenaza a la estabilidad de su próximo enlace. No pida que ellos extraigan las fallas del otro, sino que cada uno confiese las suyas propias. Sin embargo, si algo negativo surge entre ellos, debe dejarles traerlo a luz y explorarlo con usted. Ahora es el tiempo para arreglar todo lo que puedan antes de contraer matrimonio. También les dará la oportunidad de ser guiados por el pastor en

cómo comunicarse durante los tiempos de desacuerdos, para que haya la oportunidad de experimentar la resolución de un conflicto.

Ahora, sería bueno pedir las impresiones de ellos acerca del estudio bíblico asignado. ¿Qué ven ellos de los roles y directrices para su propia relación en estos pasajes de Efesios y 1 Pedro? Se pasará en seguida a considerar varias áreas de ajustes normales en el matrimonio.

1. Responsabilidades en y fuera del hogar

Lo que cada uno espera del otro debe quedar claro ahora. Si el varón espera que la mujer cuide el hogar y críe a los niños, él debe estar dispuesto a trabajar y sostener el hogar económicamente. Si desea que su esposa trabaje, él debe estar consciente de que ella va a necesitar su ayuda para cuidar el hogar y a los niños, aunque el hacer esto no sea una cosa muy popular en su comunidad o entre sus amigos.

2. Vocación y trabajo

Deben ponerse de acuerdo sobre las vocaciones de cada uno. Si la esposa va a estudiar o si tendrá una profesión, esto debería ser aceptado por lo dos. Si ella va a trabajar para que el esposo estudie o para ayudarle financieramente a comenzar un negocio o una profesión, debe ser de su agrado hacerlo.

3. El manejo del dinero

Si cada uno preparó un presupuesto o si lo hicieron juntos, es preciso hablar de cualquier asunto donde ellos sientan algo de desacuerdo. Ellos deben establecer antes del matrimonio cuánto dinero van a apartar para sus ahorros, el sostén de la iglesia (deben ser animados a diezmar), el alquiler, la comida, la ropa, la recreación y los imprevistos. La pareja debe evitar a toda costa endeudarse demasiado en el comienzo de su vida matrimonial, porque esto puede producir tensiones entre ellos. Además, para pagar sus deudas, la tendencia es trabajar más horas, o que la esposa trabaje, con el infeliz resultado de que tienen menos tiempo para estar juntos.

4. Las relaciones con la familia de cada uno (suegros y suegras)

La responsabilidad primordial de la pareja es la que tiene el uno por el otro. La familia y los padres no deben mantener control sobre el nuevo matrimonio. Tampoco la pareja debe depender de sus padres para su sostén ni para tomar decisiones. Aunque cada uno ve las fallas en la familia del otro, debe cuidarse de no criticarles. Si los padres de cualquier miembro de la pareja suele interferir demasiado con el matrimonio, siempre pueden considerar mudarse a suficiente distancia, así se hace más difícil que los padres intervengan.

5. El nacimiento de los niños

Cuando nazca el primer vástago, es verosímil que será necesario un ajuste. La atención de la esposa se divide entre su esposo y el niño, y el hombre tiene que acostumbrarse a esto. La pareja debe llegar a un acuerdo sobre cuántos niños quieren, pero es sabio algo de control y cuidado en este aspecto. Es nocivo, o por lo menos debilitante para la salud de la mujer, tener niños muy seguidos. Protege su salud y ayuda en la crianza de las criaturas cuando nacen con una frecuencia no menor de dos años.

6. La relación sexual

La pareja puede recibir mucha de esta información leyendo libros como *Guía completa para los primeros cinco años de matrimonio*, por Phillip S. Steward y Wilford Wooten. En los años recientes hay aun más libros escritos por cristianos sobre los aspectos del ajuste sexual en el matrimonio. El pastor debe aconsejarles que cada uno tenga un examen médico. La señorita especialmente debe procurar ser examinada por un médico o un ginecólogo para determinar si tiene algún defecto que impediría o haría difícil llevar a cabo un embarazo. El médico le puede informar también en cuanto al control de la natalidad y, si desea, le puede proveer un método para usarlo hasta que la pareja decida comenzar su familia. Puede ser algo saludable que la pareja espere unos meses o un año antes de intentar la concepción para darles tiempo de ajustarse a sus roles como esposos.

Esta sesión con el pastor puede abarcar varias facetas de la relación sexual. Hay pastores que se sienten incómodos en este aspecto, pero deben poder contestar sus preguntas con claridad o saber dónde ellos pueden informarse. Sin embargo, debe ser posible aconsejar a la pareja en cuanto a las claves de la felicidad sexual en el matrimonio (ver cap. 5). Estas claves son tres:

(1) Es una parte de la comunicación natural entre los esposos.
(2) Debe tener la meta de satisfacerse el uno al otro.
(3) El factor de tiempo determina en muchos casos el grado de felicidad en el acto.

El pastor debe aconsejarles leer uno de los dos libros ya mencionados antes de casarse y estar bien informados en cuanto a la relación física del enlace. Hay más ignorancia en cuanto al sexo de lo que la mayoría de las parejas quiere admitir. A menudo, surgen en el matrimonio ajustes malos o inadecuados debido a una falta en el aspecto físico de la relación conyugal.

Tareas para la próxima sesión

La pareja debe terminar de leer los materiales asignados en las sesiones anteriores, incluyendo la que acaban de tener.

Quinta sesión: Detectar posibles problemas y planificar la ceremonia

Si hay áreas en su futura relación que les parecen demandar modificaciones, la pareja debe estar animada a enfrentarlas. No hay garantías de lograr cambios de ninguna clase en forma repentina. Los cambios requieren mucho cuidado, atención continua y buena voluntad para que experimenten éxito al respecto. En realidad, el matrimonio requiere que la pareja se acepte el uno al otro sin tratar de reformarse de todos los defectos que tengan. Cuantos más años tengan compartiendo la vida, más imperfecciones notarán. Es una señal de peligro si antes de casarse los novios se sienten incómodos con las diferencias que existen entre ellos y desean profundamente estarse siempre reformando el uno al otro.

El pastor debe guiar a la pareja a evaluar y discutir las lecturas que les fueron asignadas. Sería bueno enfocar los aspectos de su

compatibilidad, las maneras de mostrar afecto, la sensibilidad del hombre hacia la mujer, la comprensión de las diferencias entre los hombres y las mujeres, y los ajustes durante su primer año de matrimonio. Ellos deben tener la suficiente confianza para que puedan resolver los conflictos que, siempre, surgirán en el matrimonio. Deben reconocer el efecto del egoísmo en causar los conflictos, y la importancia de amar y perdonar para aliviar las tensiones que resultan. Por este tiempo la pareja debería sentir más libertad en conversar sobre cualquier aspecto de su relación. También ellos deberían adquirir algunas pericias en la buena comunicación. Este es uno de los propósitos más importantes de pedirles esta serie de sesiones de consejo.

Por último, la pareja planificará con el pastor la ceremonia de bodas. A veces hay leyes civiles que tienen que observar, incluyendo en algunos países la realización de una ceremonia civil antes de aquella en la iglesia. En la preparación de la boda que se realiza en el templo, tradicionalmente a la novia le es dado el privilegio de expresar sus preferencias. Sin embargo, es saludable que la planifiquen juntos. No deben dejar ningún asunto a la improvisación. Deben saber exactamente lo que hacen, seleccionando con cuidado y reverencia a los miembros del cortejo y la decoración del templo. Deben hacer los preparativos no pensando solamente en que el acto sea bonito, dejando una buena impresión, sino que sea una manera tangible de glorificar a Dios y que sirva de buen testimonio a los asistentes que precisan de una relación personal con Cristo, y en cuanto a cómo formar un hogar cristiano.

El rol del pastor es el de ayudarles a interpretar el significado del acto y asegurar que sea un culto que honre al Señor, y que dedique a la pareja para la formación de un hogar cristiano. También el pastor es responsable por el contenido del sermón que se presenta en el acto. A veces la pareja tiene ideas que quiere incluir en el sermón o en la boda. Estas sugerencias deben tomarse en cuenta, asegurando a los novios que es *su* boda, no la del pastor ni la de ningún otro.

Lo que sigue es una argumentación sobre la importancia de la ceremonia pública mirándola desde los puntos de vista de la Biblia

y de las circunstancias modernas. Este capítulo concluye con una presentación del valor de la luna de miel y unas sugerencias para que sea una mejor experiencia.

Razones y beneficios de tener una ceremonia pública

En algunos sectores hay cierta desconfianza sobre la necesidad de tener una ceremonia nupcial porque lo que hace válido el matrimonio, dicen, es la unión de la pareja y su vida feliz. Pero la Biblia misma hace hincapié en el acto público y la declaración de las intenciones de la pareja. Es cierto que, a simple vista, las costumbres bíblicas y las modernas no parecen nada iguales en sí, sino en lo que estas simbolizan: un acto público de una declaración del voto de fidelidad y de una entrega abierta de la esposa al esposo. He aquí un breve resumen de la ceremonia y su significado en la Biblia.

1. La ceremonia bíblica

El proceso comienza con el padre buscando y seleccionando a la esposa para su hijo (Gén. 24:2-67) siguiendo el modelo de Dios Padre, quien dio una compañera a Adán. Todavía esto significa la importancia del favor y bendición de los padres en la selección de la persona como compañero/a de su hijo/a. El compromiso consistía en una confirmación de la intención acompañada por regalos a la novia (Gén. 34:12). La boda en sí era una combinación de ceremonia y fiesta en la casa de la novia y la procesión desde aquel sitio hasta la casa del novio o a la de sus padres. Esto último fue lo que se llamaba "tomar" una esposa (Núm. 12:1; 1 Crón. 2:21). La fiesta en la casa de la novia era para los familiares y vecinos; y muchas veces duraba una semana (Gén. 29:22, 27; Jue. 14:10-12). Durante el tiempo de la fiesta había un período para la ratificación de los votos (Eze. 16:8; Mal. 2:14) y para la pronunciación de bendiciones sobre ellos (Gén. 24:60; Rut. 4:11, 12). Después de aquella fiesta habría una celebrada procesión hasta la casa del esposo. Ellos se vestirían con alegría (Isa. 61:10; Can. 3:11), él en su lugar y ella esperándolo en su casa. Él vendría con amigos y compañeros de bodas (Jue. 14:11; Mat. 9:15), músicos y cantantes (Jer. 7:34; 16: 9)

y muchos que llevaban velas o lámparas (Jer. 25:10; Mat. 25:7; Apoc. 18:23). Al llegar a la casa de la novia, ella y sus doncellas le recibían y volvían con él a su casa. La procesión aumentaba con la gente que les esperaba por el camino (Mat. 25:6) y todo esto con mucho júbilo (Sal. 45:15). En el caso de los reyes o de los ricos, era costumbre que el padre del novio también les ofreciera un banquete (Jue. 14:10; Mat. 22:1-10). La parte final de toda aquella ceremonia era la de conducir a la esposa al aposento del matrimonio para "conocerla" y comenzar su vida conyugal (Joel 2:16). Fue hasta entrar en el aposento que ella se quedó vestida con el velo y allí fue donde este le fue quitado (Gén. 29:23)[4].

2. La ceremonia moderna

Aún en nuestros días la ceremonia nupcial tiene algunos de los mismos motivos que la del tiempo bíblico. Todavía es un tiempo para celebrar el comienzo de una nueva vida matrimonial. Esta celebración incluye la consagración de la pareja como una entrega a Dios para cumplir su propósito en unirles (Mat. 19:6). También es para adorar a Dios por su complacencia y bondad. La ceremonia de hoy da una magnífica oportunidad para recalcar el ideal del hogar cristiano ante un público en el cual muchas veces hay inconversos e indoctos de la perspectiva bíblica.

En algunos contextos es el momento propicio para presentar ciertos elementos evangelísticos, y también explicar en forma práctica cómo la Biblia orienta las buenas relaciones de la pareja. Aquí es un buen momento para resaltar el lugar especial de Cristo en el hogar (ver cap. 1).

Ante la ley es necesaria la legalización del contrato matrimonial. En una ceremonia civil, esta parte se cumple o es oficiada por un representante del gobierno. El hecho de que el estado tenga parte en la unión de la pareja es algo normal, debido a que el matrimonio pertenece a la creación de Dios; o sea, es algo en que todo el mundo puede gozarse sin recurrir al templo de la iglesia. Después del matrimonio civil, los evangélicos queremos participar en un acto público en el templo no para cumplir la legalización (aunque en algunos países el acto en el templo sirve también para aquello) sino para

dar cabida a la antigua idea de un reconocimiento público que proporcione la oportunidad, para la familia y amigos, de participar en aquel momento gozoso cuando la pareja se entrega el uno al otro ante Dios y su pueblo.

Las bodas públicas tienen una función también en la sociedad. Son para la protección de la moralidad del pueblo mismo. Cada vez en la historia que el matrimonio ha perdido su importancia, la consecuencia ha sido la debilitación de la fibra de la nación.

Además, el matrimonio provee para la protección de los derechos de la propiedad. Da una seguridad de poder tramitar los asuntos legales, en el caso del divorcio o muerte. También proporciona una protección contra los abusos, particularmente a las mujeres.

La luna de miel

El propósito de la luna de miel es, según Bowman, "hacer la transición de la vida de soltera a la de casada con mayor facilidad y el menor número de obstáculos"[5]. Esto se logra teniendo un tiempo aparte para comenzar de veras a "conocerse". Antes pensaban que se conocían, pero ahora no hay fachadas ni "pantallas", por cuanto la pareja vive en íntima comunión y lo que son, se ve. La luna de miel también sirve para darles un descanso después de tanta agitación en los preparativos. Es el tiempo para comenzar la vida en una etapa de intimidad y confianza.

El lugar para realizar este comienzo debe ser determinado por tres factores: dónde pueden estar solos; aislados por unos pocos días de los amigos y familiares; y suficientemente lejos para lograr los primeros dos puntos pero que no les cueste tanto dinero que les deje endeudados.

Este viaje debe durar lo suficiente como para descansar y dar los primeros pasos en la adaptación, pero no tanto como para aburrirse. El costo depende de las circunstancias particulares, pero como regla general, no debe gastarse dinero que se necesita para establecer el hogar. El regreso a la vida normal no debe ser un anticlímax, sino la entrada a experiencias más profundas y ricas.

Ejercicios

Cuestionario:

1. ¿Por que, a menudo, existe ignorancia en cuanto a los roles de los cónyuges, como esposos y como padres?
2. Mencione tres razones por las que debemos proveer consejo prematrimonial a los novios.
3. Mencione los cuatro propósitos en recibir consejo pastoral antes de casarse.
4. Evalúe las cinco sesiones sugeridas que el pastor debe realizar con una pareja de novios, exponiendo tanto lo que usted cree es constructivo como lo que usted haría de otra forma.
5. ¿Para qué sirve la ceremonia nupcial en el templo?
6. Mencione algunas razones para tener una luna de miel y cómo debe realizarse.

Para dinámica de grupo:

1. La idea de solicitar al pastor sus consejos cuatro o seis meses antes del matrimonio de una pareja, ¿es algo bueno? ¿Es factible?
2. ¿Debe el pastor tener estas sesiones con los novios? ¿Qué haría usted con una pareja que resiste someterse a estos períodos de consejos? ¿Sería necesario en algunos casos realizar un número menor de sesiones? En tal caso, ¿cuáles tendría y en qué orden arreglaría usted las sesiones?

Tema para desarrollar:

Planifique un retiro de un día con los jóvenes de la iglesia en el cual se concentre en los preparativos para el matrimonio. Presente un bosquejo de las actividades y temas que se deben considerar en el retiro.

Capítulo 4

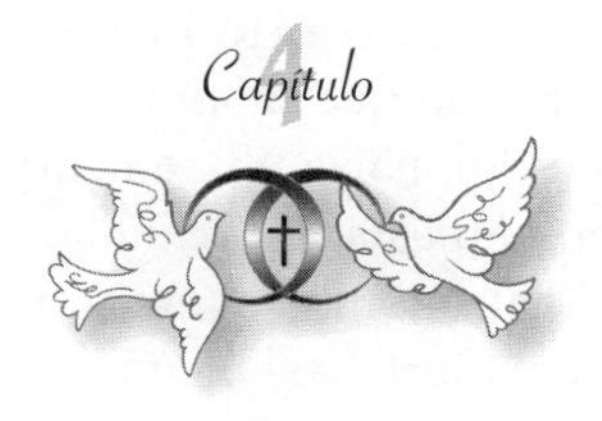

LOS AJUSTES DENTRO DEL MATRIMONIO

El matrimonio exitoso y feliz es un arte y una tarea. Es un arte porque se basa en pericias que la pareja aprende al atenderse y cuidarse conscientemente el uno al otro. No es algo accidental. Por consiguiente, es una tarea que exige la vida para aprenderla, especialmente cuando se consideran las diferentes etapas que ellos experimentarán juntos: comenzando la familia, cuando los hijos son pequeños, luego cuando son adolescentes, los años de madurez y la vejez. La pareja no queda igual, sino que está siempre cambiando aunque sea lentamente.

Para entrar de lleno en el matrimonio en el sentido triunfante, los esposos deben estar pendientes de varios aspectos de los ajustes que inevitablemente van a experimentar o que ya están experimentando y no los entienden. El primer elemento que todo el mundo piensa que entiende (lo cual no es necesariamente cierto) es el amor. Nuestra comprensión del papel que juega el amor en el matrimonio es de suma importancia. Otro aspecto que puede ayudar en los ajustes en el matrimonio es el de tener algún conocimiento de las diferencias entre los hombres y las mujeres. Una de las primeras etapas que la pareja tiene que superar es el ajuste a sus roles dentro de la relación conyugal. Algo que puede aclarar algunos problemas fundamentales en los ajustes es lograr una verdadera intimidad entre los cónyuges. Este capítulo termina con cuatro claves de compañerismo que facilitarán un mayor sentido de éxito entre los esposos.

El amor: ¿Es algo que crece y mejora?

El amor es un gran bien que motiva la mayoría de los grandes logros en las relaciones humanas. Sin embargo, por sí solo y como una emoción humana, no basta. La realidad es que en una proporción muy alta de los matrimonios el amor no crece, ni tampoco la comprensión, sino al contrario. Así dice David Mace:

> Como pasan los años del matrimonio, la tendencia es que la pareja no halla más satisfacción en su relación conyugal, sino un disgusto creciente[1].

Es más que lógico que los ajustes requieran su tiempo para tomar su curso para que los miembros de la pareja no funcionen solos, sino en equipo. En la medida que se conozcan mejor y ganen confianza, pueden entrar en la primera etapa de la vida matrimonial, la de la comunión y los conocimientos incipientes. Pero deben recordar que "el forjar un nuevo estilo de vida y partir de nuestros diferentes trasfondos culturales exige tiempo y paciencia"[2].

La verdad es que el amor puede y debe crecer entre la pareja penetrando y convirtiendo a cada faceta de su relación en una verdadera felicidad y comprensión. La fórmula de aquella esperanza quizá sea la de Roberto Elliot Fitch cuando dice:

> El amor va entrelazado con el valor, atemperado por el deber, probado en el sufrimiento, endulzado con la ternura, fortalecido con la felicidad[3].

El amor es aquel aspecto sentimental y psicológico de la relación conyugal que tiene la capacidad de profundizarse, y que debe crecer de atracción a afecto, a aprecio y eventualmente llegar a ser admiración. No hay una mejor descripción de aquel amor que tiene la capacidad de crecer y mejorar que la de 1 Corintios 13:4-8a:

> El amor tiene paciencia y es bondadoso. El amor no es celoso. El amor no es ostentoso, ni se hace arrogante. No es indecoroso, ni busca lo suyo propio. No se irrita, ni lleva cuentas del mal. No se goza de la injusticia, sino se regocija con la verdad. Todo lo sufre, todo lo cree, todo lo espera, todo lo soporta. El amor nunca deja de ser...[4].

Es bueno revisar regularmente estas cualidades del amor. Mejor aún si uno las expresa en una forma personal: "El amor mío es paciente, es bondadoso...". Alguien ha sugerido que es un tanto más

relevante si pone su propio nombre en la lectura: "(su nombre) es paciente, es bondadoso...".

Cuando una pareja se encuentra en disgustos o en malentendidos, les servirá de mucho bien el leer, meditar y aplicar estos versículos a su relación que, supuestamente, se basa en el amor.

Primordial en la relación de los consortes cristianos es su relación con Dios, porque si han experimentado su precioso amor en ellos también han recibido una capacitación y un modelo a seguir, por la obra del Espíritu Santo, para poder amar ampliamente a otros. Fíjese en Romanos 5:3-5:

> Y no solo esto, sino que también nos gloriamos en las tribulaciones, sabiendo que la tribulación produce perseverancia, y la perseverancia produce carácter probado, y el carácter probado produce esperanza. Y la esperanza no acarrea vergüenza, porque el amor de Dios ha sido derramado en nuestros corazones por el Espíritu Santo que nos ha sido dado.

Otra vez vemos la diferencia que Cristo hace o puede hacer en la vida conyugal y también familiar. Las parejas que no se llevan bien precisan ser guiadas a este punto elemental: ¿Conocen el amor de Dios que el Espíritu Santo derrama en sus corazones al invitar a Cristo a entrar, morar y señorear en sus vidas? ¿Están dispuestos a permitir al Cristo amoroso moldear sus actitudes, acciones y carácter?

Además, el esposo es instado a amar a su esposa con el profundo y significado amor (*agape*) que Cristo mostró cuando se entregó a la muerte para santificar y preparar a la iglesia para ser gloriosa (Efe. 5:25-28). Dios espera que el hombre dé la pauta con un amor que no retrocede. El ser cabeza del hogar consiste esencialmente en vivir una vida con esta clase de amor.

Es un amor que requiere la entrega verídica, los más altos motivos de santificar y bendecir su objeto, la fidelidad y la constancia de estos altos propósitos. Por cierto, este amor (*agape*) se caracteriza por iniciar la relación con un afecto desinteresado. La naturaleza del hombre es ser el agresor en la relación matrimonial, pero su iniciativa debe modelarse por Efesios 5:21-23, si quiere tener los más felices resultados.

Quizá haya más señoras como la que dijo: "Yo no tendría ningún problema en sujetarme a mi esposo si él me amara como Cristo

amó a la iglesia". Es interesante que nunca se les manda a las mujeres amar a sus esposos con el *agape* y solo una vez (Tito 2:4) son instruidas a amarles con *fileo*, que es el amor tierno entre madres e hijos y entre amigos; o sea, es un amor que responde a un objeto que necesita el cariño y la atención. No es que la mujer no sea capaz de amar a su esposo con *agape,* sino que psicológicamente (y bíblicamente también) la esposa espera la pauta amorosa de su marido para devolverle el afecto y el respeto. Estos conceptos del tipo de amor *agape* (del esposo) y *fileo* (de la esposa) son la estructura sobre la cual los cónyuges pueden construir una relación profunda como Dios realmente propone.

Hay una muy buena posibilidad de que muchos hombres no han visto un ejemplo de amar con una actitud de sacrificio y abnegación (*agape*). Es posible que por su sumisión, la mujer modele un tipo de este amor por su servicio y atención al esposo, y así el esposo verá cómo funciona y seguirá su ejemplo. ¿No sería parte de la razón por la cual tanto Pablo como Pedro comienzan sus instrucciones sobre la relación matrimonial con una apelación a que la esposa sea sumisa, para que el hombre tenga un modelo vivo de cómo pueda ser la vida de amor? (Efe. 5:21-24; 1 Ped. 3:1-6). Quizás la sumisión de la esposa es paradójica en que ella toma la iniciativa por servirle al esposo (no por mandar ni sermonear), y por fe, espera que él siga su ejemplo. La fe de la esposa debe estar puesta en el Señor, quien le dirige a confiar en la veracidad de su Palabra.

Con todo, el amor es algo que debe crecer y mejorar en nuestro matrimonio. La Biblia nos desafía a seguir el ejemplo de Cristo y la iglesia en su relación de amor. Sin embargo, no siempre entendemos cómo vivir al tanto de su ejemplo. Una razón por la que fallamos se halla en nuestra humanidad, específicamente en que el hombre y la mujer son bastante distintos.

Las diferencias entre hombres y mujeres

El doctor Cecil Osborne recalca que hay diferencias ambientales, genéticas y personales entre el hombre y la mujer, y cuando añadimos las grandes diferencias emocionales existentes entre ellos ¡resulta sorprendente que haya tantos matrimonios triunfantes![5] Pero

la realidad es que hay muchos matrimonios desavenidos porque no se comprenden. Son diferentes especialmente en sus necesidades o esperanzas y en su composición emocional[6].

1. *Las necesidades de las mujeres*

La mujer necesita ser protegida, acariciada, amada, pero a la vez desea la libertad de ejercer sus roles de ser madre, esposa y en algunos casos profesional. Ella busca profundamente frecuentes muestras de reconocimiento, afecto y aprobación. Las pequeñas expresiones de cariño e interés en ella significan mucho más para la mujer de lo que el hombre se imagina.

> A ella le agrada que se le recuerde, se le halague, se le hagan cumplidos y se le escuche; quiere que se preste atención a sus sentimientos, aun cuando a su marido le parezcan pueriles o fuera de razón. La mujer necesita que le haga sentir su feminidad por medio de la protección, el cuidado, las demostraciones de afecto sin mostrar deseo sexual y especialmente siendo aceptada cuando ella se ve inaceptable a sus propios ojos[7].

Es tanta la seguridad que ella anhela del varón que le regaña y hasta lo machaca. Esta es su forma inconsciente para asegurarse de que es amada. Nuestro contexto cultural hispanoamericano alimenta la inseguridad de los matrimonios debido a la proliferación del divorcio, el abandono, el concubinato y la promiscuidad. El esposo tiene que cuidarse moralmente y nunca darle razón de sospechar de él.

En resumen, la mujer desea ver en su esposo un tipo de "padre" que sea indulgente y al mismo tiempo firme, delicado y prudente; un amante, un hombre atento y un compañero (que sea amigo de primera categoría). Finalmente, y quizá no haya un punto de más importancia ni que sea más sencillo de cumplir: ella quiere ser escuchada y que se le hable. Cuando el hombre no toma interés en el mundo de ella y no la escucha, la mujer lo interpreta como una afrenta personal y se siente rechazada. Osborne dice:

> "El hombre satisface la necesidad de la mujer escuchándola, sin discutir a cada paso para mostrarle sus equivocaciones, aun cuando él sospeche que está equivocada"[8].

Así muestra el hombre una sabia comprensión a la mujer.

2. Las necesidades de los hombres

El hombre necesita que se le haga sentir que es competente, digno de confianza y valioso. Puede ser que no sea tan capaz, pero necesita ser animado sin darle lecciones ni recriminaciones. Él espera tener una esposa-madre que lo sirva pero que no lo domine; una amante que pueda satisfacerlo y a quien él pueda hacer feliz. Él desea que la esposa cuide el hogar y a los niños mientras él se interesa más en su trabajo y en los pasatiempos masculinos.

En realidad, las quejas y los regaños de la esposa tienen un resultado contrario al que ella espera; estos solo consiguen empujar al marido a que se encierre en el bar, con sus pasatiempos o en un "castillo" de frialdad y silencio. El hombre responde mucho mejor a la persuasión suave y al tratamiento seductor que a las exigencias[9]. A veces el hombre explota en una colérica reacción ante las amenazas de la esposa. Puede ser que sienta que se está poniendo en tela de juicio su autoridad varonil y su competencia.

3. Las diferencias emocionales de ambos sexos

La pareja no solamente difiere en sus necesidades (o lo que cada uno desea para mantenerse equilibrado), sino también en su composición emocional, o sea, la forma de responder emocionalmente a las circunstancias de la vida cotidiana. Cuando se levantan estos elementos de contraste en el matrimonio, no estamos tomando posiciones dogmáticas, sino simplemente señalando algunas de las tendencias diferentes entre los sexos opuestos, reconociendo que hay bastantes excepciones a tales normas.

(1) Osborne muestra que una de las diferencias fundamentales entre los sexos consiste en que los hombres son básicamente "hacedores" mientras que las mujeres son "existentes". El hombre normalmente manifiesta una agresividad en su trabajo y aun en sus deportes y pasatiempos. Por el contrario, la mujer tiende a poner más énfasis emocional en su estado de ser mujer, madre, ayuda o compañera para el esposo, etc. Por la misma razón de estar inclinada a tener buenas relaciones, la mujer es más dada a una mentalidad espiritual (de relacionarse con Dios) y a frecuentar los cultos en la iglesia (de relacionarse con otros). También, generalmente es la mujer quien acude

en busca de ayuda para salvar un matrimonio que se hunde; se frustra fácilmente con el esposo por su falta de comprensión y porque no valoriza suficientemente las relaciones personales[10].

(2) El hombre es más dado a correr riesgos y asumir responsabilidades. Quizá no haya una mejor ilustración de esto que en las formas distintas de manejar el automóvil. Se reconoce que él es más dado a correr y a meterse en el tráfico, mientras que ella tiende a ser más cautelosa, aunque no siempre es así.

(3) El trabajo es una extensión del hombre mientras que el hogar es una extensión de la mujer. Cada uno, naturalmente, admira al otro por sus capacidades de efectuar sus oficios y trabajos. El hombre considera con asombro y maravilla el nacimiento de los hijos, y el cuidado y la paciencia que la esposa muestra hacia las criaturas. Ella respeta la capacidad del esposo de ganar el sostén y de proveer seguridad para la familia. Sin embargo, esta admiración con demasiada frecuencia queda callada de ambas partes. No deben guardar en secreto sus sentimientos. También, a menudo, surge un problema en la relación interpersonal porque los dos se envuelven tanto en sus ocupaciones, del trabajo y del hogar, que aquellos se convierten en sus "mundos", de tal modo que no mantienen interés en las actividades y los problemas de sus cónyuges.

(4) Otra diferencia interesante entre el hombre y la mujer es que el hombre tiende a exteriorizar y ella a interiorizar. El marido está acostumbrado a los negocios, la industria, los sueldos, los hechos, etc., y encuentra la razón de la vida en tales cosas "externas"; mientras que ella instintivamente espera sentir su razón de ser por tener el hogar, los niños y la seguridad del amor y cuidado del esposo. Esta diferencia de exteriorizar e interiorizar a veces se expresa por la lógica del hombre y el sentimentalismo de la mujer. Por ejemplo, si acaso él compra carne y la trae a la casa, cuando ella le pregunta: "¿Dónde compraste la carne?", él responde normalmente dando el nombre de la carnicería o el mercado donde la compró. Pero si él le hace la misma pregunta a ella, la tendencia de ella es responderle: "¿Por qué me preguntas?". "¿No te gusta la carne?".

(5) La tendencia del esposo de ser agresivo también afecta su relación con la esposa. Su instinto es el de conquistar. La mujer se

siente más agradada por las atenciones del hombre. Ella normalmente desea ser conquistada pero con suavidad y fortaleza. Lo interesante del hombre, aun siendo el agresor, es que es vulnerable a cualquier amenaza a su capacidad o reto a su imagen varonil. Esta sensibilidad del hombre es algo sorprendente para la esposa porque ella imagina que él es lo que pretende ser, esto es, fuerte y capaz.

(6) Por último, hay una diferencia en el matrimonio en la manera de mirar al sexo opuesto. Los hombres tienden a ver a las mujeres como a mujeres, o sea, en su forma física. Por eso su evaluación de las mujeres es a corto plazo. La mujer tiende a mirar a los hombres en términos de maridos, o sea, de tener relaciones a largo plazo.

Por cierto, hay otros elementos emocionales que distinguen a los hombres de las mujeres, pero lo que aquí se ha presentado puede servirnos de alerta y para estar prestos a considerarnos y comprendernos como pareja.

Roles en el matrimonio

Uno de los primeros ajustes que encara la pareja cuando se casan es el de aceptar su nuevo estado de esposo y esposa. Para él: ¿Cómo es ser esposo y tomar las riendas de un hogar, dirigiendo las múltiples decisiones cotidianas? ¿Cómo es ser cabeza del hogar? Para ella: ¿Cómo debe sentirse como esposa: Sumisa, obediente, contenta y cumplida? Sin duda esta es una de las primeras etapas que la pareja tiene que superar.

El ajuste requiere que los esposos tengan un sentido de identidad con sus roles, masculino y femenino, de ser compañeros en una íntima unión y de comenzar a actuar como un equipo. La cuestión primordial en cuanto a los roles es la del liderazgo. ¿Quién dirige la empresa? Si el hombre es líder en la relación y en el hogar, ¿cuál es el rol de la esposa? En la mayoría de hogares se da por sentado que el hombre dirige la empresa y que la esposa le es sumisa. Pero aun en este arreglo, el hombre generalmente depende de ella para desempeñar las funciones de ser esposa, comprar los alimentos y criar a los niños. Con frecuencia el esposo le otorga bastante autoridad o libertad para operar en su campo de responsabilidad y espera que lo haga.

Pablo enseña que debe existir una línea de autoridad en el hogar

que comienza con Cristo, pasa al varón y de él a la mujer (1 Cor. 11:2-12). Por lo tanto, la mujer debe vivir en sumisión al esposo, especialmente cuando Cristo es la cabeza de aquel esposo (1 Cor. 11:3). En las ocasiones cuando Pablo enseña que las mujeres deben sujetarse a sus maridos (Efe. 5:22; Col. 3:18), se puede interpretar que Pablo usa la voz media; esto quiere decir que las esposas voluntariamente se sometan a sus esposos[11]. Pablo, en Efesios 5:21, indica un sometimiento mutuo: "Y sometiéndoos unos a otros en el temor de Cristo". Por cierto, Pablo enseñaba que existe una igualdad espiritual entre todos los que son cristianos: "Ya no hay judío ni griego, no hay esclavo ni libre, no hay varón ni mujer; porque todos vosotros sois uno en Cristo Jesús" (Gál. 3:28).

El punto es que en Cristo los dos comparten una vida especial que les provee mayores posibilidades de poder actuar como el mismo Señor que vino a servir en vez de ser servido. Son responsables el uno al otro para cumplir sus roles como ya están bíblicamente establecidos. Pero también en Cristo hay una igualdad que hace a cada uno considerar y honrar al otro con el fin de edificarse en amor. Sería bueno que los dos revisen concienzudamente las descripciones de los roles en Efesios 5:21-33 y 1 Pedro 3:1-7. En el primer pasaje, el énfasis es sobre el rol del esposo; en el segundo, sobre el de la esposa. También el sometimiento muto da oportunidad para el ejercicio de los dones que cada uno tiene. Es decir, que a cada uno se le debe permitir funcionar al máximo de sus capacidades en reconocimiento de los dones que el Señor mismo les dio cuando les salvó (ver 1 Cor. 12:7-12; 1 Ped. 4:10). Si la esposa tiene mayor capacidad en la administración de fondos o del negocio, sería sabio tomarlo en cuenta en la división de responsabilidades en el hogar. En vez de dejar que esta realidad sea una amenaza para el esposo, basándose en las Escrituras, él puede gozarse en tener una ayuda "idónea"[12].

La intimidad en el matrimonio

Un diccionario define la intimidad como la "amistad, cercanía, comunión, familiaridad, lo que pertenece al ser más interno, (y) relaciones sexuales". En el hogar, la intimidad está estrechamente ligada a la disminución de nuestra soledad, la satisfacción de nues-

tra "hambre del corazón" y la participación en el maravilloso proceso de llenar la necesidad del otro. Tenemos que tener en mente que la intimidad es un camino y no una meta. Es un proceso, una forma de actuar, un modo de pensar que reconoce lo beneficioso de guardar este valor aun en medio de los cambios y las tensiones súbitas y normales de la vida. Por cierto, hay aquellos momentos de cercanía que experimentamos, pero mejor es cuando aquella cualidad tiene continuidad y estabilidad, porque hace perdurar y endulzar las relaciones cercanas.

Howard J. Clinebell y su esposa, Charlotte, describen cinco configuraciones comunes de la intimidad en diferentes relaciones conyugales[13]. La primera es aquella del hábito conflictivo, cuando pelear es casi el modo de vivir. El segundo tipo es el sin vitalidad, cuando el ardor del amor se ha vuelto frío y ellos se resignan a vivir en su "jaula de hábitos", asumiendo que todos los matrimonios son así. La tercera clase de matrimonio es el cordial y pasivo, en el cual no han perdido el sentido de excitación porque desde el comienzo ellos han sido pasivos cordiales y convencionales, compartiendo algunos intereses comunes. Y como es de esperarse, para ellos el sexo toma un lugar de poca importancia. El cuarto modo es el vital, donde los socios están intensamente absorbidos psicológicamente en la vida que comparten, encontrando su razón de vivir en aquella relación. La relación "total", la quinta forma, se distingue de la vital en que simplemente hay más áreas de acuerdo y de compartimiento entre ellos.

Las áreas de la intimidad incluyen lo sexual, lo emocional (sintonizar las señales del otro), lo intelectual (cercanía en cuanto a ideas), lo estético (compartir experiencias buenas y bellas), lo creativo (les gusta crear juntos), lo recreacional (jugar y divertirse juntos), el trabajo (compartir tareas comunes), las crisis (cercanía para enfrentar problemas y dolores), lo conflictivo (encarar y resolver dificultades y diferencias), los compromisos (compartir el cumplir de los deberes), lo espiritual (la unidad que trae oración familiar y servicio a Dios) y la comunicación (la fuente de toda intimidad)[14]. Cada pareja puede y debe medir el nivel de su intimidad reconociendo las áreas en que se sienten satisfechos y aquellas en que sienten la necesidad de mejorar.

La intimidad es algo que puede crecer, pero también es algo que se puede perder; o aún peor, morir. Los Clinebell señalan que no debemos concluir que todas las parejas no pueden ni deben ser iguales, sino que cada una tiene la opción de escoger lo que considera la forma óptima de intimidad para ellos mismos. La intimidad es diferente para cada uno. En todos los matrimonios experimentamos ciclos de acercamiento y de enfriamiento (o separación). Algunas personas no pueden tolerar la cercanía de la otra persona, ni pueden compartir sus pensamientos, ni su cuerpo, sino solo por períodos breves. Sin embargo, casi todos deseamos más intimidad de la que hemos encontrado hasta ahora. Todos hemos visto las paredes erigirse con mucha facilidad y rapidez en las relaciones conyugales y familiares, y todos hemos sufrido deseando que se achicaran o desaparecieran. Siendo esta la experiencia de casi todas las parejas, hay esperanza para aquellos que realmente están dispuestos a buscar cómo desarrollar el máximo de gozo, placer y creatividad en su relación matrimonial[15].

Los Clinebell dan cuatro sugerencias que contribuirán al crecimiento de la intimidad[16]. Dicen que el crecimiento ocurrirá en la relación matrimonial bajo las siguientes condiciones (el contrario resultará en su ausencia):

1. Cuando los esposos corran el riesgo de abrirse el uno al otro.

Se sienten culpables, o amenazados, o si sufren de poca estima personal, tienden a esconderse detrás de una máscara de autosuficiencia o de autojustificación. Pero fingir es levantar paredes.

2. Cuando ellos aprendan a estar emocionalmente presentes con el otro.

Quiere decir que prestan atención uno al otro, deseando escucharle. También es estar relajados y dar fácil acceso a otros.

3. Cuando ellos desarrollan un alto grado de interés uno hacia el otro.

Es querer ver al otro feliz, creciente y edificado; es buscar la

oportunidad de hacerle bien y servir de complemento a su vida, reconociendo que la idoneidad también corresponde del hombre hacia la mujer. Dos prácticas que facilitan este elemento son la de la afirmación por lo que hacen y que son como personas, y la de llenar las necesidades sentidas de cada uno.

4. Cuando hay una atmósfera de confianza basada en un compromiso de fidelidad y continuidad.

Cuando ambas partes dicen: "Esta es *nuestra* circunstancia y *nuestra* relación, y *juntos* resolveremos el problema", andarán muy adelantados hacia la intimidad.

Claves de compañerismo

Para terminar este capítulo, se considerarán algunas claves de compañerismo, las cuales sirven como conclusiones para los cristianos en la práctica de la fe en los ajustes matrimoniales.

1. La primera clave es mantener el noviazgo

El esposo no deje de cortejar a la esposa. Elam J. Daniel recalca que el noviazgo contiene tres elementos:

(1) Expresiones orales de amor.

(2) Expresiones físicas (o mejor dicho, abiertas o tangibles) de amor.

(3) La atracción física[17].

Fácilmente se ve lo práctico de todo esto. Los hombres harán mucho bien en recordar que las pequeñas y frecuentes expresiones de cariño confirman la necesidad de la esposa de sentirse segura del amor de su marido. El amor (*agape*) nunca deja de ser (1 Cor. 13:8), y el amor de las parejas puede y debe mantenerse al día.

2. La segunda clave es la coparticipación

Como Pablo hizo hincapié con los corintios, a pesar de estar divididos, en ser colaboradores de Dios (1 Cor. 3: 9), también es esta una perspectiva sana y sabia para la pareja. Pedro reconoció la importancia de funcionar armoniosamente juntos en el matrimonio "para que vuestras oraciones no sean estorbadas" (1 Ped. 3:7). El

misterio de la idea de Pablo en Efesios 5:21, de que los dos se sometan el uno al otro, se explica por el hecho de vivir fomentando siempre un respeto mutuo y de tomarse en cuenta en las decisiones y en el manejo del hogar. La cooperación es un espíritu de edificación y honor, y de preferencia para con el otro; en fin, es ver al compañero de la vida sumamente feliz en el cumplimiento de su rol como cónyuge y familia (ver otra vez Efe. 5:21-33 y 1 Ped. 3:1-7).

3. La tercera clave es la sumisión de la mujer al esposo

Es un verdadero misterio, pero es algo fundamental en el plan de Dios para el ajuste adecuado en el matrimonio. Hemos de recordar que esto es voluntario por parte de la esposa. La Escritura nunca hace de la esposa una esclava del marido. La Biblia presenta a la pareja el ideal de una mutualidad (Gál. 3:28; Efe. 5:21), pero siempre exige que el hombre dé la pauta, originando una expresión sincera y sacrificada del amor (Efe. 5:25-29). Empero, la sumisión de la esposa tiene una función única en el manejo feliz de la relación conyugal, como ya se ha presentado.

Larry Christenson presenta la sumisión como un medio, no como un fin[18]. Es decir, no es un estado que se logra sino es la expresión genuina de la mujer de ser el complemento para su marido. Él dice que, en primer lugar, es un medio de equilibrio social en el cual la mujer reconoce, espera y promueve que el hombre tome la iniciativa y actúe responsablemente. El problema existe cuando él abdica su autoridad de ser responsable en el hogar o cuando lo lidera con un espíritu demasiado autoritario o con falta de comprensión. Peor aún es cuando la esposa domina el hogar y al esposo formando dos cabezas sobre él, creando un estado que, por lo menos, es inestable e inefectivo. Lo mejor y lo ideal de la relación conyugal es que el hombre asuma su responsabilidad en dirigir el hogar. Así los hogares prosperarán y se gozarán proveyendo una estabilidad en la sociedad.

También Christenson estima la sumisión de la esposa como un medio de protección. Según la misma naturaleza física y psicológica de la mujer, es lógico que ella quiera tener un galán para protegerla, y a su vez es parte de la razón por la que Dios puso al hombre

como autoridad para ella. En el caso de las mujeres solteras y viudas, se manda a la iglesia que sea protectora de ellas (Hech. 6:1; Stg. 1:27; 1 Tim. 5:3-16). Las amenazas físicas, los sustos, las causas de la confusión psicológica y moral abundan en el mundo actual. El plan de Dios es ayudar a que la mujer tenga un medio de protección. Por cierto, el hombre que lleva continuamente el escudo de la fe cristiana y la armadura espiritual (Efe. 6:10-18) es el más capacitado para proteger a su esposa y a su familia.

En tercer lugar, y el más interesante de todos, las mujeres tienen en la sumisión un medio de poder espiritual. Christenson recalca que la sumisión "es mucho más que una forma externa: es una actitud interna;... es un corazón cubierto con un velo de honor y reverencia por su esposo"[19]. El espíritu o la actitud de sumisión voluntaria es tan poderoso como lo fue para Cristo ante el Padre celestial (Mat. 26: 39), quien lo usó para convencer al mundo de su profundo amor y de su eterno deseo de salvar a todo aquel que en él cree (Juan 3:16). Pedro insinúa que la mujer que está sujeta a su esposo tiene un poder de convencimiento sobre él. Como él dice en 1 Pedro 3:1: "Si algunos no obedecen a la palabra, también sean ganados sin una palabra por medio de la conducta de sus mujeres". La forma de servir al esposo, de querer verle contento y cumplido, de apoyarle en palabra y oración, de atenderle en sus dolencias y afanes, preocupaciones e intereses, lo convence de su buena intención hacia él y le motiva a participar en este amor y aun devolverle a la esposa algo del fruto de aquella buena y santa actitud. A veces la mujer da la pauta por su ejemplo, desplegando así un poder espiritual que no necesita palabra, pero en muchas ocasiones inquieta al otro para saber la razón de la esperanza que hay en ella (ver 1 Ped. 3:1, 15).

4. La cuarta clave es el concepto bíblico de ser siervos el uno del otro

Cuando Pablo dice en Efesios 5:23 que el hombre es cabeza de la mujer *como* Cristo es cabeza de la iglesia, surge una pregunta: ¿Qué abarca ese "como"? Pablo expone en el versículo 25 que Cristo se dio a sí mismo en amoroso sacrificio para salvar y santificar a la iglesia. Esto es parte del *como.* También, en el v. 27,

dice que el esposo debe hacer lo que santifique o bendiga (o edifica) a la esposa, que la cuide de todo lo que pueda arruinar su vida ("sin mancha"). También es parte del *como.* Debe amarla como a su propio cuerpo (vv. 28, 29), y poner en función la regla de oro (Mat. 7:12). Lo maravilloso de todo esto es que sí funciona; es decir, que cuando el esposo actúa hacia la esposa como Cristo actúa hacia la iglesia, la vida conyugal funciona mejor y produce los frutos gloriosos que el Señor mismo diseñó en su plan maestro para las relaciones conyugales (ver Efe. 5:27).

La idea central de este punto es que el servicio es un campo para ambos cónyuges. La sumisión de la mujer es este mismo punto dicho en otra forma. Lo cierto es que si el hombre mantiene un espíritu servicial hacia su esposa muy poco problema tendrá ella en someterse a él.

Este principio de servirse el uno al otro puede frustrarnos o desafiarnos grandemente debido a nuestra naturaleza humana de ser egoístas. Para muchos en las experiencias del noviazgo y el matrimonio, la coparticipación y el sometimiento son simplemente medios para lograr una felicidad matrimonial, de modo que muchos esposos las consideran como meros deberes en sí. Sin embargo, el esposo está siendo desafiado y animado, desde la misma Escritura, a intentar actuar con la esposa y los suyos como Cristo actuó y actúa con la iglesia. Sólo Cristo puede convencerle de que vale la pena vivir de este modo.

Algunos, especialmente los esposos, responden que todavía temen que estos principios les restarán autoridad. Pero ¿perdió Cristo autoridad por morir en la cruz? ¿Se sometió a la voluntad del Padre celestial porque era débil? Cristo, al darse en sacrificio, sabía que iba a convencer a muchos del amor de Dios para con la humanidad (Rom. 5:8). Juan 12:32 nos indica que Cristo calculaba que por morir en la cruz él iba a traer a todos a sí mismo. Así ha sido desde entonces. Es una paradoja de poder espiritual que el que quiere ser el número uno (o rey o reina del hogar) debe ser siervo de todos. Si ha servido este principio para que el Señor de la gloria se relacionara con el mundo y para ganar nuestro aprecio, ¿no nos puede servir también para guiarnos en nuestras relaciones más cercanas?

Ejercicios

Cuestionario:

1. ¿En qué sentido debe crecer el amor entre los cónyuges?
2. Compare a los hombres y las mujeres en sus necesidades; o sea, en lo que cada uno espera en el matrimonio.
3. Compare las diferencias emocionales entre hombres y mujeres.
4. Mencione y explique brevemente las cinco configuraciones de intimidad matrimonial que proponen los Clinebell.
5. ¿Bajo cuáles condiciones experimentarán los matrimonios un crecimiento en la intimidad?
6. Mencione y explique brevemente las cuatro claves de compañerismo para la felicidad conyugal.

Para dinámica de grupo:

1. Haga que el grupo se divida en dos partes y que busquen en Efesios 5:21-33 y 1 Pedro 3:1-7 los deberes de los esposos y las esposas. Un equipo se encargará de los deberes de los esposos y el otro de las esposas. Se sugiere que los grupos sean de ambos sexos o que las mujeres busquen los deberes de los esposos y los hombres los de las esposas. En preparación para el ejercicio indique lo que usted encuentra en los dos pasajes.
2. Si usted tuviera que presentar una charla sobre los papeles de los cónyuges en el matrimonio, ¿cómo la presentaría? ¿Cuáles son los aspectos de ajustes en relación con los papeles en el matrimonio?
3. Complete las oraciones:
   a. Yo esperaba del matrimonio que…
   b. Mi esposo/esposa deber ser/hacer…
   c. Como esposo/esposa yo debo ser/hacer…
4. El formulario que sigue se usa por parejas para analizar sus elementos de compatibilidad. Cada uno debe hacer su propia selección y después pueden compartir sus respuestas. A lo mejor encontrarán algunas divergencias que pueden ser áreas en las cuales deben mejorar su relación matrimonial. Como sea, no debe atacar más que un problema a la vez, y deben intentar modificar su conducta como pareja comenzando con algo que ambos creen que sea fácil de lograr. El éxito engendra más éxito. Después, pueden intentar un ajuste más difícil.

¿CUÁNTO NOS PARECEMOS MI AMOR Y YO?

(Análisis de compatibilidad)

Características	*Muy parecidos*	*Algo parecidos*	*Algo distintos*	*Muy distintos*
1. Antepasado social				
2. Antepasado familiar				
3. Convicciones de lo bueno y lo malo				
4. Ideales respecto al hogar y la familia				
5. Educación (cuánto cumplida)				
6. Fe religiosa				
7. Deseos e intereses vocacionales				
8. Interés en el trabajo del otro				
9. Deseo por y conceptos sobre los niños				
10. Ambición por el dinero				
11. Deseo de lograr una "posición" en la sociedad				
12. Aprecio por las responsabilidades dentro del hogar y con la familia				
13. Aprecio por las actividades sociales dentro y fuera del hogar				
14. El manejo del dinero				
15. Hábitos personales como los de comer, dormir, fumar, bailar, etc.				
16. Círculo de amigos				
17. Intereses en cuanto a la recreación				
18. Temperamento				
19. Capacidad y cantidad de hablar				
20. Disposición a escuchar				
21. Tendencia a criticar				
22. Tendencia a apreciar y dar reconocimiento				

Capítulo 5

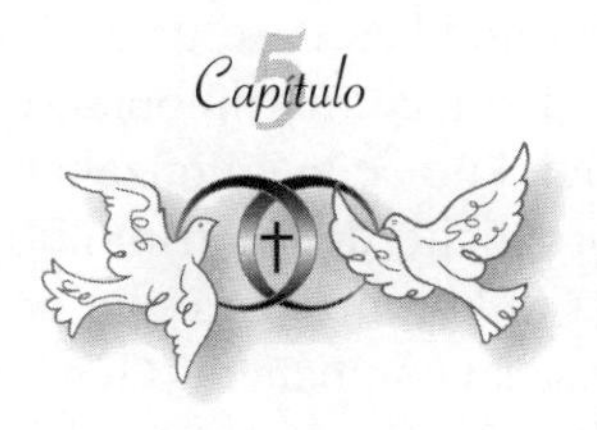

EL MATRIMONIO Y LAS RELACIONES SEXUALES

Las relaciones sexuales debieran ser vistas como algo normal y sano dentro del matrimonio. No es algo sucio y mundano. Dios creó el sexo y es seguro que tenía propósitos buenos y saludables en hacerlo. Este estudio abarcará una investigación de términos y casos bíblicos, ciertos factores de confusión sobre el sexo con perspectivas antiguas y modernas, elementos esenciales de un criterio cristiano sobre las relaciones sexuales dentro del matrimonio y la planificación familiar.

Las relaciones sexuales en la Biblia

En la creación Dios hizo al hombre y luego a la mujer, tomando del hombre una costilla y así formando algo del hombre para el hombre. Es importante notar que, al terminar toda la creación culminando con el hombre, se dice que "Dios vio todo lo que había hecho, y he aquí que era muy bueno" (Gén. 1:31). Obviamente Dios se complació con todo lo que vio en el hombre, la máxima expresión de su creatividad; esto incluyó la sexualidad del hombre y de la mujer. Además, Génesis 1:27 dice que el hombre y la mujer fueron creados a la imagen de Dios. Lo que hay en ellos es un reflejo del mismo Creador; eso es que a ellos se les dio la capacidad de ser creadores también. Así la procreación es una extensión del plan creador de Dios.

No debemos concluir que Adán y Eva eran totalmente inocentes (o ignorantes del sexo) en el huerto de Edén antes de la caída en pecado. Debemos tomar en serio lo que Dios les mandó hacer según

Génesis 2:24, 25: "El hombre... se unirá a su mujer, y serán una sola carne". Aun en el enlace matrimonial, que seguramente involucraba el trato sexual, "no se avergonzaban". Recordemos que la primera función y propósito del matrimonio es el compañerismo. La mujer le fue dada al hombre para que no estuviera solo y para ser ayuda idónea, o sea su compañera (Gén. 2:18).

Hay que entender bien lo que quiere decir "una sola carne". La idea de "la carne" ha sido tradicionalmente interpretada como algo que implica pecado. En Génesis 2:24 encontramos la palabra *basar*, que significa el cuerpo humano. También puede ser la totalidad de la persona (ver Sal. 16:9). En el Nuevo Testamento la palabra que se usa para la carne en esta frase, "una sola carne", es *sarx* (ver Mat. 19:5, 6; Mar. 10:8; Efe. 5:31). Aunque *sarx* se usa para expresar lujuria (deseos de la carne, Rom. 13:14) y la debilidad y pecaminosidad del hombre (1 Cor. 3:1, 3), también puede señalar simplemente "el cuerpo" (2 Cor. 12: 7; Gál. 4:13, 14; Fil. 1:24).

"Una sola carne" se debe entender como la unión de dos cuerpos y naturalezas de los dos integrantes del matrimonio. *Sarx* (la carne) puede ser pervertida, pero no automáticamente implica el pecado, porque es designio de lo que atañe al hombre mientras que está en el cuerpo físico[1]. Concluimos, entonces, que el propósito de Dios es cumplido en esta unión de una sola carne.

A la vez es preciso entender que una sola carne incluye no solamente lo físico, sino que también abarca la totalidad de las dos personalidades. Por consiguiente es una unión tanto psíquica y espiritual como física. La unión de "una carne" tiene tal magnitud porque es la expresión física de la entrega de las dos personas, no solamente un acto físico. El hebreo entendía bien que el hombre es uno solo; o sea que no tiene varias partes que funcionan aparte como lo espiritual y lo físico, sino que cada faceta de su persona y personalidad afecta a las demás. De modo que el acto sexual no puede ser una simple función biológica. Por eso Pablo enseña en 1 Corintios 6:16: "¿O no sabéis que el que se une con una prostituta es hecho con ella un solo cuerpo [*soma*]? Porque dice: *Los dos serán una sola carne* [*sarx*]". Lo más alto y noble de su persona (*soma;* ver la nota 1) y lo más natural y humano (terrenal, *sarx*)

de su persona, se unen con la otra persona en el acto sexual. "Una sola carne" refleja la mezcla de la totalidad de dos personas y sus personalidades. Cuando alguien entra en una unión adúltera, Pablo dice que está pecando contra su propio cuerpo (*soma*) (1 Cor. 6:18), es decir, está violando su destino verdadero, que es glorificar a Dios (1 Cor. 6:20: compare v. 13)[2]. El propósito de Dios ha sido siempre el matrimonio monógamo (Gén. 2:24; Prov. 5:1-6, 15). Aunque la poligamia se encuentra con frecuencia en el Antiguo Testamento, nunca es aprobada por Dios. Más bien, ha sido una medida humana para traer hijos a una unión (por ejemplo, Abram y Agar, Gén. 16:1-4). Muchas veces esto produjo resultados infelices, como en el mismo caso de Abram y Agar, el caso de Ismael y el de los hijos de David.

Ahora bien, la unidad física que se goza en el matrimonio monógamo es algo exaltado en las Escrituras. Hay una felicidad sexual que se presenta en Proverbios 5:15-19; Eclesiastés 9:7, 9 y en todo el Cantar de los Cantares, especialmente Cantares 6:6-12. En estos pasajes se nota cierto erotismo, pero siempre en el contexto matrimonial. Los consejos de Proverbios 5 contra la fornicación no dejan duda de la confusión que esto trae a la vida de sus participantes. Por el otro lado, resaltan la hermosura y el deleite de la entrega sexual en el matrimonio. Este erotismo no es indiscriminado ni una sensualidad despersonalizada, sino es la expresión amante y corpórea del afecto de uno hacia otro…

Se trata de una relación entre dos seres que se han descubierto, y se han abierto mutuamente el uno al otro y ahora profundizan en su recíproco conocimiento y comunicación. Alguien lo ha expresado así: Un Yo que trasciende a sí mismo para llegar a un Tú, con el que crea una sola carne[3].

José Grau acierta que (el buen uso de) *eros* no busca (como la sensualidad) el "deleite meramente personal o pasajero sino el establecimiento de un vínculo gozoso entre dos que se aman"[4]. *Agape,* el amor desinteresado, es el que puede salvar a *eros* de cualquier perversión por iluminarlo y transformarlo para dar al amor humano su verdadera dimensión querida por Dios[5]. Cristo es el ejemplo máximo de *agape,* de entrega total para salvar la iglesia, y como tal

sirve de perfecto modelo para el esposo en la entrega a su esposa. (Efe. 5:25-33). El *eros* nunca es suficiente para sostener el matrimonio como el *agape,* pero no ha de ser nunca dejado a un lado (1 Cor. 7:2-5; 1 Tes. 4:3-8), sino entendido y experimentado plenamente con la confianza de que es parte del plan de Dios en formar una sola carne entre los esposos. Cabe decir que el amor *fileo*, de amistad, también juega un papel sumamente importante para la pareja, incluso en el trato sexual. Especialmente la esposa desea que su marido le tome en cuenta como una persona con quien él quiere estar como su amiga y no solamente para tener el acto sexual. Estimo que una buena proporción de la vida conyugal se vive en el ambiente de *fileo*.

Elementos de confusión respecto a las relaciones sexuales

Actualmente hay una tremenda confusión en cuanto a las relaciones sexuales. Este estado caótico tiene raíces que se extienden hasta la antigüedad, pero también hay influencias modernas que han contribuido.

1. De la iglesia primitiva: El matrimonio sacramental

La confusión comienza con la interpretación que algunos han dado al celibato en el Nuevo Testamento. Jesús mismo lo practicaba y reconoció que no fue algo para ser ejercido por todos (Mat. 19:11, 12). Pablo apoyó el celibato como un estado de mayor utilidad para aquellos en el ministerio del Señor, pero nunca lo destacó como algo de superior santidad sobre el matrimonio (1 Cor. 7:28, 32, 36-38). Pablo fue especialmente influenciado en su opinión por su firme convicción de que Cristo pronto regresaría a la tierra y que el tiempo para esparcir el evangelio era muy breve (1 Cor. 7:26, 29). Por lo tanto, aconsejaba a los cristianos que se dedicaran a la obra con la menor cantidad de impedimentos (1 Cor. 7:35). Para poder resistir, o mejor decir, no necesitar el trato matrimonial, Pablo reconocía la necesidad del don de continencia (1 Cor. 7:7-9).

Los Padres de la iglesia interpretaron, en un sentido general, que el celibato era superior al matrimonio. Tertuliano (c. 200 d. de J.C.) razonaba que debido a la persecución, aquellos que tenían el menor número de impedimentos y relaciones en el mundo tendrían más posibilidades de sobrevivir. Él pensaba que los cristianos, como los soldados, podían entrar mejor en campaña (de ministerio) si no tenían familias. Además, antes de Constantino y la popularidad de la iglesia (325 d. de J.C.), sufrir el martirio u otro aspecto de abnegación fue algo de mayor mérito. Después de Constantino, el celibato fue exaltado aún más por los movimientos monásticos y misioneros. El sentido del movimiento monástico fue en contra de la carne en todas sus formas, aun rechazaba la relación con los padres. Jerónimo decía que uno debía pisotear a su propio padre si se postraba en la entrada de la casa para persuadirle a no salir para entrar en la vida del monasterio. Decía: "Con ojos secos vuele a la bandera de la cruz. En tales casos la crueldad es el único afecto verdadero"[6]. Por cierto, fueron menospreciadas también las mujeres y el matrimonio por esta forma dualista[7] de interpretar la vida.

Fue Agustín quien llevó a un punto muy elevado el concepto del matrimonio como un sacramento. Él declaraba que la procreación en el matrimonio es algo instituido por Dios no para llenar la tierra sino para llenar el número de los elegidos a la salvación. Sostuvo que el acto sexual no es malo en sí pero que siempre es acompañado por la pasión humana, y que la pasión es mala. Él decía que si fuera posible tener niños de otra manera, deberíamos rehusar participar en el acto sexual. Puesto que esto no era una posibilidad, debíamos aceptar la relación sexual, lamentándolo todo el tiempo. El acto sexual entonces trae pecado a la vida, razonó, pero este pecado es venial, no mortal, si se comete dentro del matrimonio, porque el matrimonio es un sacramento. El estado sacramental también cubre el pecado de participar en el acto sexual con el fin de satisfacerse en vez de participar en la procreación. De este modo la virginidad y el celibato fueron exaltados sobre el matrimonio porque eran estados de mayor pureza y, por tanto, de mayor santidad. Parte de este criterio fue también la aplica-

ción de este principio en la elevación a un plano moral más alto a los que se separaron de todo lo carnal, específicamente el clero.

2. De la Edad Media: El amor romántico

Hasta el siglo XII el matrimonio se vio como un sacramento permanente, primordialmente para procreación, sin romance e inferior a la virginidad. Durante el Renacimiento surgió el concepto del amor de los cortesanos que exaltó a la mujer al punto de ser adorada. También el amor ennoblecía a los contrayentes pero, por el otro lado, el amor era siempre algo incierto, es decir, que se buscaba en solicitud, ansiedad y vehemencia de pasión. Este amor ferviente y apasionado fue considerado imposible en el matrimonio porque en el matrimonio el amor se da por sentado. Las condiciones del amor romántico se realizaron mejor cuando el amante trataba de conquistar a una mujer casada, porque hacía de la experiencia algo para gozar solo en secreto y como una aventura. Así el amor cortesano llegó a ser el culto del adulterio. Bainton señala que los orígenes de esta interpretación de la actividad sexual son desconocidos.

Sin embargo, hay varias teorías en cuanto a su origen. El lado que enfatiza la adoración y exaltación mística de la mujer quizá viene del culto a la virgen, que había llegado a ser un fanatismo en la Edad Media. El lado físico bien puede haber venido de la influencia de los árabes en España[8]. Debe recordarse que los conquistadores españoles que llegaron a América Latina proyectaron este concepto romántico del amor a la cultura que formaron. Es la base de mucho de lo que se entiende por el machismo que todavía tiene su popularidad. En cuanto al resultado del machismo en el concepto sexual, la mujer es idolatrada como un objeto del placer del hombre, y muchos niños han sido criados sin el compañerismo ni modelo moral de un padre.

3. De la Reforma: El matrimonio secularizado

La Reforma en Alemania y en Suiza exaltó el matrimonio otra vez sobre el celibato. Lutero interpretó que el acto de coito en el matrimonio no es más pecaminoso que cualquier otra acti-

vidad del hombre. Vio el matrimonio como el medio dado por Dios para controlar el impulso sexual que es natural. Pensó que el casado puede controlarse mejor que el monje que no tiene el don de continencia[9]. La interpretación de Lutero y Calvino fue la de que el matrimonio es sagrado pero no es un sacramento. Es sagrado, pero pertenece al orden de la creación, no al de la redención. Como tal, razonó Lutero, el matrimonio debe ser administrado por el estado. Lutero creyó que el ministro de la iglesia podría participar en la ceremonia, pero que en realidad estaba funcionando como un oficial secular, representando al estado. Él llegó a esta conclusión por su concepto de que el cristiano tiene que vivir en dos mundos, el espiritual y el secular, siendo fiel a Dios en ambas esferas. Los reformadores reaccionaron fuertemente contra la concupiscencia de muchos sacerdotes y dirigentes católicos de su época. Desgraciadamente, a la Reforma no le fue permitido tener ninguna entrada en España, de donde los colonizadores llegaron a las Américas. En un sentido general la Reforma salvó el matrimonio para los cristianos, para que lo vieran como algo legítimo y sano para ellos, y no como un estado inferior al del clero. Sin embargo, el proceso de la secularización después fue llevado a un extremo tal que ni la iglesia ni la Biblia mantienen mucha influencia sobre la marcha del matrimonio ni del hogar hoy en día.

4. De la Época Moderna: La nueva moralidad

Bainton explica que la era moderna ha enfatizado el compañerismo y la igualdad entre los esposos[10]. Quizá este movimiento de democratizar al hogar es un fenómeno experimentado más en América del Norte que en el sur del continente. Por ahora, lo que se busca en este estudio es comprender algo de las razones de tanta confusión con respecto a las relaciones sexuales. Sin duda, hoy en día el sexo es mal entendido por la onda de una "nueva moralidad", que promueve la secularización y humanización del trato sexual en todos sus aspectos. Hay la corriente común de la proliferación de pornografía y de toda clase de lujuria, especialmente por medio de Internet.

El gusto del individuo es lo que vale en este sistema. Ira Reiss justifica este modo de vida, diciendo que la moral es algo privado. También dice que si las personas se aman, el sexo antes o fuera del matrimonio está bien con tal de que nadie sea perjudicado. Esto es permisividad con afecto[11]. Esta interpretación de Reiss es lo que comúnmente se llama la "nueva moralidad". Al contrario, es una nueva inmoralidad. Sea cual sea su nombre es la causa fundamental de la confusión actual concerniente a las relaciones sexuales. Henlee Barnette expone otras causas de este movimiento de promiscuidad. Por ejemplo, dice que hay una pérdida en la autoridad de la iglesia sobre la moralidad social. Se ha popularizado el concepto de romance que glorifica la fornicación y el adulterio especialmente en el cine, la televisión, Internet y las revistas. Los jóvenes se están declarando libres de la cultura de los padres, quitando toda restricción moral para ser más "abiertos" para experimentar. Con "la píldora" y otros anticonceptivos modernos es más fácil evitar el embarazo. La industrialización ha provisto a la mujer una emancipación del hogar, dándole constantemente contactos sociales y profesionales con aquellos del sexo opuesto. Se agrega a todo esto la facilidad de movilizarse en automóvil y la comodidad de los moteles y hoteles, y así se ve la facilidad con que una cantidad de personas cada vez mayor tienden a actuar ilícitamente. La confusión es de tan grandes proporciones que en nuestros días el sexo es casi deificado, como en el antiguo culto a Venus o Afrodita[12].

Cuando se levanta la cuestión de la nueva moralidad, es preciso entender que hay un grupo de comentaristas y teólogos de renombre que han desarrollado una ética racional que apoya esta interpretación liberal de aquella moralidad. Son los sistemas racionales y humanistas de aquellos, como John A. T. Robinson, Joseph Fletcher y Rudolf Bultmann (autores del famoso "situacionalismo"), los que han planteado literalmente la nueva moralidad. Su posición eleva al individuo y sus valores personales por encima de cualquier regla o principio. Ellos afirman que el único principio es el amor (*agape*) que se espera que toda persona utilice en sus decisiones, especialmente en las que afectan sus prácticas sexuales. En realidad ponen gran confianza en que el hombre moderno (sin ser cristiano, incluso)

sea el "nuevo" hombre, libre y capaz. Estos exponentes enseñan que en cada situación hay que sentir la responsabilidad para actuar con amor hacia otros[13]. Ellos creen que aun esto es lo que Dios espera de todo hombre. La tendencia en la nueva moralidad es hacer que todo hombre sienta que es un paladín de moral correcta, cuando en realidad no es capaz de desligarse de su ego y amar verdaderamente con el *agape* de Dios. En vez de aclarar el amor para el hombre moderno, lo enredan más. Es interesante cómo Joseph Fletcher ilustra sus explicaciones del principio de amor con casos del acto sexual, pero en situaciones muy anormales. El fin de su presentación no resulta en más honra para el matrimonio sino sirve para justificar el adulterio y la fornicación.

5. *Resultados de la confusión sobre el sexo*

Uno de los resultados de la confusión corriente es la distorsión y aun destrucción de un amor verdadero. Hay una plena desconfianza en muchas personas que llegan al altar para contraer matrimonio. No debe causar sorpresa que más adelante esto engendre grandes problemas de celos entre la pareja en su relación personal. También estas presiones atacan la personalidad, convirtiendo, especialmente a la mujer, en un objeto como un juguete o como un pedazo de caña que se chupa y después se tira. Quizá peor, es que la práctica promiscua hace que el acto sexual no sea más que una función animal, que satisface un apetito igual que el comer. En todo esto, está perdido el gran concepto original de Dios, en formar de dos personas una sola carne. Hay que oír otra vez Hebreos 13:4: "Honroso es para todos el matrimonio, y pura la relación conyugal; porque Dios juzgará a los fornicarios y a los adúlteros".

Claves de la felicidad sexual en el matrimonio

Este estudio no tiene el propósito de presentar datos y orientación sexual en el sentido técnico o médico, sino solo escudriñar el asunto para destilar algunos principios para la búsqueda de la felicidad en la cohabitación matrimonial. Esperamos que esta parte del estudio no sea en nada ofensivo sino que sirva para quitar el velo del viejo tabú de que es ilícito hablar abiertamente sobre

este tema. Ahora, veamos tres claves de felicidad sexual en el matrimonio.

1. El sexo es una parte de la comunicación natural entre los esposos

La palabra bíblica para la relación sexual, y específicamente el coito, es "conocer" (ver Gén. 4:1). Hay un reconocimiento por parte de los hebreos de que en la relación conyugal uno recibe conocimiento o revelación. El conocimiento es múltiple. Uno llega a conocerse a sí mismo, ya sea como hombre o mujer. También los dos se revelan el uno al otro. Es aquí donde se experimenta la entrega total y donde se expresa el afecto más íntimo del cual los dos son capaces. Si no se abren o se revelan en este trato, frecuentemente se crean sospecha y ansiedad[14]. Es cierta una cosa, una vez que uno ha entrado en este conocimiento, la relación no queda igual porque ha pasado de ser una relación de conocimientos superficiales de sus personas y personalidades a un nivel mucho más profundo e íntimo.

Además, la comunicación y el trato normal en la pareja durante el día afectan la relación sexual. Solo es necesario recordar lo que los roces y conflictos hacen a la comunicación; se levantan barreras entre los dos. Es necio pensar que el hombre pueda hacer lo que le da la gana, no ser sensible a la esposa y no preocuparse de que ella tenga ansiedades o aun cansancio por haber aguantado a los hijos todo el día, y esperar que al llegar a la cama haya una mayor felicidad en el acto sexual. Si hay sensibilidad, preocupación y ternura durante el día, es más factible que ella esté convencida de su amor y cuidado cuando llegue la noche. Así la comunicación sexual se cumple dentro de una mayor expresión de cariño.

2. La meta es satisfacerse el uno al otro

Pablo decía en Efesios 5:28: "De igual manera, los esposos deben amar a sus esposas como a sus propios cuerpos. El que ama a su esposa, a sí mismo se ama". También Pablo aconseja a la pareja que cumpla con el deber conyugal para evitar las tentaciones del adulterio (1 Cor. 7:2-5). La entrega del cuerpo entre los esposos demuestra el aprecio que tienen de sus cuerpos, porque una persona sana no hace algo dañino a su propia persona, sino la sustenta y la

cuida (Efe. 5:29). La idea funcional aquí es que los dos se preocupen de cuidar el uno del otro y quieran hacerse felices. Al actuar así cada uno está mostrando un aprecio por sí mismo. El asunto es que el amor (*agape*) busca lo mejor para el objeto que recibe su cariño confiando en que no se pierde el esfuerzo. También, hacer que el otro sea feliz es una felicidad en sí. Si ambos compiten para ver cuál puede contentar más al otro, ¡imagínese el contentamiento que habrá! Es la vieja paradoja de que el que quiere ser el primero, sea el siervo de otros (Mat. 20:27), porque las personas naturalmente se preocupan de aquellos que se preocupan por ellas. La verdad de este principio funciona magníficamente entre los esposos en todas sus relaciones, no solamente en la sexual.

Es un arte saber satisfacerse mutuamente en el acto sexual. Mace explica que esto:

> requerirá tiempo y paciencia. Es un gran error el imaginar que todo lo que debemos hacer es responder a los rápidos impulsos y todo irá bien. No somos animales, y como seres humanos debemos aprender a controlar y dirigir nuestros impulsos físicos para que sirvan a un propósito, y no frustren los altos fines de la vida humana[15].

Nunca está fuera de moda que el hombre sea sensible y tierno. El éxito en esta relación se logra cuando el hombre está viviendo sabiamente con la esposa, dándole honor como a vaso más frágil. Ella a su vez lo satisface cuando se sujeta a él, respetándolo (1 Ped. 3:5-7).

3. El factor de tiempo

Ya se ha mencionado que el acto sexual no es para cuando haya apuros, sino cuando haya tiempo suficiente para una entrega consciente y adecuada. Por eso, puede ser efectuado mejor cuando es posible realizar concienzudamente los primeros dos elementos de la buena comunicación y el intentar satisfacerse el uno al otro. No hay una regla fija sobre la frecuencia del acto[16]. Nunca debe ser algo forzado. Es mejor esperar si cualquiera de los dos siente mucho cansancio. La regla sana es esperar hasta cuando los dos tengan la mayor oportunidad y deseo de entrar en el acto sexual.

También, hay otra clave para la felicidad sexual en cuanto al asunto de tiempo. La naturaleza del hombre es excitarse rápidamente, mientras la mujer es mucho más lenta para ello. Se requiere tiem-

po para excitarla y prepararla para el acto. Las caricias estimulan y son una expresión de ternura que la mujer necesita. No es algo en lo cual se debe apresurar. Recordemos que la mujer normalmente puede gozarse de la relación sexual solo cuando esté relajada y llega al acto sexual con plena confianza de que el marido la está ayudando y quiere que ella esté contenta. Este convencimiento psicológico en la mujer de que su galán es su principal protector no se logra con un par de palabras y un poco de maniobras.

La naturaleza de la mujer es de responder más lentamente al acto sexual y requiere que el hombre no se precipite, durante ni después del acto, porque una vez que la mujer esté excitada no se relaja rápidamente. El hombre debe seguir con sus atenciones, caricias y conversación, aun cuando todo el acto en sí ha terminado felizmente. De otro modo el silencio o el sueño del hombre es recibido por la mujer como una comunicación brusca, contraría al cariño cabal[17].

Estas tres claves para la felicidad sexual sirven de principios para una mayor y profunda relación entre la pareja. No es el designio de este estudio entrar con más detalles en esta materia sino solo tratar de levantar suficientes ideas al respecto que por un lado se quiten las dudas elementales y por el otro lado se planteen unos conceptos sanos sobre el trato sexual dentro del matrimonio.

Planificación familiar

Para terminar este capítulo, se considera importante aclarar uno de los fines principales de la relación sexual dentro del matrimonio: engendrar niños. Lo que Dios espera de la pareja es que ellos produzcan "una descendencia consagrada" para él (Mal. 2:15), de modo que Dios propone que los creyentes deben buscar agradarle en la procreación y crianza de los hijos.

Engendrar hijos ha sido lo más natural para una pareja, desde que Adán y Eva comenzaron el proceso. Dios dijo a aquella primera pareja en forma de una bendición: "Sed fecundos y multiplicaos. Llenad la tierra; sojuzgadla..." (Gén. 1:28). Ellos y sus herederos tomaron en serio la primera parte del mandato de Dios, pero solo es desde la segunda mitad del siglo XX que hemos llegado a prestar atención al asunto de "sojuzgar" la creación, particularmente con

referencia al número de niños que procreamos. La planificación familiar debe ser bien entendida como la decisión responsable de los esposos para tener solamente el número de niños que quieren tener y creen que pueden criar. El doctor José G. Carrero, de San Cristóbal, Venezuela dice:

> ...no es otra cosa que una intervención médica que tiene el propósito de dirigir y cuantificar la procreación de los hijos que una pareja puede tener, cuidar y educar óptimamente[18].

Todos los niños son dádivas de Dios. (Sal. 127: 3-5)[19]. La pareja cristiana debe considerar la posibilidad de tener cuantos niños cree poder preparar adecuadamente para una vida cristiana y productiva[20]. La verdad es que la Biblia no prescribe lo que es aceptable en cuanto al control de la natalidad, pero sí hay algunos buenos principios que seguir, especialmente aquellos que respetan y cuidan la vida de la madre y del feto.

Para realizar una planificación familiar, normalmente hay que practicar el control de la natalidad. La razón por querer hacer esto son ciertos factores y presiones sociales y personales. En lo social, la presión más grande viene de la explosión demográfica. En el mundo actual hemos llegado a más de seis mil millones de habitantes. Esto ha traído una creciente presión sobre el espacio vital y los limitados recursos disponibles. Hay muchas voces levantándose en un esfuerzo de crear conciencia en la ciudadanía mundial de la crisis que ya existe.

Una razón personal de planificar el tamaño de la familia puede ser la salud de la madre, especialmente si existe el peligro de perder la vida por estar encinta. Algunas mujeres sufren grandemente por el proceso del embarazo y sus cuerpos se debilitan mucho. Es justificable tomar en cuenta su salud. También, cuando se descubre que hay enfermedades (como algunas de las venéreas) en uno de los cónyuges que pueden causar que un niño nazca físicamente defectuoso, hay justificación para prevenir el nacimiento. Otra buena razón, y quizá la más usada, es la de procrear solo el número de niños que la pareja considera que son capaces moral, espiritual, emocional y económicamente de criar, educar y guiar.

Sin embargo, no es justo evitar tener niños simplemente porque

la pareja quiere subir su nivel económico de vida. Ni tampoco es aceptable practicar el aborto para evitar tener hijos. Según la Biblia, el aborto innatural no solamente es ilícito (Éxo. 21:22-25), sino también a menudo produce profundos sentimientos de culpabilidad (por ej. síndrome posaborto) por haber matado al feto.

Son siempre de alta importancia los motivos de la pareja en este asunto. No se puede justificar el evitar la concepción por razones de baja moral (ver el caso de Onán, Gén. 38:8-10). Pero si guardan los altos motivos de su amor, tales como el compañerismo, la buena comunicación y la satisfacción mutua, con el fin de seguir la dirección de Dios, tendrán un sentido de haber cumplido el deber conyugal (1 Cor. 7:3) y de haber sojuzgado algo de la creación que es su responsabilidad: la procreación (Gén. 1:28).

Para efectuar algún control aceptable de la natalidad se necesita el conocimiento de algunos métodos legítimos, los cuales constituyen la prevención de la concepción. La mayoría de los métodos aceptables involucran una intervención médica, con la excepción del método del ritmo (o el natural). En este, la pareja simplemente calcula el período de los 4 ó 5 días cuando ella está ovulando y evitan la cópula en este tiempo. También pueden medir la temperatura de la esposa diariamente porque en el momento de la ovulación hay una repentina subida de la temperatura corporal[21]. Sin embargo, aun con este método, puede ser aconsejable tomar precauciones adicionales. Los otros métodos del control de la natalidad son de índole médica.

No hay ningún método que sea perfecto para todas las parejas. Es recomendable siempre consultar a un médico para recibir su prescripción e instrucción sobre el método que él considera mejor, basado en su análisis del caso y el estado físico de la pareja, especialmente el de la mujer.

Estos métodos médicos incluyen la "píldora" o anticonceptivo oral, el diafragma, cremas, gelatinas o espumas, y el dispositivo intrauterino. La píldora y el dispositivo intrauterino en general han sido los más efectivos, pero últimamente han sido cuestionados porque a veces los dos métodos hacen que la pared intrauterina no permita que un huevo fertilizado se implante en la pared, produ-

ciendo el efecto de un aborto. Otros dos métodos por medio de la cirugía son los de ligar las trompas de la mujer o que el hombre se someta a la vasectomía, o sea cortar los conductos espermáticos que llegan cerca de la piel del escroto. Estos últimos dos son medios permanentes y se consideran como actos de esterilización[22].

Lo malo de todos estos nuevos métodos de anticoncepción es la posibilidad de algunos abusos. Los jóvenes y los de mala intención se aprovechan de ellos para experimentar o para vivir en promiscuidad. Sin embargo, los abusos no anulan sus usos legítimos dentro del matrimonio, porque fue para tal empleo sano que han sido diseñados. Como ha sido el caso desde la creación, el pecado del hombre ha sido la distorsión y el abuso de lo bueno creado por Dios. Como cristianos siempre debemos guardar toda reverencia para esta faceta de la buena creación de Dios (Gén. 1:31), expresamente lo sexual dentro del matrimonio.

En contraste con la cuestión del control de la natalidad está la situación de las parejas que tienen gran dificultad en engendrar hijos, comúnmente debido a la infertilidad de un miembro de la pareja. En los varios casos bíblicos (como de Sara, Gén. 15—17; Ana, 1 Sam. 1:1-11; o Elisabet, Luc. 1:7) Dios intervino con un milagro para que ellas pudieran tener un hijo. Quizá los milagros modernos se encuentran en algunos de los métodos médicos que ayudan a que las parejas engendren hijos. Un método aceptable es el de la inseminación artificial usando el espermatozoide del esposo para impregnar a la esposa, o en algunos casos el de un donante (preferiblemente un familiar). Uno de los métodos más cuestionado es el de la fertilización "in vitro", el cual utiliza un plato de vidrio para crear una concepción entre los huevos de la mujer y el esperma del hombre, y después de tener varios embriones, el médico implanta varios de ellos en el útero de la mujer, esperando que uno o varios de ellos se coloquen en la pared del útero, así impregnándola. Uno de los problemas éticos con este procedimiento es lo que pasa con el resto de los embriones que no se usan para impregnar a la mujer. Muchas veces se los congela para esperar a ser usados en la misma mujer, en caso de que los primeros no resultaron efectivos o que sean usados en otra mujer. La verdad es

que muchas veces una buena parte de los embriones no sobreviven la congelación.

Otro método para poder tener hijos es el de la adopción. Esta sí es una forma muy aceptable y llena una necesidad en el mundo actual, porque hay muchos lugares donde existen niños que son huérfanos o abandonados. Hay agencias que a veces trafican niños de manera ilegítima, pero otras son sanas y proceden debidamente. De todas maneras es sabio verificar la legalidad de la agencia que la pareja elija usar.

Ejercicios

Cuestionario:

1. ¿Por qué se debe ver la relación sexual como algo normal y sano dentro del matrimonio?
2. ¿Qué quiere decir "una sola carne"?
3. ¿Por qué el acto sexual no puede ser una simple función biológica o física?
4. ¿Cómo se entiende la poligamia del Antiguo Testamento? ¿Ha sido alguna vez aprobada por Dios?
5. Lea Proverbios 5:15-19; Eclesiastés 9:7, 9: Cantares 6:6-12. ¿Cuál es la actitud de estos escritores bíblicos hacia la relación sexual en el matrimonio?
6. Complete esta oración desde el texto:

Pablo apoyó el celibato como un estado de mayor ____________ para las cosas del Señor, pero nunca lo destacó como algo de superior ____________________________ sobre el matrimonio. Pablo también reconocía que era necesario tener un don de Dios para vivir la vida célibe. ¿Cuál don es? ____________________________

7. Generalmente, ¿cómo interpretaron el celibato los Padres de la iglesia?
8. ¿Cómo explicaba Agustín la procreación en su concepto del matrimonio como un sacramento?
9. ¿Cómo fue el amor cortesano (o romántico) un culto al adulterio?
10. ¿Qué es lo que vale en el sistema de la nueva moralidad? ¿Cómo justifica Ira Reiss este modo de vida?

11. Explique tres resultados de la confusión moderna sobre las relaciones sexuales.
12. Mencione y explique brevemente tres claves para la felicidad sexual en el matrimonio.
13. Dé una razón social para la planificación familiar. Indique tres razones personales por qué se planifica el número de niños.

Para dinámica de grupo:

1. Basado en el estudio bíblico, compare las siguientes ideas escriturales:

(1) ¿Cuál es la relación entre *sarx* y *soma,* especialmente cuando se usa estos términos en conexión con "una sola carne"?

(2) ¿Cuál es la relación entre *agape* y *eros* en el trato matrimonial?

2. He aquí, un caso para resolver en grupo:

Ricardo está a punto de divorciarse de Carolina. Ambos son cristianos pero ninguno tiene una vida muy profunda en lo espiritual. Ricardo tenía una vida bastante desordenada antes de ser cristiano. Cuando conoció a Carolina, pensaba que ella era una persona muy "inocente" y, por lo tanto, sería una esposa cristiana ideal. Pasaron unos meses y se casaron pero Ricardo tuvo problemas en las relaciones sexuales con Carolina porque ella sí era inocente y él no se sentía con la libertad que antes sentía con otras mujeres. Al contrario, sentía pena por su vida anterior y su sentido de culpa le frustraba en su relación personal con la esposa. Además, él había imaginado que ella le sería una mujer muy perfecta por ser bonita, quieta y, sobre todo, cristiana. Ella frustraba a Ricardo por portarse a veces con algo de frialdad o por su juego de inocencia, o sea, ella rechazaba sus avances y esto confundía a Ricardo. ¿Cómo se les puede ayudar para que eviten el divorcio?

Un estudio extra:

Haga un bosquejo para un sermón o estudio devocional basado en uno de los siguientes pasajes: Proverbios 5:1-23; 1 Corintios 7:2-9; 1 Tesalonicenses 4:1-8.

Capítulo 6

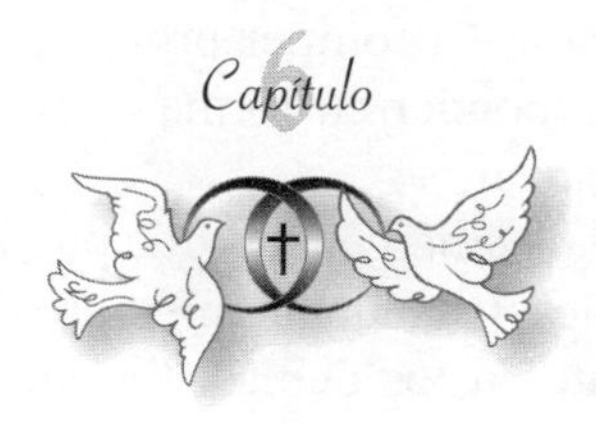

LA RESOLUCIÓN DE CONFLICTOS EN EL MATRIMONIO

No debe sorprendernos que no exista ni una sola pareja que puede cruzar los mares del matrimonio sin encontrarse en alguna tormenta. El doctor Clyde Narramore sugiere que quizá la razón de esta realidad es que "nadie está emocionalmente sano en todas las ocasiones"[1]. Aunque los conflictos son naturales en el matrimonio, es preciso reconocer que hay diferencias o grados de conflicto. En este estudio se propone distinguir entre las varias formas de conflicto, investigar algunas causas de ellos, presentar ciertas guías para manejar y resolver los conflictos, y examinar el muy importante e interesante arte de la comprensión: la buena comunicación.

Clases de conflictos

Existen tres tipos de conflictos[2]. El reconocerlos brinda una orientación aliviadora para la pareja que tantas veces se frustra y se encierra en sus circunstancias.

El primer tipo de conflicto es el de los ajustes y desarrollos en el matrimonio: Los cambios que ocurren en la familia, como el nacimiento del primer hijo; cuando los hijos comienzan a estudiar; la adolescencia; y cuando dejan de vivir en casa. Todos estos cambios traen necesariamente una especie de conflicto o tensión que requiere un ajuste por parte de la pareja.

El segundo tipo de conflicto es el de tensiones personales que surgen cuando los miembros de la familia, que viven comprometidos el uno con el otro, experimentan alguna diferencia de opinión, expectación o actuación. El romper promesas, cambiar planes sin consultar al otro, o responder en forma alterada, frustran la buena marcha de cualquier hogar.

El tercer tipo es el de emergencias que pueden ser de índole espiritual, emocional o física. Cuando un miembro de la familia estalla en rebelión esto repercute en los demás. La depresión o la ansiedad, como la enfermedad o un accidente, traen crisis a la familia y crean un tipo de conflicto normal.

Causas de conflictos

Las causas de conflictos son múltiples y generalmente más de un factor contribuye a que la pareja se confunda y experimente una rotura de relaciones. Los factores pueden ser debidos a la salud mental, al trasfondo cultural o a las experiencias personales. La pareja hará bien en advertir por qué sufren estos frustrantes momentos de disgustos.

Hay cuatro factores normales de salud mental que pueden influir en el consorcio para crear desavenencias[3]. Si en la niñez uno o ambos han sufrido mucha rigidez, crítica, falta de amor y comprensión, es probable que ahora respondan a los conflictos con mucha sensibilidad, que se estremezcan en autodefensa, que actúen irresponsablemente y que huyan de las relaciones profundas. En otras palabras, el trato duro y la falta de amor durante la niñez puede resultar en una inestabilidad mental que impide que los adultos se relacionen satisfactoriamente como pareja. Estos individuos necesitan que alguien les ayude a entenderse a sí mismos. Esto se puede hacer aceptando sus acciones como algo natural debido al acondicionamiento que recibieron durante la niñez y la adolescencia. Otro factor de salud mental es el del "complejo de culpabilidad". No debemos ser sorprendidos cuando sintamos culpa por haber fallado. No somos infalibles. Jeremías 17: 9 dice: "Engañoso es el corazón, más que todas las cosas, y sin remedio". El pecado en nuestra vida destroza la confianza, robando la felicidad y haciéndonos irritables. Es la ocasión para ejercer aquella valiosa virtud espiritual y escritural: el perdón. Puesto que somos imperfectos, viviendo en un mundo imperfecto y con un cónyuge imperfecto,

ejercitemos con regularidad la función genuinamente cristiana de buscar el perdón de Dios y de perdonarnos el uno al otro (ver 1 Jn. 1:8, 9; Efe. 4:32). Así se nos devuelve el equilibrio mental y racional. David Mace comenta que "la verdad es que toda la amistad del matrimonio, en último término, está basada sobre el perdón. Dos personas incapaces de perdonar no pueden durar en una vida juntos, como pareja de casados"[4].

Un tercer factor de salud mental se ve en algunas personas sobre las cuales las crisis se acumulan hasta que entran en un estado de depresión. En aquel estado experimentan cierta desorientación hacia la vida, la cual se caracteriza por emociones apáticas y flemáticas. "A veces, se desarrollan graves sentimientos y sensaciones a causa de la pérdida de uno de los padres (o del cónyuge) por separación, divorcio, muerte o falta de una mutua respuesta emocional"[5]. Se nota en los niños deprimidos una baja tanto en rendimiento como en cumplimiento en la escuela, a pesar de que sean inteligentes. Es mejor que un psiquiatra o un consejero profesional trate a la persona así afectada. No es fácil resolver estos estados emocionales, aunque con tiempo, si las lesiones mentales no son tan graves, la persona puede rehabilitarse, especialmente si recibe un trato suave y comprensivo de los suyos.

Además de estos tres factores de salud mental, con demasiada frecuencia los conflictos brotan de la inmadurez emocional, que es fruto del egoísmo, de haber sido mimado por los padres (la madre especialmente) o de estar sufriendo bajo uno de los tres factores de desajuste emocional ya descritos. Se espera que el capítulo 2 y el actual sean útiles para orientar y recapacitar a los inmaduros emocional y espiritualmente de modo que aprendan a valorizar a la otra persona antes de que exijan tantas cosas para sí mismos. Se les recomienda leer y meditar el mensaje de Filipenses 2:1-11. Aquella sabiduría sí puede moverles de la superficialidad a la profundidad en sus relaciones personales, porque nos ayuda comprender, por el ejemplo de Cristo, lo que se logra por medio de servir en vez de ser servido.

Otro nivel de causas de los conflictos es el que proviene de los trasfondos culturales de la pareja. Quizá no hay una influencia igual

en la cultura latina como la del machismo. Esta cualidad se expresa por lo menos en dos maneras, por ser autoritario y egoísta. El hombre asume que él debe ser respetado y obedecido en el hogar, porque así ha sido su formación. Él asume que tiene la autoridad final sobre la esposa y los niños. El problema es que no siempre da buen ejemplo y mientras más exigente es, más se rebelan los familiares contra él. Por lo general, el poder o la autoridad absoluta (también cuando se pretende tenerlas) son contraproducentes en las relaciones humanas.

El egoísmo del machismo es más destructivo aún en la buena marcha de la relación entre los esposos porque, primeramente, convierte a la mujer en un objeto para complacer al hombre. Tampoco estima a los hijos como a personas de valor en sí mismos sino como evidencia de su potencia varonil. El hombre cristiano se servirá a sí mismo y a su familia por prestar mucha atención e intentar poner en práctica las instrucciones de Marcos 10:44, 45 (es mejor servir que ser servido); Filipenses 2:1-11 (valorizar a otros es actuar como Cristo); y Efesios 5:25-29 (el amor nos lleva a sacrificarnos por los que amamos). Por cierto, solamente el hombre cristiano puede lograr comprender y ser motivado a modificar su comportamiento por el de su Señor y Salvador.

Del trasfondo latino también es común sufrir conflictos matrimoniales debido a los celos. El ambiente del machismo es naturalmente propicio para crear toda clase de desconfianza entre los esposos. Los matrimonios deben andar con sumo cuidado, no dando el uno al otro ni una sombra de causa para dudar de su fidelidad. Los celos pueden romper las bases de la confianza que es la esencia de la unión íntima entre los dos. Además los celos a menudo hacen desbordar la cólera y estallar la guerra. Como dice el doctor Carrero:

> La persona celosa es a menudo peligrosa porque ataca a la víctima de su envidia mediante afirmaciones difamatorias: mentiras, chismes, etc., y en algunos casos apela a la agresión física. Es una persona irritable, nerviosa y llena de tensión[6].

Indudablemente, en el campo de la familia, no hay una circunstancia igual que requiera más el saber cómo perdonar y cómo construir buenas líneas de comunicación como la de los celos. En

algunos sectores, especialmente en los urbanos, se está sintiendo tensión en los hogares debido al movimiento mundial de la "liberación femenina". Este movimiento crea una verdadera amenaza al machismo puesto que se espera, de alguna manera, igualar los derechos de los sexos o por lo menos traer algo de respeto a la mujer, reconociendo que ella es una persona digna de desenvolver sus capacidades y talentos. A medida que la mujer es influenciada por estos conceptos, traerá a la unión matrimonial un juego de tensiones y creará un nuevo trasfondo cultural a la tradición latina. Hay que reconocer que el número de mujeres que están metidas en esta corriente es un porcentaje mínimo, pero el número de ellas está en desproporción al ruido que está levantando[7].

Queda por lo menos una causa más de conflictos provenientes de los trasfondos culturales, y es la de la frecuente relación dominante que existe entre los padres y la pareja. Eugene Nida, antropólogo cristiano, observa que debido al machismo y la tendencia de los hombres latinos a estar ausentes de la casa, las madres a menudo llegan a ser bastante posesivas y dominantes con sus hijos. A pesar de que el hijo siente la presión social de mostrarse tan macho como los demás jóvenes y hombres, también vive dependiendo de su madre[8]. El resultado de tal dependencia es obvio en la relación matrimonial. Además, los suegros pueden exigir mucho de sus hijos casados, creando un sentido de obligación o de frustración porque los padres siempre están entremetiéndose en los asuntos privados. Uno de los deseos más naturales de la pareja es el de independizarse y formar su propio nido, donde los dos puedan ser el único rey y la única reina que mandan. La Biblia misma instruye que la pareja debe dejar a los padres (o de depender en ellos) para entrar en la unión de una sola carne (Gén. 2:24; Mat. 19:5; Efe. 5:31). Lógicamente, esto quiere decir que los nuevos esposos, en lo posible, no deben vivir bajo el mismo techo con los padres ni con los parientes políticos. Deben hacer todo lo posible para comprender y complacer a los padres y suegros con tal de que todos puedan disfrutar su independencia.

La razón de esto, como dice Mace, es que "no puede haber completa satisfacción para ninguno de nosotros mientras las dos

relaciones más íntimas de nuestra vida están en discordia una con otra"[9].

Los conflictos se originan no solamente en la salud mental y el trasfondo cultural de la pareja, sino también en las experiencias personales de la misma pareja. Entre aquellas experiencias están las del ajuste sexual, las finanzas, la religión, las amistades y el uso del tiempo libre.

El capítulo anterior enfocó las relaciones sexuales dentro del matrimonio. Sin embargo, vale la pena resaltar otra vez que el sexo es uno de los ajustes principales y por consiguiente una de las primeras crisis del matrimonio. En todo el mundo occidental, el sexo se está explotando por todos los medios. Tal explotación ha engendrado expectaciones e imágenes falsas de lo que es la relación sexual, de modo que la mayoría de las parejas modernas está sufriendo por aquella mala orientación. El doctor J. G. Carrero interpreta que el frecuente resultado de todo esto es el rápido desencanto, la desilusión y el aborrecimiento de un cónyuge hacia el otro, debido a que no se están complaciendo sus anticipadas aberraciones sexuales. Él dice que las expresiones exageradas y corruptas del sexo no son "más que la moneda sexual con que se paga el estímulo de la inflación sexual en el matrimonio"[10].

Aunque siempre se habla del ajuste sexual como una causa fundamental de conflictos en el matrimonio, los asuntos financieros, a veces, lo sobrepasan, creando agudos problemas. Cuando la pareja se endeuda muchos por los muebles, el automóvil, o por cualquier otro motivo, se ve obligada a esforzarse para cancelarlos. Pero más de una vez, esta circunstancia ha motivado a uno o a los dos a tomar trabajos extras, con el infeliz resultado de tener menos tiempo para estar juntos, y el natural enfriamiento de la relación. El atolladero financiero se complica aún más cuando hay niños a los cuales hay que dar de comer y vestir. Lo mejor para las parejas es ponerse de acuerdo sobre sus planes, sus entradas, sus salidas, ahorros, etc.; en otras palabras, hacer un presupuesto que sea mutuamente aceptable, y guiarse por el mismo.

Otro factor personal que normalmente trae algunos encontronazos verbales, es el de la religión; y esto aun entre cristianos. Es

cierto que ya se enfrían muy fácilmente al ausentarse de la iglesia, o al no tener lectura bíblica ni orar juntos. A veces uno de los cónyuges es más fervoroso que el otro, y no sabe cómo estimular a este hacia las buenas obras, sino que le "predica" de lo que debe hacer o de cómo debe pensar, reaccionar, etc. Responder así es contraproducente porque causa la reacción de sentirse arremetido o amenazado. El que es supuestamente más "espiritual" debe saber que sus ataques producirán violentas diatribas u hostiles silencios. Sería mejor guiarse por la sabiduría espiritual de Gálatas 6:1, donde dice: "Restaurad[11] al tal con espíritu de mansedumbre, considerándote a ti mismo, no sea que tú también seas tentado".

En muchas ocasiones el uso del tiempo libre y el tiempo que el hombre pasa con sus amistades, provoca auténticos agravios. Para mantener una estrecha "amistad" con la esposa y con los niños, hay que guardar tiempo para estar juntos y compartir la vida, las ideas y las ocasiones. Uno no tiene derecho de concluir que, por pasar un rato con la familia viendo televisión, ya ha hecho suficiente para cuidar y fomentar una relación íntima. La proximidad no garantiza intimidad.

Las etapas de conflicto

El doctor Wayne Oates sugiere siete etapas de conflictos por las cuales pueden pasar las parejas, pero no necesariamente en pasos sucesivos. Son diferentes formas de experimentar los conflictos entre los cónyuges. La presentación de las etapas va de las normales hacia las peores, o sea, hacia el divorcio[12]. He aquí una adaptación del estudio por Oates:

1. La etapa de los conflictos típicos

Es normal tener ciertos problemas con las relaciones sexuales, el control de la natalidad, los gastos excesivos, la relación con los padres y suegros, etc. Estos conflictos pueden existir en cualquier momento y no solamente al principio del enlace. Hay cuatro tipos de problemas normales en esta etapa: (1) Hallar un acuerdo en cuanto a tiempo y agenda para trabajar, descansar, expresar amor y la realización de cultos tanto familiares como en el templo; (2) aprender

cómo comunicarse; (3) la aceptación y el ajuste a los roles de los sexos masculino y femenino, madre y padre, compañeros y amigos; y (4) la aceptación y el "darle lugar" en la familia al primer niño. En el último caso mencionado, el esposo tiene que ajustarse a no poder recibir todas las atenciones de la esposa, ya que ella ahora tiene que compartirlas.

2. La etapa del pacto fracturado

El pacto se refiere al estado de confianza que existe entre las dos personas porque se comprometen a guardar aquel estado, y aun hacerlo florecer. En esta etapa, algo de la confianza se daña, o por lo menos, se ve amenazada. A veces, por haber tenido relaciones prematrimoniales, se ha creado una sombra de desconfianza, tal como se explicó en los capítulos 2 y 5. Sin duda, la causa más común de la pérdida de confianza es la de los celos, y aún más cuando cualquiera de los dos da razón para que el otro se sienta sospechoso. Esta etapa se caracteriza por una mala comunicación y peleas con palabras, todo lo cual resulta en amenazas a la integridad de ambos.

3. La etapa de la evidencia escondida

Aquí, la pareja guarda las apariencias, mientras que también guardan rencor y resentimiento. Se nota que a veces, para convencerse de que todo saldrá bien, hacen compras indebidas que sobrepasan el presupuesto, como las de ropa, muebles, automóvil, etc. En esta etapa, ellos reconocen su incapacidad de comunicarse y se resignan a no intentarlo. Experimentan aislamiento, soledad y ansiedad que a veces culminan en buscar a otra persona de confianza, la cual, con demasiada frecuencia, es del sexo opuesto. En esta etapa a veces se buscan el alcohol, las drogas, las compras excesivas, y/o las relaciones sexuales, como medios falsos de consolación.

4. La etapa del conocimiento público

Ahora la pareja comienza a buscar consejos, sea en la familia, de los suegros, o aun consultando con un consejero profesional, ya sea un psicólogo o el pastor. Se nota que la llegada a un con-

sejero profesional o semiprofesional es casi siempre tardía. Es la regla más que la excepción, buscar una ayuda adecuada solo cuando están ya desesperados. Entonces la relación está despedazada y la comunicación es casi imposible; esto hace difícil volverles a un estado tranquilo y tratable. Sin embargo, la buena voluntad, la sinceridad y el deseo de volver, hacen posible el descubrimiento de algunas entradas de alivio a las tensiones. Desgraciadamente, esta es la etapa cuando a menudo uno de ellos, o ambos, buscan abiertamente a otra persona del sexo opuesto para llenar su vacío. Una vez que el problema se hace público, tienden a dar rienda suelta a sus sentimientos. Esto puede resultar en la gota que hace rebosar la copa.

5. La etapa de las amenazas o los intentos de separación

Esta etapa consiste en algunas formas de separación; a veces, simplemente por visitas prolongadas de la esposa a la casa de los padres, o el esposo tomando un trabajo que le permite viajar. Estas separaciones son socialmente aceptables. Pero mudarse a la casa de los padres, o echar al esposo de la casa o viceversa por la borrachera, la infidelidad o cualquier razón, constituyen una verdadera rotura de la relación.

6. La etapa de legalizar la separación

Comienza esta etapa por la consulta a un abogado en cuanto a sus derechos. También se discuten entre ellos la división de la propiedad, los niños, etc. Habrá normalmente un cierto conflicto sobre las razones o bases del divorcio, o si uno de ellos cederá al divorcio. A veces los familiares y amigos juegan un papel que presiona las decisiones que se toman.

7. La etapa del divorcio

Este es un tiempo parecido al "duelo"; pero el divorcio es, en un sentido, peor que la muerte. El divorcio es una separación causada por el fracaso, y deja cicatrices como si fueran hechas por un serrucho o un cuchillo oxidado. Los niños son un continuo recuer-

do de los errores. Los divorciados precisan de un compañerismo y amor profundos para poder soportar las angustias de este tiempo y para poder reorientarse y reconstruir su vida.

El pastor puede jugar un papel importante en este proceso, si puede reconocer lo que está ocurriendo y si busca orientar a la pareja antes de que lleguen al extremo. El pastor no debe esperar a que uno de ellos le busque, porque por aquella etapa puede ser demasiado tarde. Si él puede ayudarles a reconocer donde están en su relación, esta simple orientación a veces les despierta a querer renovar los votos de entrega y así volver a la intimidad.

Cómo manejar y resolver los conflictos

La relación es muy estrecha entre los conocimientos para poder manejar los conflictos y los que hay para poder comunicarse efectivamente. La buena comunicación es fundamental en la vitalidad de la relación conyugal y familiar cuando todo está en buena marcha. Si la pareja tiene hábitos sanos y claros de intercambiar su comunicación, estará mejor preparada para cuando haya las dificultades y roces en la relación. Sin embargo, antes de revisar los principios de la buena comunicación, será saludable considerar ciertos principios de control de los conflictos, incluyendo sus fundamentos bíblicos[13].

1. Ataque el hecho, no a la persona. ¿Qué dice la esposa al esposo (o al niño) que deja su ropa sucia en cualquier lugar de la casa? ¿Acaso le dice: "Tú tienes que ser el hombre más cochino del mundo"? Al ser atacados, normalmente devolvemos los insultos con más insultos. Lo que se está atacando es el valor de la persona. Es mucho mejor decir: "La ropa sucia por doquier me irrita". Así no incita tanto al desagravio ni crea tanto resentimiento (Prov. 15:1; 25:15; Efe. 4:26, 31; 1 Ped. 3:10, 11).

2. Sepa perdonar. Se dice que "perdonar es divino", y los cristianos todos deben perdonar las faltas de los suyos; frecuentemente tienen que perdonarse a sí mismos. Un conflicto fácilmente puede llegar a ser un problema crónico por la incapacidad de al-

guien en el área de perdonar. Cuando esté equivocado, admítalo y pida disculpas (Prov. 17:9; Col. 3:13; Stg. 5:16).

3. Olvide los errores del pasado. Obviamente no se puede olvidar por completo, pero no tiene que mencionar todo lo que uno recuerda. El usar datos viejos puede contribuir a perder mucha intimidad y honestidad. También cada falta tiene su contexto, y solo se resuelve adecuadamente en medio de ello (Col. 3:13; 1 Ped. 4:8).

4. Sepa controlar el enojo buscando la paz. Los que guardan rencor deben saber que ello se parece a poner las irritaciones y los disgustos como fuego en una bolsa de papel. Deben saber que en un determinado momento la bolsa se romperá en llamas, y dirán cosas que luego lamentarán (Prov. 17:14; 20:3; Rom. 13:13). Debemos manejar nuestro enojo y calmarnos antes de entablar la conversación sobre un disgusto. Aquel control de la emociones refleja los consejos de Efesios 4:26 ("*Enojaos, pero no pequéis*; no se ponga el sol sobre vuestro enojo"), y Colosenses 3:15 ("Y la paz de Cristo gobierne en vuestros corazones, pues a ella fuisteis llamados en un solo cuerpo").

5. Escoja bien el tiempo y el lugar de la discusión. Esto suena demasiado lógico y frío: pero es como ya se ha dicho que es mejor aplazar el hablar hasta que haya menos calor y enojo, y entonces conversar con más calma. Escoja bien el tiempo y lugar, y cumpla con su acuerdo; no use esto como una manera de evadir el problema (Prov. 15:23, 28; 21:23; Stg. 1:19). Esta decisión incluye pensar bien y claramente sobre lo que va a decir (Prov. 18:21; 25:11).

6. Sea honesto acerca de lo que es el problema en sí. No pelee contra problemas imaginados o aun inexistentes. Busque el problema real: la raíz del roce. No presuponga que su cónyuge puede "leer su mente". El decirle con sinceridad cómo usted siente y percibe el conflicto, le lleva al otro lejos en cuanto a clarificar la dificultad, y servirá como una invitación a volver a la intimidad. Esto

es, decir la verdad con amor: pero ¡cuidado con exagerar su interpretación! (Efe. 4:15, 25).

7. Enfréntese con quien siente el enojo y hágale bien. No eche la frustración a los niños porque no tiene el valor de hablar a su esposo del disgusto que siente para con él. Mucha ira se transfiere a una persona no culpable, engendrando aún más conflicto (1 Ped. 3:10). Además, el Señor quiere que nosotros tengamos no solamente el control sobre nuestro enojo, sino también que busquemos hacerle bien a la persona con quien tenemos conflictos (Rom. 12:21; 1 Ped. 3:8-12). Lograr hacer aquello regularmente sería para muchas parejas un verdadero milagro moderno.

8. No pelee sobre cosas insignificantes. Tome un momento antes de hablar para evaluar si la falta merece el gasto de tiempo y la atención sobre su relación que traerá la pelea. Tenga cuidado también con el machacar, porque suele producir resultados opuestos a lo que espera. Muchas veces las peleas son por cosas que no valen, sino solo porque uno quiere controlar al otro (Prov. 19:13).

9. No lance una bomba atómica a un ranchito. No deje que una cosita estalle, hasta que sea visto como algo de "vida o muerte". Aplastar al otro puede ganarle la batalla, pero a la larga puede perderle la guerra, particularmente si la relación es frágil. El aprender a usar justamente la presión, el argumento o la persuasión, es crucial para mantener positivas las relaciones familiares (Rom. 12:17-21; Gál. 6:1; 1 Ped. 2:23; 3:9).

10. Acepte que ninguno está siempre en lo correcto. Algunos simplemente no pueden ceder la última palabra al otro. Deje al otro tener su opinión y sus sentimientos, aun si están en contra de los suyos. La madurez se destaca por la capacidad de respetar la opinión que difiere de la suya propia. El que actúa como si fuera el único sabio con las respuestas, es repugnante a todo el mundo, incluyendo a su propia familia (Efe. 4:2; Fil.2:1-4).

11. Si los niños han presenciado una discusión entre sus padres, deben también ver la reconciliación entre ellos, o por lo menos estar enterados de que hubo una resolución al respecto. Los niños deben saber que la vida no es color de rosa, pero ellos necesitan desarrollar la pericia de resolver los conflictos que inevitablemente surgirán en su propia vida y en su matrimonio futuro. El lugar mejor para este aprendizaje es el hogar, siguiendo el modelo que los padres les dan (Col. 3:12-21).

12. Oren juntos acerca de su conflicto. Es maravilloso lo que ocurre a personas enojadas cuando hablan con Dios. Mucho se cambia después de orar juntos, franca y abiertamente. Es un error grande, sin embargo, usar la oración como una manera de reprender a cualquier familiar. Decir en oración a Dios, en presencia del niño o del cónyuge, que él o ella han cometido tal y cual error, es causarle a él o ella un menosprecio para con el familiar, para con la oración y para con Dios. Es el niño o el cónyuge quien tiene que hacer esa confesión, y de buena voluntad; por el contrario, no resuelve nada, y probablemente ha engendrado más disgusto (ver Stg. 5:9, 13, 15, 16).

13. Cuando sea preciso, busque ayuda de otros. A veces la pareja no logra buena comunicación y necesita que alguien les ponga en contacto otra vez. Aceptar consejos y discernimientos responsables, con frecuencia rescata la relación.

La buena comunicación: El arte de la comprensión

Un estudio en los Estados Unidos de América mostró que la mayoría de los matrimonios, gastan solo 26 minutos por semana en la conversación seria[14]. Una causa principal de esta falla es el tiempo ocupado viendo televisión. Aparentemente algunos esperan que les baste conversar solo durante los anuncios comerciales. Sin duda alguna, el récord de los latinoamericanos no es mucho mejor que el de los vecinos del norte. Si esta cifra es precisa, las dimensiones del problema de la comunicación en el hogar son verdaderamente

alarmantes. La buena comunicación puede y debe estar ocurriendo constantemente en la relación familiar, pero tiene un uso especial en la resolución de conflictos. Es un arte que es aplicable a todas las relaciones humanas que uno mantiene. Es un arte porque hay algunas pericias que se requieren para poder efectuar una buena comunicación; y tal comunicación le llevará a comprender a la otra persona. ¡Este sí es un arte que vale la pena aprender!

Hay dos conceptos preliminares que forman las bases de una buena comunicación. Primeramente, todas las buenas relaciones se forman dentro del marco de confianza y aceptación. La experiencia nos ha enseñado que cuando el nivel de confianza y aceptación es alto, casi cualquier esfuerzo para comunicarse es exitoso. Al contrario, cuando este nivel es bajo, la comunicación normalmente se tuerce y malentiende, no importa cuán articulado o inteligente sea quien está hablando. La aceptación es la afirmación incondicional del otro como persona de valor sin tomar una posición de juicio ni condenación contra él. Los sentimientos oscuros, negativos y de juicios son inevitables contra los que nos ofenden; sin embargo, no tenemos que tomar acción según estos sentimientos. Recordemos que la aceptación engendra aceptación; y la alienación engendra alineación. La confianza también es contagiosa. Por confiar en otros, se construye una base de confianza[15].

Un segundo concepto preliminar es el de una actitud de templanza. Cuando haya desacuerdos y uno se sienta atacado, en vez de replicar con ira, la primera cosa que debe hacer es preguntarse: "¿Cómo puedo yo ayudar a esta persona a sentirse mejor acerca de sí misma y a pensar que es una persona participante con pleno derecho como yo?". Esta actitud refleja un criterio de querer que los obstáculos no triunfen en la relación conyugal y, por cierto, le ayudará a iniciar líneas para una buena comunicación. Cómo hacerlo ahora se verá, pero levantar esta pregunta es de suma importancia en manejar creativamente el conflicto. Es poner en práctica el consejo de no devolver "mal por mal, ni maldición, sino por el contrario, bendecid" (1 Ped. 3:9, ver también los vv. 10-12).

Ahora, examinemos la comunicación creativa y las pericias necesarias para lograrla. Recordemos que la comunicación es de

doble vía: hay que saber cómo escuchar así como también expresarse. La pericia menos utilizada por la mayoría, y en un sentido la más importante, es la de escuchar a fondo lo que está diciendo el otro. Esta atención intensiva que se presta al interlocutor consiste en percibir sus palabras y el peso (sentimental) o valor que va detrás de ellas; o sea la emoción que las acompaña, porque la comunicación es tanto verbal como no verbal. Es preciso reflexionar sobre lo que el otro dice y seleccionar cuidadosamente a qué parte o en qué sentido va a responderle.

Hay por lo menos dos maneras creativas de reflexionar sobre lo que se dice. La primera es probar la percepción que se ejerce, mediante la repetición fielmente de lo dicho, a quien nos habla. Hay que evitar las interpretaciones de lo que se ha dicho, y mucho más juzgar lo que se ha dicho. Lo único que se necesita al principio de la comunicación es asegurar a nuestra pareja que le estamos escuchando. El problema es que nuestras emociones y mecanismos defensivos filtran lo que oímos. A veces oímos lo que queremos oír. Entonces es valioso verificar para ver si estamos oyendo exactamente lo que el otro está diciendo. Una segunda manera es pedir una ampliación o una clarificación de lo que el otro está tratando de decirnos. Esto le da al que está hablando un sentido de afirmación y es un voto de confianza de que sí es capaz de explicarse bien. En muchas ocasiones conflictivas, hablamos solamente cuando estamos disgustados.

Esta oportunidad de aclarar o ampliar la expresión puede calmar un poco al que habla y motivarle para comunicar mejor su mensaje porque se siente valorizado.

La segunda pericia de la buena comunicación es la de mandar mensajes congruentes, o sea aquellos que están de acuerdo con nuestros sentimientos. Esto quiere decir que hablamos con honestidad y sensibilidad. No tenemos que dar rienda suelta a todo lo que sentimos. La clave es revelar solo aquella parte de nuestros sentimientos que nos permita explicarnos con libertad (bajo el control del Espíritu); pero también, la que el otro pueda recibir y manejar. Parte de la aceptación de nuestro mensaje se basa en que admitimos nuestra propia percepción del asunto en mano; por ejemplo: "A mí me pa-

rece…", "Creo que es así…". Es preferible que mandemos mensajes de "yo" en vez de "tú" o "usted" porque estos últimos dos implican ataque o acusación. Es mejor decir "a mí me parece que algo anda mal", que decir, "tu siempre dejas que todo se desbarate". El valor de esto es que deja que el otro tenga sus propias percepciones, sin requerir que uno se jacte de estar en lo correcto o implicar que el otro está equivocado o que percibe el asunto con más precisión que el otro. Esta práctica evita alzar los sentimientos defensivos y argumentos innecesarios.

Una tercera pericia es la de examinar nuestras presuposiciones, para averiguar si son válidas, no válidas, o aun desconocidas. Debe preguntarse a sí mismo para ver si su presuposición o forma de interpretar el asunto es constructiva o destructiva, y determinar si quiere seguir este rumbo o cambiarlo. Todo este proceso requiere que uno reflexione antes de actuar y que tenga un deseo profundo de bendecir a su relación conyugal mucho mas que tener "la voz cantante" en ella.

Una cuarta habilidad es la de fijar las metas que ambas partes quieren lograr por medio de esta comunicación; especialmente si es para la resolución de un conflicto. La tendencia es introducir preguntas analíticas (por ejemplo, ¿por qué hiciste esto?) en cuanto a las causas del conflicto; pero normalmente esto no resuelve nada, porque es difícil lograr un acuerdo sobre las causas del problema en sí. Sin embargo, el estudio sobre las causas del conflicto, que se presentó anteriormente, tiene valor en ayudarnos a percibir el fondo de nuestras personalidades y ser sensibles a las fallas que existen, pero no es para darnos razón para menoscabar o atacar al otro.

La comunicación, repetimos, es un arte y se efectúa por quedarse frente a la otra persona deseando ponerse de acuerdo y lograr la paz. Es más productivo averiguar los objetivos de los participantes que volver al pasado y perderse en el análisis. No es de esperar que haya un acuerdo completo sobre las metas que cada participante espera lograr, sino que entendamos con suficiente amplitud los objetivos de cada uno hasta que podamos ver "áreas de coincidencia", o dónde está algo de acuerdo. Se puede comenzar a trabajar

juntos en las áreas de coincidencia con la esperanza de que surgirá un sentido de confianza y aceptación, de tal modo que las áreas de acuerdo crezcan o se amplíen. El genio de esta manera de resolver conflictos está en escoger metas específicas, definidas y alcanzables que están dentro de un área de coincidencia. El sentido de triunfo en la comunicación, o de lograr una meta, producirá el motivo de explorar otras alternativas o avanzar en el uso de lo que está produciendo éxito y paz.

Esta cuarta pericia también dará oportunidad para utilizar otras dos pericias. En primer lugar, es imprescindible explorar tantas alternativas como sea posible en la búsqueda de soluciones, o para determinar las áreas de coincidencia. En segundo lugar, es aconsejable establecer un pacto o acuerdo para fijar la acción que se estima ejecutar. El pacto puede ser nada más que decidir quién va a hacer cuáles actividades: uno voluntariamente acepta hacer A, y el otro acepta hacer B. Para comenzar, se sugiere que sea mejor que se pongan de acuerdo en intentar no más que una sola cosa cada uno, porque al no lograr su primer intento en un acuerdo frustran el sentido de que sí pueden resolver los más simples aspectos de los conflictos. También se puede establecer tiempos para cumplir las metas y escoger ciertos acontecimientos o eventos para realizarlas. Esto le da cierto plan de desarrollo y fija algo de mecanismos para llevarlo a cabo.

No debemos idealizar demasiado el poder de la buena comunicación, porque como advierte el doctor Dwight Small, ningún enriquecimiento de la comunicación puede hacer perfecto el matrimonio, y, por consiguiente, no debemos esperarlo así. Dios es perfecto, el ideal del matrimonio cristiano es perfecto, y los medios que Dios pone a disposición de las parejas cristianas son perfectos. Sin embargo, no hay matrimonio perfecto, ni comunicación perfecta en el matrimonio. La gloria del matrimonio cristiano reside en aceptar la tarea perpetua y bendecida de realizar un ajuste continuo dentro del desorden de la existencia humana guiado por nuestro buen Dios de paz (Heb. 13:20, 21). Hay que esforzarnos siempre en mejorar la habilidad necesaria para la comunicación y en buscar el poder de Dios que nos capacite para ello[16].

Ejercicios

Cuestionario:

1. Mencione las siete etapas de conflictos en el matrimonio.
2. ¿Cuáles son los tres tipos de conflictos matrimoniales?
3. Describa las tres causas normales de conflictos entre los cónyuges. Explique muy brevemente las formas que ellos suelen tomar.
4. En su opinión o debido a su experiencia, ¿cuáles de estas causas son las más frustrantes o agobiantes para los matrimonios? ¿Por qué piensa usted de esta manera?
5. De las 13 sugerencias referentes al manejo de los conflictos, ¿cuáles seis cree que son las más importantes y aplicables a su medio?
6. Mencione y explique brevemente los dos conceptos preliminares a la buena comunicación.
7. Mencione las seis pericias sugeridas para lograr y mantener la buena comunicación. Recuerde que estos son principios que abarcan más que la relación conyugal; se aplican a cualquier relación humana.

Para dinámica de grupo:

1. *Para ayudar a las parejas a mejorar su comunicación:*

Pida a cada pareja que conteste los siguientes cuestionarios de análisis de su comunicación y luego que compartan entre sí los resultados, ganando así algo de perspectiva en su relación. Deben entonces concentrarse en las áreas donde los dos ven la necesidad de cambiar.

Comunicación verbal

Este ejercicio no tiene respuestas correctas ni incorrectas. Escribe *sí* cuando la respuesta sería "la mayoría de las veces" o "comúnmente", y *no* cuando la pregunta se contestaría con "pocas veces" o "casi nunca".

________ 1. ¿Espera su cónyuge que usted termine de hablar antes de comenzar a replicar o contestar?

________ 2. ¿Espera usted que su cónyuge termine de hablar para entonces hacer sus comentarios?

________ 3. ¿Funciona su familia como un equipo para hacer juntos las cosas?
________ 4. Su cónyuge, ¿respeta sus opiniones?
________ 5. Como pareja, ¿divulgan sus problemas personales?
________ 6. ¿Le parece que su cónyuge le habla como si no fuera completamente confiable?
________ 7. Su cónyuge, ¿demuestra interés en sus actividades?
________ 8. ¿Habla usted con su cónyuge acerca de las relaciones sexuales?
________ 9. ¿Confía su cónyuge en usted?
________ 10. ¿Encuentra difícil expresar sus sentimientos con su cónyuge?
________ 11. ¿Es cauteloso/a en discutir con su cónyuge o en entrar en una diferencia de opinión?
________ 12. Por lo general ¿trata su cónyuge de entender su perspectiva?
________ 13. ¿Le toma en cuenta su cónyuge en la toma de decisiones?
________ 14. ¿Trata su cónyuge de animarlo cuando lo encuentra desanimado?
________ 15. ¿Ayuda a su cónyuge a comprenderle compartiéndole lo que usted está sintiendo y pensando?

Comunicación no verbal

Complete las oraciones incompletas con relación a su cónyuge.

"Aun cuando no me dices nada, yo sé que tú estas…

1. Contento/a cuando…
2. Nervioso/a cuando…
3. Enojado/a cuando…
4. Triste cuando…
5. Preocupado/a cuando…
6. Sintiéndote amoroso/a cuando…
7. Desanimado/a cuando…
8. Cansado/a cuando…
9. Contento/a cuando…

2. *Para enriquecer la comunicación, oren juntos el uno por el otro.* En retiros o en conferencias, hace bien ayudar a las parejas a poner por escrito sus sentimientos como si estuvieran orando al Señor dando gracias por su cónyuge. Después de escribir sus razones de gratitud debe compartirlas con su compañero/a de la vida.

Amado Dios, te doy gracias por mi esposo/a porque…

Así es por qué amo a mi esposo/a. Muchas gracias por él/ella, mi Señor y Dios.

Un caso para resolver

Una pareja tiene ocho años de matrimonio, pero no anda bien en su relación matrimonial. Ambos son cristianos pero ella es mucho más activa e interesada en la obra de la iglesia que el esposo. Además, ella es exigente en que él haga bastante trabajo en la casa y que le ayude con los niños. Ella tiende a llegar a casa retrasada cuando hay actividades por la tarde en el templo, deja a los niños en la casa de su madre y tiene que buscarlos y llegar a casa corriendo para preparar la cena. El esposo se pone furioso porque ella no está cuando él llega a casa y tiene que esperar la cena. Él siente que ella le está descuidando y ella piensa que él es inmaduro como cristiano y que debiera apoyarla en su ministerio en y por la iglesia. ¿Qué les puede sugerir para que haya entendimiento y tranquilidad en su hogar?

Capítulo 7

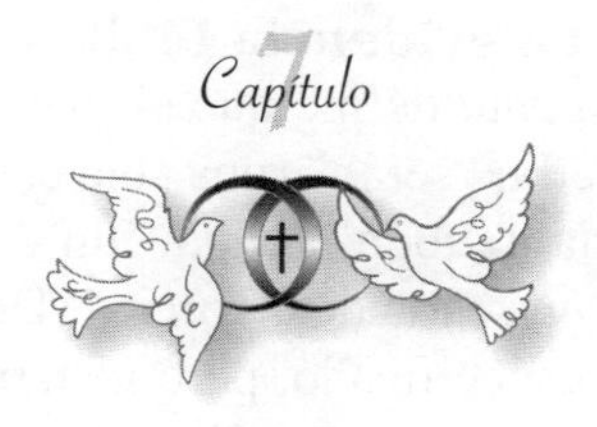

EL CRISTIANO, LA IGLESIA Y EL DIVORCIO

El divorcio es uno de los temas que ha sido y sigue siendo más controversial por razones escriturales, eclesiásticas y psicológicas. En este estudio no se contempla la solución de todas las incógnitas sobre este asunto, pero sí se espera plantear principios para poder ministrar a aquellos que sufren de este problema y para las iglesias en su trato con las personas afectadas.

En el mundo hispanoamericano, el divorcio es variado. Se obtiene en algunos países, mientras se niega en otros por la influencia de la Iglesia Católica Romana, la cual se niega a reconocer la legalización del divorcio. Lamentablemente, la negación del derecho al divorcio, en vez de estimular la santidad del hogar, en muchos casos ha resultado en la frustración del matrimonio. En muchos casos de la gente más pobre viene el pensamiento de que el casarse en la iglesia cuesta demasiado y que una vez realizada la unión es difícil disolverla: por lo tanto, deciden vivir en concubinato. Para muchos, el matrimonio les parece un callejón sin salida. Otros se casan, pero al poco tiempo vienen las desavenencias y, con demasiada frecuencia, resulta en el abandono o el convivir con otra persona. En efecto, muchos han descubierto algunos huecos por los cuales escapar del matrimonio, a pesar de que se les priva del asentimiento legal del divorcio. Aun en los países donde el divorcio está legalizado, muchos eligen tomar las acostumbradas salidas que se acaban de mencionar por el alto costo y las obligaciones jurídicas.

La evidencia bíblica

El Antiguo Testamento define que el matrimonio debe ser permanente. El mismo verbo "serán" (una sola carne), de Génesis 2:24 proyecta la trayectoria de toda la vida. Sin embargo, Moisés permitió dar a la esposa "una carta de divorcio" (Deut. 24:1). Cuál debía ser el motivo no está especificado, pero generalmente tenía connotaciones morales. A lo mejor, esta prerrogativa excluía el adulterio, porque este era una ofensa que tenía prescrita la muerte como castigo (Lev. 20:10; Deut. 22:24). La causa más común para que el hombre se divorciara de su esposa era la esterilidad de ella[1]. Quizá la práctica no era muy popular, pero sí se le permitió al esposo dejar a la esposa por varios motivos serios. En Malaquías 2:16, Dios dice "yo aborrezco el divorcio", ya que va en contra del ideal permanente para el matrimonio que Dios mismo estableció en el principio, y porque viola el pacto (con Dios) hecho en el matrimonio. Aunque el ideal de Dios es claramente declarado en contra del divorcio, sin embargo, los hijos de Israel en múltiples ocasiones flaquearon moralmente y acudieron a esta medida acomodaticia.

Jesús refleja el criterio de la permanencia matrimonial e interpreta que Moisés permitió la carta de divorcio por la dureza del corazón del pueblo (Mat. 19:8). Algo de la interpretación común indudablemente se debió al debate entre los seguidores del rabí Hillel, quien permitió el divorcio por casi cualquier cosa que al hombre no le agradara en la mujer, y los del rabí Shammai, que interpretaba el divorcio en términos más estrictos. Jesús tomó una posición más cercana a la del rabí Shammai, porque enseñó que el único motivo adecuado para el divorcio serían las aberraciones o faltas sexuales (el termino que Jesús usó fue *pornea* de donde viene la idea de pornografía; siendo un término más amplio que el adulterio y la fornicación)[2]. Así como Moisés tomó una medida que mostró compasión hacia la mujer para proteger sus derechos, Jesús mostró compasión hacia los dos, sabiendo que las faltas sexuales destruyen, o por lo menos ponen en tela de juicio la relación matrimonial. En realidad, la compasión de Jesús también va dirigida hacia la mujer (Mat. 5:31, 32; 19:9), porque aun en aquel día ella no gozaba de ningún derecho legal en el matrimonio y menos en el divorcio.

En ambos casos, el de Moisés y el de Jesús, la mujer encontraba un respaldo moral que la sociedad no le daba.

Por cierto, el precepto de excepción por fornicación o cualquier falta sexual (que en este caso puede incluir el adulterio) dado por Jesús como razón para el divorcio, solo aparece en el Evangelio según Mateo (Mat. 5:32; 19:9) y no en el de Marcos 10:1-12. Es posible que Jesús diera la excepción porque las faltas sexuales en gran manera rompen la confianza del pacto hecho por la pareja de ser una sola carne, y concuerda con lo que esencialmente significaba la "traición" y la "violencia" al pacto del matrimonio mencionado por Malaquías 2:15, 16[3]. Sin embargo, puede ser que Mateo está registrando la forma en que Jesús ministraba a otra generación de corazón duro.

A los mismos discípulos les fue difícil la interpretación de Jesús con la excepción, porque les parecía muy rígida (Mat. 19:10-12). Característicamente Jesús destacó el ideal por sus frases "desde el principio no fue así" (Mat. 19:8) y "lo que Dios ha unido, no lo separe el hombre" (Mar. 10:9). Sin embargo, por la gracia de Dios él ministraba constantemente en aquella época de compromiso moral y legalismo frustrante. Fíjese en el trato de compasión y perdón que Jesús dio a la mujer samaritana (Juan 4:5-29) y a la mujer sorprendida en adulterio (Juan 8:1-11). En fin, Jesús destacó el ideal de que no debía haber ningún divorcio, pero ministraba a aquellos que sufrían en las aguas tormentosas de las relaciones frustradas, especialmente por el adulterio y otras faltas sexuales (como la adición moderna a la pornografía). Jesús reconoció el efecto de cualquier expresión de infidelidad sobre el matrimonio, porque corrompe y puede matar la esencia de "una sola carne" (1 Cor. 6:16). Esto no quiere decir que el divorcio es obligatorio cuando uno de los dos es infiel, sino que las faltas sexuales frustran profundamente las bases de la entrega y la confianza en el matrimonio. En todo caso, aunque queden hondas cicatrices, por el perdón y la gracia de Dios se puede subsanar y restablecer la unión por medio del arrepentimiento y la restauración.

Pablo introduce otro aspecto del divorcio en 1 Corintios 7:10-16, cuando enseña que el creyente no debe separarse de su cónyuge aunque este sea un incrédulo. El creyente debe hacer todo lo posible para

preservar la unión con la esperanza de que su cónyuge se salve, por la sana relación que el cristiano promueve. Sin embargo, Pablo declara que, en su propia opinión, si el inconverso en el matrimonio quiere romper el enlace, el cristiano debe permitirle separarse: "En tal caso, el hermano o la hermana no han sido puestos bajo servidumbre, pues Dios os ha llamado a vivir en paz" (1 Cor. 7:15). El principio básico de Pablo es el mismo que tuvo Jesús: guardar la relación matrimonial como algo permanente (v. 10) y si ocurre una separación, siempre se debe hacer todo lo posible para encontrar una reconciliación (v. 11). Este es el ideal de Dios. Sin embargo, si este ideal no se puede mantener, el segundo principio a seguir es el de la paz (v. 15).

Pablo vio la paz como una característica de la vida cristiana: "Si es posible, en cuanto dependa de vosotros, tened paz con todos los hombres" (Rom. 12:18). Es posible que haya la posibilidad de interpretar el concepto de vivir en paz como una medida de manejar casos cuando hay violencia, amenazas de quitar la vida de uno de la pareja, o de vivir en un ambiente criminal. El vivir en paz indica que se permite no destruirse ni quedarse sujeto a una relación destructiva. Se observa que el primer teólogo-misionero halló que el divorcio era una posibilidad necesaria en un mundo imperfecto donde la ética idealista de Jesús (la de limitar las posibilidades del divorcio) no sería tan aceptable por algunos cónyuges, especialmente los inconversos[4].

Ni la excepción paulina, ni la excepción del Señor Jesús, son maneras de relajar el absoluto de Dios, sino que son algo de lo mismo que sentía Moisés cuando permitió el divorcio por la dureza de corazón de los hijos de Israel. La dureza de corazón no está todavía fuera de moda.

Ciertamente en estos días hay más problemas con el divorcio que en los tiempos del Señor. Además, las iglesias católicas y evangélicas han participado en la creación de la problemática en la que ahora vivimos.

La perspectiva eclesiástica

En la Edad Media, la Iglesia Católica Romana había desarrollado un sistema de impedimentos para anular el matrimonio. Por

lo general, la Iglesia estrictamente exigía la fidelidad entre los cónyuges; pero al descubrir en la unión uno de los impedimentos legales (eclesiásticamente hablando), tomaron las medidas para separar a tales parejas. De este modo, la iglesia podía controlar los matrimonios de las familias reales y de la nobleza. Tenía su ventaja, también, porque las masas preferían la ambigüedad y las salidas fáciles sobre la rigidez de la ley.

Los impedimentos todavía sirven para que las parejas no se casen; o si se descubren después, el matrimonio puede ser disuelto. La Iglesia Católica Romana dice que esto no es divorcio, sino una declaración de nulidad; es decir, que el matrimonio no existió en primera instancia.

Los impedimentos son de dos clases: los dirimentes y los prohibitorios. Los dirimentes incluyen:

(1) La falta de edad (mínima de 16 años para el varón y 14 para la muchacha).
(2) La condición contra la esencia del matrimonio.
(3) La fuerza que quita al entendimiento de la libertad de consentir.
(4) El miedo grave.
(5) El rapto, mientras no se ponga a la mujer en un lugar seguro y allí ella consienta libremente.
(6) La impotencia perpetua y anterior al matrimonio.
(7) La consanguinidad en toda la línea recta y hasta el tercer grado en la colateral.
(8) La afinidad entre un cónyuge y los parientes del otro hasta el cuarto grado canónico.
(9) El parentesco espiritual procedente del bautismo, limitado al bautismo de una parte y los padrinos y el bautizante de otra.
(10) El parentesco civil, entre el adoptante y el adoptado, entre la mujer y los descendientes del adoptante y sus consanguíneos en primer grado.
(11) El ligamen, o matrimonio anterior roto o consumado, pero no disuelto.
(12) El de los sacerdotes ordenados.

(13) El acto entre los bautizados y no bautizados.

(14) El crimen, reducido al adulterio, si las partes añaden promesa de casarse cuando sean libres, o cuando uno o ambos atenten contra la vida del otro cónyuge.

(15) La clandestinidad, o celebración del matrimonio sin la presencia de párroco y testigos.

(16) La demencia en general de todos los que no tienen el uso de la razón.

El Papa y los obispos pueden dispensar todos los impedimentos excepto los de fuerza, ligamen, impotencia, crimen, consanguinidad en línea recta y entre hermanos, afinidad entre padrastro e hijastra, y madrastra e hijastro, y demencia. Los impedimentos prohibitorios incluyen:

(1) Cuando existe una prohibición ya de las autoridades eclesiásticas.

(2) El voto simple de virginidad, de castidad perfecta, de no casarse, o de recibir órdenes sagradas. Todos estos impedimentos pueden ser dispensados[5].

Con la anulación no queda ninguna barrera que impida que las personas involucradas puedan casarse con otras. Quedan libres. Los niños que nacen de tales uniones durante el tiempo de su "ignorancia" (el término que usa la Iglesia Católica Romana para un matrimonio que se anula), se legalizan. Así ellos han creado su sistema para manejar ciertos casos problemáticos en el matrimonio[6]. Lo cierto es que esa iglesia suele tener control sobre todo aspecto de la vida de sus feligreses. Aunque la Iglesia Católica Romana está terminantemente opuesta al divorcio, desde Crisóstomo, ha permitido la separación (*divorium imperfectum*) que es la separación de cama y comida sin el derecho de volverse a casar. La justificación de la separación tiene que ser algo de "peligro al cuerpo o al alma" como si una de las personas deja de ser católica, si no da una educación católica a los niños, o si sigue una carrera criminal o peligrosa[7].

La Iglesia Católica Romana también permite el uso del "privilegio paulino" basado en 1 Corintios 7:15, bajo las siguientes condiciones:

(1) Que el matrimonio tiene que haberse contraído válidamente por dos personas no bautizadas.
(2) Que una de las personas tiene que haberse convertido y bautizado válidamente.
(3) Que él no bautizado tiene que separarse del bautizado[8].

Los evangélicos no tienen una posición universalmente definida. Hay una cierta tendencia entre ellos hacia una tolerancia del divorcio. Un caso que surge frecuentemente en las iglesias evangélicas es el de tener un nuevo convertido que se quiere bautizar, pero no puede porque no es divorciado del primer cónyuge y vive con otra esposa/o en concubinato. La necesidad de tener un matrimonio legal para poder bautizarlos es un reglamento sano, pero promueve la aceptación tácita del divorcio y a veces casi con ligereza. Tenemos que guardarnos de no caer en el error de justificar el medio por el fin. El divorcio está siempre fuera del ideal de Dios y aquellos que pasan por aquella experiencia necesitan atenciones y consejos ministeriales. Esto lo enfocaremos en la sección final del capítulo.

Aspectos psicológicos

Un tercer elemento en nuestra percepción moderna del divorcio es el lado psicológico. Tenemos que admitir que el divorcio es un fracaso y, por consiguiente, sumamente frustrante. Las personas afectadas sufren de fraude, ansiedad y remordimiento de conciencia. En el estudio sobre etapas de conflicto notamos que el divorcio es parecido a la muerte y los que pasan por aquella experiencia, incluyendo a los hijos, sufren algo del duelo. El duelo en este caso puede morder la conciencia por un largo período, porque se basa sobre la incapacidad de convivir felizmente con alguien que por un tiempo se amaba. La esencia del divorcio es un fracaso personal, psicológico y espiritual.

Recordando que varios de los conflictos hogareños tienen su aspecto de salud mental, insistimos en que algunas personas no son buenas candidatas para el matrimonio. Algunos tienen problemas psicológicos como la inmadurez o deficiencia en algunos ajustes personales, y estos desajustes psicológicos persistirán durante los

años del matrimonio y aun después del divorcio. A menudo, estas personas no tienen un concepto adecuado de ellas mismas ni de lo que es el matrimonio. Algunos simplemente no conciben lo que es estar íntima y exitosamente relacionados en el matrimonio. A estas personas les hace falta una capacitación en relaciones humanas y una capacitación en cómo vivir adecuadamente la vida cristiana para volver a intentar el matrimonio. De otro modo estarán repitiendo los mismos frustrantes errores.

Cuando los cónyuges deciden divorciarse, están admitiendo que su relación está enferma hasta la muerte. Sería bueno que se preguntaran si no se podría salvar el primer matrimonio. ¿Han hecho todo lo posible para salvarlo? ¿Se han examinado a sí mismos en cuanto a sus motivos? ¿Qué evidencia tienen de que el divorcio resolverá los problemas? ¿El divorcio ha resuelto los problemas de los amigos o familiares que han optado por esta ruptura? Deben entender que es como un cuerpo enfermo que puede ser sanado. También precisan experimentar el valor del perdón, la reconciliación y la restitución de relaciones rotas, las que son todas expresiones de la gracia de Dios en nuestra vida puestas en práctica en nuestras propias relaciones personales. Roger Crook dice que no tumbamos la casa porque hay una gotera en el techo[9]. Seguramente aquellos que llegan al frustrante punto del divorcio tendrán dificultad en pensar claramente acerca de estas preguntas y sugerencias. La tendencia humana es distorsionar los hechos y datos por ser defensivos, de autodecepcionarse, y de racionalizar sus circunstancias y motivos. Ahora es cuando se necesita un consejero que les puede ayudar a comprender y componerse para que no sigan cometiendo los mismos errores. Desgraciadamente, a menudo las parejas esperan buscar ayuda cuando no hay mucha esperanza debido a la intensidad y seriedad de los conflictos y daños en la relación.

El problema de casarse de nuevo

La cuestión de casarse otra vez después del divorcio tiene dos lados: el legal (de la ley bíblica) y el espiritual. Legalmente el casarse de nuevo tiende a girar alrededor de la pregunta del inocente. Jesús

aparentemente permitió el matrimonio por la parte que no cometió el adulterio (o la falta sexual) durante el tiempo de estar casado. De otro modo, todos los casos de segundo matrimonio involucran algo de adulterio (Mat. 5:32; 19:9; Mar. 10:11; Luc. 16:18). El término "adulterio" bien puede ser el nombre que Jesús dio a las segundas nupcias. La realidad es que Jesús quiso subrayar que no es cosa ligera ante Dios el divorciarse y el volverse a casar, porque está despedazando o atropellando el ideal de Dios. Juntarse con otro cónyuge es contrario a lo que Dios instituyó al comenzar el matrimonio. El divorcio es un fracaso de mayor magnitud aun si uno del matrimonio es inocente. De veras cabe la pregunta: ¿Es posible que uno sea completamente inocente o es factible pensar que contribuyó a la infidelidad del otro por no atenderle, ser frío o contencioso? (Recuerde 1 Cor. 7:3-5). La realidad es que por cualquier razón que la pareja llegara a romper su pacto matrimonial, resaltarán sentidos de culpa en ambos, aun en el más inocente del caso, y con razón[10].

El otro lado de la cuestión tiene que ver con esta confrontación al estado psicológico y espiritual. El problema con el adulterio (o adicción a la pornografía, el homosexualismo, u otro tipo de anormalidad sexual) no es que solamente viola la relación en la pareja sino también frustra la imagen que uno tenga de sí mismo. Su culpabilidad puede ser más fuerte contra sí mismo porque ha defraudado una confianza sagrada. A veces el adulterio u otro tipo de infidelidad puede ser un acto de rebelión contra la parte que no está atendiéndole satisfactoriamente. La infidelidad en muchas ocasiones es simbólica de un matrimonio que está a punto de morir.

Volviendo a la discusión que se trataba al principio de este capítulo, a la forma con la cual Jesús trató los casos de divorcio y adulterio, recordemos que él levantó el ideal en una manera tajante, pero siempre ministraba a la gente en medio de sus dolencias y fracasos. Lo que es genuinamente cristiano es aquella gracia de Dios de tomar en serio y personalmente las imperfecciones de los hombres sinceros que buscan resolver sus errores. Experimentar el perdón real es la necesidad de todos aquellos afectados por el di-

vorcio. La verdad es que el divorcio es un pecado ante Dios, pero no es el pecado imperdonable. El problema de muchos divorciados y, aparentemente, de pastores evangélicos también, es que no ven claramente el lugar ni la importancia del perdón de Dios, ni la reconciliación y restitución en tales casos.

La experiencia demuestra que aquellos que han sufrido un fracaso en el pasado, no están automáticamente capacitados para reconstruir su vida en el presente, ni mucho menos a volver a casarse. Ciertamente una experiencia frustrante del matrimonio puede incapacitarlos para relacionarse exitosamente otra vez. Lo que hace falta en todos los divorciados es conocer el verdadero perdón de Dios, hacia uno mismo y hacia el cónyuge. Es decir, el perdón tiene poder para hacerle sentirse aliviado de la culpa por las ofensas cometidas hacia cualquiera, de apreciar lo que uno es y puede ser en la relación conyugal[11]. Además, el perdón le coloca al otro cónyuge en las manos de Dios y termina de echarle la culpa por las faltas del pasado. Entretener la idea de no ser responsable por las acciones de uno en el caso del divorcio es cerrar la posibilidad de crecer en la experiencia y ser más sabio para no repetir los mismos errores. Además, todas las parejas divorciadas precisan de un tiempo de ajuste, tiempo suficiente para inculcar y establecer los hábitos sanos de la fe cristiana del perdón, la reconciliación y la restitución con todos los ofendidos en su primer matrimonio: el cónyuge, los hijos, los padres, la iglesia, los amigos, etc. El divorcio está lejos del ideal de Dios, pero peor es no buscar el perdón del Señor que le puede capacitar para poder tomar la mejor decisión en respuesta a la pregunta: ¿Cuál es la voluntad de Dios para mí ahora?[12] (1 Cor. 7:9).

La iglesia ministrando a los divorciados

Siempre existe la incógnita de cómo aconsejar a las personas que están encarando la crisis del divorcio. Primeramente no es lo mejor aconsejarles que se divorcien, para que más tarde no puedan echarle la culpa al consejero. Ellos deben tomar su propia determinación al respecto, no importa cuán fuertes sean las ofensas y faltas de su pareja. Sería bueno hacerles ver que no existe nin-

gún matrimonio perfecto, pero sí es factible lograr experimentar los niveles de intimidad como se describió en el capítulo 4. Deben estar averiguando algo de sus motivos y aprendiendo algo de las pericias para construir una relación significativa. El divorcio no es la primera solución a los problemas, sino la última. La pareja debe hacer todo lo posible para resolver los conflictos a tiempo y no dejar que los resentimientos se arraiguen. Si guarda rencor y no quiere perdonar, difícilmente se sentirá bien acerca de evitar el divorcio. Es siempre conveniente preguntarse: ¿He hecho todo lo que puedo para hacer que el otro sea feliz y para hacer que funcione el matrimonio?

Si la pareja llega a divorciarse precisará un trato redentor de parte de la iglesia y de su pastor. Así ayudó Cristo a los que se le acercaron habiendo fracasado. La iglesia no debe desampararlos aun si se vuelven indiferentes. El divorciado muy naturalmente tiende a esconderse dentro de un caparazón que da la apariencia de indiferencia, pero por dentro muchas veces está gimiendo de alienación y soledad. Si los cristianos muestran falta de compasión puede ser que ellos interpretarán que Dios les ha dejado. Podemos asegurarles que la presencia y el perdón de Dios pueden ser realidades en ellos, si les demostramos nosotros mismos estas cualidades. Sus espíritus estarán abatidos y carecerán del bálsamo que provee la gracia de Dios y de la respetuosa y cuidadosa atención de algunos de sus siervos. Les hará bien conocer el grado de perdón que los servidores de Dios han permitido que Dios ejerza en ellos. También, debe permitírseles que la crisis les enseñe a prestar mayor atención a los consejos bíblicos y pastorales antes de tomar decisiones de tanto peso. En fin, deben ser más responsables y sensibles en determinar las cosas que quieren cambiar. Además, deben preguntarse si todavía esperan la perfección en su cónyuge o si están viendo ahora sus propias fallas con más claridad. Es plenamente cierto, el matrimonio no soporta por mucho tiempo el antojo y la fantasía. El matrimonio es para los maduros.

Roger Crook indica tres maneras en que la iglesia puede acompañar y ayudar a los divorciados. Primera, puede asegurarles que Dios está con ellos, basándose en Romanos 8:28-30. Segunda, el

pastor debe escucharles para que ganen iluminación al fondo de sus problemas y para que les guíe hacia algunas soluciones que los mismos divorciados desean y escogen. Tercera, que la iglesia provea un compañerismo compasivo, compuesto de creyentes que reconocen que son pecadores salvados por la gracia de Dios y que aceptan la tarea de sobrellevar "los unos las cargas de los otros" como los que son "espirituales" (Gál. 6:1, 2)[13].

¿Debe la iglesia casar de nuevo a los divorciados?

Los pastores evangélicos y sus iglesias responderán de diferentes maneras a esta pregunta. Algunos dirán "no" a todos los casos, porque el participar en tales matrimonios es ser cómplice en el pecado de adulterio, que es parte de lo que interpretan que Jesús indicaba de la naturaleza de las segundas nupcias (Mat. 19:9). Otros, quizá pocos, dirán "sí" a todos los casos, porque sienten que los divorciados padecen mucho y esta es una manera de ministrarles. Estos pastores razonan que de otro modo los divorciados se sentirán desamparados por la iglesia, y sin este cuidado volverán al mundo. Un tercer grupo dirá "sí" solo al inocente. Ciertamente la parte que ha guardado moralmente su inocencia tiene el derecho de volverse a casar, pero siempre cabe la pregunta: ¿Es completamente inocente o contribuyó con su actitud y acción directa o indirectamente a que el otro fuera infiel? El estado moral no es la única consideración que se debe tomar en cuenta, sino también el estado psicológico y espiritual. A veces los divorciados se vuelven a casar antes de estar espiritual y emocionalmente listos. Otros quieren casarse de nuevo, pero no pueden o no quieren hacer algunos ajustes personales, como el de experimentar el perdón en su vida. Estos aspectos también deben tomarse en cuenta en el ministerio al "inocente".

Un cuarto grupo dirá "sí", si hay fruto de arrepentimiento, si los participantes han experimentado el perdón de Dios, y si están buscando cuidadosamente la voluntad de Dios. Se agrega que es sano que los divorciados pongan en práctica los aspectos de la reconciliación y restitución, porque estos son los elementos que casi siempre estaban ausentes en el fracaso del primer matrimonio. Ma-

nifestar estas actitudes es esencial para el cristiano. Además, es la mayor garantía de que uno esté preparándose para no cometer los mismos errores del pasado, aunque no hay garantías absolutas en cuanto a no pecar. Seguimos siendo seres humanos. Sin embargo, cuando el divorciado sinceramente vive en la luz del perdón de Dios, puede aceptar por fe que Dios le ayudará otra vez a intentar lograr el ideal en el matrimonio. El perdón real que Dios ofrece a todos los arrepentidos quita las barreras entre el individuo y Dios, y alivia el sentido de culpabilidad, librando a la persona y motivándole a querer siempre poner en práctica este hábito sano en todas sus relaciones, especialmente la de un matrimonio.

La experiencia nos ha enseñado que solo una minoría de personas, aun entre cristianos, permite que Dios obre con su gracia y perdón en medio de los matrimonios fracasados. La naturaleza humana es de no querer humillarse ni arrepentirse ante Dios, y menos ante los hombres, ni siquiera su pareja. Nuestra tarea de pastores e iglesias es ministrar a estos sufridos con la mansedumbre espiritual de Gálatas 6:1 para "restaurarles" (remendar sus huesos rotos, que es lo que significa esa palabra en el griego) y que vivan como hijos e hijas de Dios, aprovechando los privilegios espirituales que él les ofrece.

Aquellos que permiten que Dios opere en su favor, si deciden casarse o no, se estarán capacitando para ministrar con su vida en la consolación con que han sido consolados (2 Cor. 1:3, 4). Si deciden volverse a casar, existe una mayor esperanza de que ellos logren aquellas relaciones profundas y satisfactorias, y que tengan mayor probabilidad de fundar un hogar cristiano. De todos modos, actuar como ministro en el matrimonio de cualquier pareja, cuando uno o ambos son divorciados, tiene ciertos riesgos. Sin embargo, cada vez que tengamos la oportunidad, que el Señor nos guíe, por su ejemplo, a actuar cristianamente hacia los arrepentidos que buscan la restauración y reconstitución de su vida cristiana, y su capacitación espiritual para establecer una vida cristiana funcional con sus pericias de vivir en comunión con Dios y con su pareja. El volver a casar a los cristianos divorciados, entonces, es un asunto que depende de su estado espiritual más que de cualquier otra cosa.

Ejercicios

Cuestionario:

1. Describa brevemente la problemática del divorcio en el mundo hispano.

2. Conteste *cierto* o *falso* a las siguientes declaraciones:

________ (1) Según Deuteronomio 24:1, el hombre israelita podía dar a la esposa una carta de divorcio si encontraba en ella alguna cosa indecente, especialmente si la indecencia era el adulterio.

________ (2) La causa más común para el divorcio en los tiempos antiguos de Israel fue la esterilidad de la esposa.

________ (3) El ideal de Dios es que no debe ocurrir el divorcio.

________ (4) El rabí Hillel permitió el divorcio solo en casos de extrema necesidad, mientras que el rabí Shammai permitía el divorcio casi por cualquier motivo.

________ (5) Jesús terminantemente negó el derecho al divorcio.

________ (6) Las medidas de Moisés tanto como las de Jesús, dieron el respaldo moral a la mujer que la sociedad no le daba.

________ (7) La cláusula de excepción por fornicación solo aparece en el Evangelio según Mateo y no en Marcos ni Lucas.

________ (8) Aunque Jesús sostenía el ideal de que no hubiera divorcio, él característicamente ministraba a la gente frustrada.

________ (9) El divorcio es obligatorio cuando uno de la pareja comete adulterio.

________ (10) Pablo enseñaba que el creyente puede y debe divorciarse de su cónyuge incrédulo.

3. ¿Cuáles son los principios en el "privilegio paulino" (o sea el permiso de separarse si el cónyuge inconverso le abandona) de 1 Corintios 7:15?
4. ¿Para qué sirven los impedimentos que ha desarrollado la Iglesia Católica Romana?

5. ¿Cuáles otros dos casos de separación permite la Iglesia Católica Romana?
6. ¿Cuál es el caso frecuente que surge en las iglesias evangélicas y que causa que promuevan el divorcio? ¿Cuál es el peligro en esto?
7. ¿Cuáles son algunos resultados psicológicos del divorcio?
8. Cuando una pareja está divorciándose, ¿qué está admitiendo? ¿Cuáles dos o tres preguntas pueden hacerse los esposos como pareja?
9. ¿Cuáles son los dos lados de la cuestión de volverse a casar? Explíquelos un poco.
10. ¿Qué es lo que a todos los divorciados les hace falta? ¿Por qué es este elemento tan importante?
11. ¿Cuáles son las tres maneras que Roger Crook sugiere para que la iglesia ministre a los divorciados?
12. Mencione las cuatro respuestas comunes a la pregunta: ¿Debe la iglesia volver a casar a los divorciados?

Para dinámica de grupo:

1. Una pareja viene a usted para que les case o que la iglesia les permita usar su templo para su boda. El hombre es divorciado pero fue el "inocente" en el caso. ¿Cómo les puede ayudar? ¿Cómo les aconsejaría?

2. Una señora cristiana tiene apenas seis meses desde que el esposo la abandonó, dejándola con cuatro niños. Ella tiene poca educación y ahora tiene que salir de la casa a trabajar para sostenerse ella y los hijos. Mientras ella trabaja en una fábrica, una vecina cuida los niños. Sin embargo, estos no están respondiendo bien a la señora porque ella les grita siempre aunque, en realidad, es floja en exigir su obediencia, dejándoles jugar a veces en la calle. La madre trabaja con hombres inconversos que la presionan con sus comentarios e insinuaciones. Ella siente una gran tentación de unirse a uno de estos hombres para vivir con él, aunque no es cristiano. Los hijos la necesitan a ella y ella necesita a un hombre. ¿Qué le diría para orientar a esta madre "abandonada"?

Segunda parte

LA FAMILIA

Capítulo 8

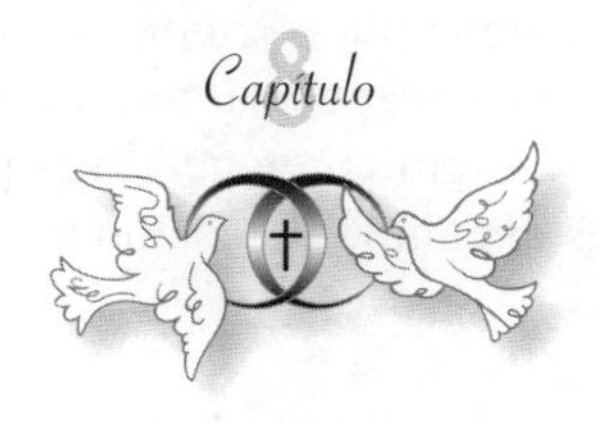

LAS RELACIONES ENTRE LOS PADRES Y LOS HIJOS MENORES

La tarea que corresponde a los padres es una de las más grandes e importantes del mundo entero. Desgraciadamente, hay un porcentaje elevado de padres que no concibe ni aprecia el trabajo de criar correctamente a los suyos. Puede ser que en algunos casos no saben hacerlo, porque la herencia de sus padres en este aspecto ha sido también un poco escuálida. Un miembro de una iglesia evangélica cuenta que en su barrio pocos hombres aceptan la responsabilidad de su hogar, y que solamente van a casa para comer y dormir. Lo peor y más lamentable aun es el bajo lugar que ellos dan a sus hijos. Parece que para estos padres sus niños son poco más que evidencia de su "potencia varonil" o "fruto" de su machismo. Los hombres pasan su tiempo libre en la calle conversando y jugando mientras que las madres se preocupan de la casa y de los niños. El resultado de todo esto es un distanciamiento entre los cónyuges, los padres y los hijos. Ese miembro de la iglesia termina diciendo que los hombres suelen rechazar a sus hijos, dando la impresión de que les es difícil ayudar a sus retoños de alguna forma, y que cuando sus niños quieren jugar con ellos lo consideran como una falta de respeto.

Aunque este lamentable relato se refiere a circunstancias de un barrio pobre, se cree que no es una característica limitada solamente a los lugares de pobreza. Lo alarmante es el creciente descuido e indiferencia hacia los niños, el cual no debe darse en la familia cristiana. Nuestro deseo es poder ayudar a las familias cristianas a saber cómo dirigirse y comprenderse para mejorar la marcha de sus hogares. Esto, también, incluye el siempre debatible asunto de la disciplina.

La dirección del hogar tiene que ver con la autoridad, la expresión de ella por los padres y la respuesta a ella por los hijos. La comprensión de los hijos se logra entendiendo el proceso de su formación; y la disciplina es el campo de acción para enderezar la vida y conducta de los hijos.

Las líneas de autoridad en el hogar

La autoridad en el hogar tiene dos lados: el de los padres, que dirigen la vida de sus vástagos, y el de los hijos, que responden a la dirección y autoridad de sus padres.

1. Los padres expresando autoridad

Desde el comienzo, los padres han recibido de Dios la autoridad para dirigir el hogar, o sea la relación familiar. Para los líderes de la iglesia es imperativo que sepan gobernar su hogar para poder guiar a la "familia cristiana" (1 Tim. 3:4, 5, 12). Es interesante notar que la responsabilidad es igual para los diáconos que para los pastores. Esta necesidad de gobernar bien la familia, que enseñan las Escrituras, no se aplica solamente a un grupo limitado de líderes, sino que es el plan fundamental de Dios para todos los padres.

Aunque repetidas veces la Palabra de Dios hace hincapié en que el hombre es la cabeza del hogar, la mujer comparte aquella autoridad como su ayuda idónea. Desde la creación Dios les mandó a ambos: "Sed fecundos y multiplicaos. Llenad la tierra; sojuzgadla, y tened dominio…" (Gén. 1:28; nótese que los verbos son plurales). Mientras la mujer esté sujeta a su esposo (o en plena y armoniosa cooperación), ella desempeña un papel de equilibrio en el hogar y en la relación conyugal. La verdad es que la mujer es el espíritu unificador del hogar. El sacrificio y el afecto que caracterizan a la madre están reflejados en el modelo de cuidado de Pablo a los cristianos en Tesalónica (1 Tes. 2:7, 8). En el mundo hispano, la madre es aun más el ancla y el espíritu unificador del hogar. Esto, en parte, explica la sociedad matriarcal que caracteriza muchos hogares latinos. Desgraciadamente, muchos padres en muchas maneras y ocasiones han abdicado la mayor parte de la función de la autoridad que les pertenece, dejando que la esposa la ejerza[1]. No debe sorprender-

nos que el día de las madres iguale o supere a la Navidad en cuanto a expresiones de cariño y aprecio, mientras que el día de los padres apenas se menciona. Esta última verdad se ilustra por el encabezamiento del periódico *El Nacional*, de Caracas, Venezuela, que hace varios años decía: "Felicidades a los buenos padres", como si fuera solo un número reducido que merecía las felicitaciones. La situación de las líneas de autoridad en muchos hogares es caótica haciendo de primer orden una comprensión de las directrices bíblicas al respecto.

La autoridad de los padres se expresa en muchas formas. Una manera es la del cuidado y provisión material. Pablo dice que el padre cristiano que no lo haga, niega la fe y es peor que los incrédulos (1 Tim. 5:8). Los padres deben pensar primeramente en cuidar el estado físico de los suyos antes de que los hijos sean una seguridad financiera para ellos cuando lleguen a viejos (fíjese en 2 Cor. 12:14).

La autoridad también se hace palpitante en la disciplina. Un problema que surge con frecuencia es el de ser severos en la disciplina, faltando en comprender el desarrollo del niño. Cuando el padre es demasiado severo o pretende ser la autoridad final, es natural que los hijos recurran a la madre para su protección y mediación ante el padre.

La autoridad se hace patente por medio de la influencia de los padres sobre sus hijos. Muchas veces el patrón de disciplina que dan los padres es el modelo que seguirán los hijos cuando son mayores, para bien o para mal. La instrucción de las Escrituras es muy clara en este punto: "El justo camina en su integridad; bienaventurados serán sus hijos después de él" (Prov. 20:7), o por el contrario si los padres no son fieles en seguir al Señor (Sal. 78:5-8). Las pautas que los padres ejemplifican no determinarán la personalidad ni la conducta de sus hijos, pero sí dejarán sus huellas indelebles en la vida de ellos. De modo que si un niño vive bajo la crítica aprenderá a condenar. Si vive en hostilidad aprenderá a contender; de ser ridiculizado a ser tímido; de ser avergonzado, a sentirse culpable. En cambio, si se goza de recibir tolerancia, aprenderá a ser paciente. También si vive con estímulo (aceptación y reconocimiento), esto producirá confianza en él y sabrá cómo devolver aprecio[2]. En fin, creamos el ambiente que afecta profundamente la formación psicológica de nuestros hijos.

Además, se manifiesta la autoridad de los padres, en que consciente e inconscientemente les enseñamos en cuanto a lo moral, lo espiritual, lo personal y lo social. La promesa fiel de la palabra de Dios es: "Instruye al niño en su camino; y un cuando sea viejo, no se apartará de él" (Prov. 22:6). La palabra "instruye", en su fondo original, significaba "poner en el paladar", como en la acción de dar de comer al infante[3]. No es algo de casualidad, sino algo que se hace con sumo cuidado. La etimología de la palabra "educar" es "dirigir por un senda específica"[4]. De modo que la enseñanza tiene que ver con la vida del maestro; en este caso, los padres. Si instruimos al hijo a que "en todo tiempo… permanezca en el temor del SEÑOR" (Prov. 23:17), tenemos que estar perseverando de igual modo. El deber de los padres abarca también una comprensión de sus hijos que se expresa en compasión y cuidado hacia ellos. Si hay una queja que los consejeros de los jóvenes oyen con frecuencia es que los padres no comprenden a sus hijos. La necesidad de demostrar comprensión y compasión hacia los hijos existe desde la antigüedad (Sal. 103:13; Isa. 66:13; Mal. 4:6). Pablo da unas instrucciones específicas a los padres al respecto:

> "Y vosotros, padres, no provoquéis a ira a vuestros hijos, sino criadlos en la disciplina y la instrucción del Señor" (Efe. 6:4). "Padres, no irritéis a vuestros hijos, para que no se desanimen" (Col. 3:21). "En esto, sabéis que fuimos para cada uno de vosotros como el padre para sus propios hijos: Os exhortábamos, os animábamos, y os insistíamos en que anduvieseis como es digno de Dios, que os llama a su propio reino y gloria" (1 Tes. 2:11, 12).

Las primeras dos citas de Efesios y Colosenses quedan bien claras en su aplicación al trato que deben dar los padres a sus hijos. La última cita (1 Tes. 2:11, 12) indica tres formas positivas en que el padre debe relacionarse con sus retoños (la exhortación, el animarles o consolarles, y el insistir o encargarles). La exhortación es la acción de ponerse al lado de aquellos que uno está instruyendo. La palabra viene del *paracleto*, que Jesús usó para describir al Espíritu Santo. Él tiene la tarea de confortarnos y confrontarnos pero siempre desde una posición de simpatía, o mejor, de empatía, no por encima de nosotros como el juez. La consolación es la acción de animarles o levantarles cuando se caen para ponerles a caminar otra vez. Da la

impresión de que el padre cree en sus hijos y quiere que estén bien motivados a vivir moralmente.

La acción de encargar (o insistir) a los hijos es la de "testificarles" de cómo Dios funciona en la vida y de encomendarles confiadamente a vivir al tanto del llamamiento de Dios. Quiere decir que los hijos serán dignificados y valorizados para realizar las más altas aspiraciones que Dios mismo desea para ellos. El valor y la utilidad de esta perspectiva positiva hacia los niños son incalculables e indispensables para la comprensión de los varios aspectos de la formación del niño, que dentro de poco se tratará.

2. Los hijos respondiendo a la autoridad de los padres

Las Escrituras instruyen a los hijos a responder respetuosamente a la autoridad de sus padres en por lo menos cuatro maneras:

(1) *Deben honrarlos:* "Honra a tu padre y a tu madre, para que tus días se prolonguen sobre la tierra que el SEÑOR tu Dios te da" (Éxo. 20:12). Este es el primer mandamiento con promesa (ver Efe. 6:2, 3), que quiere decir que la vida les irá bien a los hijos que honran a sus padres. Aquel honor se expresa en respeto, reverencia y aprecio aun cuando los padres no lo merezcan. Algunos niños y jóvenes cristianos que tienen padres inconversos a veces preguntan: "¿Tengo que honrar a mis padres aunque vivan inmoralmente y me quieran llevar por una vida de destrucción?". La respuesta es que deben resistir a vivir inmoralmente o cometer lo que sería destructivo; pero sí deben tener cuidado de que en su corazón no haya sentimientos destructivos hacia los padres (Mat. 15:4), sino deben mostrarles un sentido de compasión y querer que los padres conozcan al Señor y que les honren, buscando siempre hacerle bien al prójimo.

(2) *Deben obedecerlos.* El principio que Dios plantea a los hijos es el de "obedecer" a los padres en todo porque esto agrada al Señor (Col. 3:20) y además "es justo" (Efe. 6:1). Pablo opina que la rebelión contra los padres proviene de la mente reprobada, y merece fuerte castigo (Rom. 1:28-32). Como el caso ya mencionado de los hijos cristianos de padres inconversos, aquellos hijos han experimentado la bendición de obedecer a Dios, el "Padre" celestial, y

por lo tanto han recibido unos recursos divinos a los cuales deben recurrir. Ellos son: la gracia, el amor, el perdón, la comprensión y la esperanza. Deben utilizar constantemente aquel medio de influencia para bien de sus padres: la oración. Su lealtad a Dios les da la capacidad de obedecer en amor a sus padres. Cuando los hijos cristianos muestren esta actitud positiva de servir a sus padres, sean creyentes en Cristo o no, hay más probabilidad de ganar su respeto y disfrutar mayores privilegios. También es más probable que por medio del trato amoroso y respetuoso los padres inconversos se dejen guiar al conocimiento del Señor.

(3) *Deben seguir sus instrucciones.* Cuando la Biblia menciona que los hijos deben seguir las instrucciones de los padres, se refiere directamente a las instrucciones basadas en la ley moral, la sabia enseñanza de las verdades eternas de Dios. Cuando el escritor de Proverbios se presenta como un padre sabio y habla de guardar "mis mandamientos" y "mi ley", está solamente proyectando sus instrucciones basadas en las divinas (Prov. 3:1-6; 4:1-4, 20-22; 6:20-23). Entonces las instrucciones que Dios quiere que los hijos reciban y sigan son las que les conducen a los caminos de la vida sabia, que glorifican a Dios, al hombre y al hogar.

(4) *Deben ser responsables.* Cuando las Escrituras hacen hincapié en que los hijos deben actuar sabiamente, están enfocando la necesidad de que ellos acepten la responsabilidad de sus determinaciones y que demuestren prudencia en sus relaciones (Prov. 3:1-12; 23:15, 16). El paso de seguir las instrucciones de los padres resulta en la formación de un carácter estable y unas relaciones sensatas. Además alegra el corazón de los padres (Prov. 23:15, 16). De este modo, la autoridad que Dios atribuye a los padres completa su ciclo cuando los hijos responden respetuosamente y viven con cuidado según el mismo criterio. Así ellos participarán en la misma autoridad, porque demuestran que son hijos justos.

La formación de los niños

Además de la autoridad que los padres deben ejercer sobre los hijos, también necesitan una comprensión de lo que está pasando en el cuerpo, la mente y el espíritu de sus retoños, para poder guiar-

les. La formación de los niños abarca por lo menos cinco áreas: la física, la social, la mental (intelectual), la psicológica (emocional) y la moral.

1. La formación física

El desarrollo físico es el primer determinante de lo que los niños aprenden a hacer. A medida que crece y desarrolla sus huesos y músculos, el niño es capaz de realizar diferentes formas de actividad. La rapidez con que los pequeños aprenden pericias con su cuerpo, manos y pies depende no solamente de su desarrollo físico sino también de la motivación y la oportunidad de participar y funcionar[5]. Por consiguiente, es indispensable que los niños tomen parte, tan pronto como sea posible, en el cuidado personal, los quehaceres y las tareas comunes de la vida familiar. No se debe hacer por ellos lo que pueden hacer por sí mismos. El niño responde a su tamaño y forma, y esta reacción es de alta importancia. Si se siente que es diferente porque es bajo de estatura o un poco gordo, puede volverse tímido o, al contrario, ser agresivo, travieso y destructivo. El burlarse de un niño porque es "diferente" puede resultar en crear en él una imagen de inferioridad o peculiaridad. Debemos valorizar al niño tal como es para que él sepa aceptarse a sí mismo.

2. La formación social[6]

Es a través de los padres que el niño concibe el mundo. Desde los días de la cuna, el niño está creando en sí una imagen de cómo relacionarse. Erik Erikson describe una serie de crisis en la formación de la personalidad en los hijos. Primera, el infante sufre la crisis de confianza. Él confía naturalmente en la madre por el sostén, el cariño, el calor y la atención. ¡Fíjese en la inseguridad que se crearía en el infante que no encuentra estos elementos básicos en la madre o en la persona que le cuida! Pero si gana confianza debido a la protección y cuidado que recibe, se formará cierta libertad en él para desarrollar sentidos de seguridad hacia otros, y aun hacia Dios.

Segunda, Erikson mantiene que desde los dieciocho meses hasta los cuatro años la meta del niño es la de autonomía o de una leve independencia. Por eso pasan por un período de resistencia, desafío y

argumentación. También demuestran egocentrismo, pero esto es solamente parte el desarrollo de su conciencia de sí mismo. Dobbins enseña que primeramente el niño expresa conciencia de sí mismo, después conciencia hacia Dios y luego conciencia para tomar decisiones.

La tercera crisis en los niños de cuatro a seis años es en cuanto a la iniciativa. Esto quiere decir que el niño se goza jugando y experimentando los objetos a su alrededor, pero encuentra que a menudo hace cosas que desagradan a los padres. Él quiere agradarlos, pero no comprende el sistema de valores de los padres; y todo esto resulta para el niño en sentimientos de culpabilidad. El niño aprende lo bueno por medio del elogio de los padres por lo que ha hecho, y lo malo por lo que a ellos no le agrada. El niño vuelve a tomar la iniciativa para aprender cosas nuevas cuando gana confianza y entiende los límites puestos por los padres a sus acciones.

La crisis psicosocial de los niños de seis a once años se encuentra en el concepto de competencia (o diligencia) contra sentidos de inferioridad. Por los contactos en la escuela, el niño se entera rápidamente en los modales aceptables, la capacidad en el aprendizaje (o lo contrario) y los hábitos de trabajo. El nivel de competencia o rivalidad es de suma importancia en el desarrollo de la confianza que el niño necesita en el mundo. Además, la competencia se ve en "la buena educación" que está inculcada en los niños: los buenos modales, el respeto, la cortesía, etc. Al experimentar las buenas relaciones que se forman por saber cómo expresarse hacia los demás, crea la capacidad de superar los sentidos de inferioridad.

3. La formación mental (intelectual)

Los niños no piensan como los adultos. Durante la infancia aprenden por los sentidos del tacto, el gusto y el olfato. No aprenden tanto por nuestras palabras; de los dos hasta los siete años su aprendizaje viene directamente de su contacto con los objetos, personas, etc. Además, en este lapso lo que vale es su propia percepción de las cosas y cómo se comporten las personas observadas. La necesidad de la experimentación en el aprendizaje sigue hasta aproximadamente los once años, aunque cada vez más el niño agrega y balancea la ex-

perimentación con conceptos lógicos y concretos. En los primeros años de escuela, el niño tiene dificultad en percibir abstracciones o dimensiones más allá de la superficie de los datos y los conceptos. Por eso es difícil enseñarle mucho acerca de la Trinidad y la encarnación, pero sí puede sentir y gozarse del amor de Dios, la emoción del nacimiento de Jesús y el deseo de orar. En fin, el niño puede experimentar a Dios sin comprender la profundidad ni el alcance de la experiencia[7].

4. *La formación psicológica (emocional)*

Indudablemente el factor de la formación de los niños que menos entendemos como padres, y que más necesitamos entender, es el psicológico y emocional. Lo cierto es que nuestra propia autoimagen es la que proyectamos hacia los hijos. Si los padres se sienten incapaces e inseguros, si tienden siempre a defenderse y justificarse, también tenderán a atacar al niño con su mismo sentido de inferioridad y culpabilidad. A estos padres suele escuchárseles gritar a sus hijos: "Tú eres un bruto", "Tú eres un inútil", "Tú eres malo", etc. Tales insultos traen al niño los pensamientos de que él es malo y que no merece ni el aprecio ni el amor. Algunos niños responden a este trato brusco e insensible siendo cohibidos y tímidos, mientras otros se rebelan para manifestarles a los padres que son tan malos como ellos les dicen.

James Dobson y otros psicólogos creen que la imagen personal, o el sentido de autoestima, es la clave para la adaptación y el desarrollo del niño[8]. El comportamiento del niño es la expresión de la imagen interna que lleva. Podemos ayudar al niño al demostrarle amor, aceptarle con sus peculiaridades (las heredó de nosotros de todos modos), alabarle y tomarle en cuenta. La tendencia es corregir al niño por todos sus errores, sean pequeños o grandes, pero faltamos en felicitarle cuando hace las cosas bien. Es acertada la pregunta de un seminarista: "Si los padres trataran a sus amigos como tratan a sus hijos, ¿cómo podrían conservar las amistades?". Si los padres desean ser respetados por sus hijos, hay que tratarles de igual manera. Suena muy parecido a la regla de oro (Mat. 7:12), ¿verdad?

5. La formación moral

Los valores morales también se aprenden en el contexto familiar y en el medio que rodea al niño. Todos tenemos un sistema de valores que estamos construyendo desde los primeros días de la vida. Desde el principio los niños aprenden valores morales experimentando lo que les causa placer y dolor. Es decir, lo que los padres permitan y que les agrade, los niños interpretan que sea bueno; y lo que les traiga castigo, sanción y dolor, ellos concluyen que no es aceptable. Los padres deben procurar que no solamente castigan a sus hijos por lo que no les agrade sino también les elogian por lo bueno que hacen. Las normas de la disciplina indican que juntamente con el castigo los padres deben enseñar al niño lo que es correcto, de otro modo crean en el niño ansiedad y confusión. Además, los padres deben ayudar a sus vástagos a sentir un placer moral no solamente por aprobar sus proezas o darles presentes, sino también por guiarles a sentir la satisfacción, el gozo y la paz que viene al vivir en amor, justicia y honestidad.

La problemática de inculcar en los niños un sistema cristiano de valores está complicada en este siglo XXI, especialmente en los centros urbanos. Hay más divorcios y hogares destrozados, más niños abandonados, más movilidad y cambios de vivienda y comunidades; y hay mayores problemas con drogas, asaltos, pornografía y una degeneración moral pública en general. También hay un número elevado de madres que trabajan fuera del hogar.

La influencia de los medios como radio, televisión, Internet y periódicos sobre nuestros criterios es incalculable. Agregamos a todo esto el apuro en que vivimos, y así vemos que están frustrados los deseos de poner en práctica el sistema de valores cristianos que acentúa la decencia, la honestidad, el amor, la santidad, la justicia y el servicio. Aunque es más difícil vivir la vida cristiana en el mundo actual, debemos tener la plena convicción de que todavía vale la pena. La vida moral produce un alto grado de felicidad y satisfacción cuando vivimos al tanto de las convicciones, decisiones, actitudes y prácticas que aprendemos por seguir a Cristo y su modo de relacionarse con otros. Por lo tanto, los padres cristianos deben vivir la vida cristiana confiando en que su influencia arrojará una sombra alentadora sobre sus hijos.

La disciplina de los niños

La tarea de todos los padres es guiar a sus vástagos hacia una vida responsable y madura. Es una tarea que requiere atención y tiempo para efectuarla eficazmente. Involucrada en esta función está la disciplina, que sencillamente se define como la enseñanza o entrenamiento que acostumbra al niño a llevar una vida respetuosa, recta y decente, para su propio bien y el de otros.

La necesidad de proveer a los niños algo de buena dirección se ilustra por el gran número de casos de delincuencia. "Un estudio de 12.592 menores con problemas de conducta en un reformatorio en España, muestra que en el caso de 12.003 de ellos fue la deficiencia del hogar la que los llevó a la conducta antisocial"[9]. Es obvio que vale la pena invertir el tiempo e interés que se requieren para infundir en nuestros niños el buen carácter, la madurez y la responsabilidad.

Una razón bíblica para la disciplina y el entrenamiento de los niños es que son pecadores, siendo desde la infancia egoístas. Para el infante romper en lloriqueos a su necesidad física es algo natural, pero cuando sea un poco mayor y lo haga para desafiar a los padres, es otra cosa. Es el mismo ego pero en búsqueda de sus límites: hasta dónde los padres lo permiten correr. Los padres tienen de Dios el encargo de dirigir a estos pequeños (comenzando cuando sí son pequeños) hacia el buen camino, evitando que anden desordenadamente hacia el otro extremo, la perdición.

El debate sobre el castigo

Siempre surge la pregunta: ¿Y qué de pegarle al niño? ¿Hay algo malo en darle azotes por su conducta mala o irrespetuosa? A este interrogante suele dársele dos respuestas bastante distintas y contradictorias. En un extremo se oye a algunos psicólogos refiriéndose al castigo físico como si fuera un invento del mismo diablo. Aquellos maestros enseñan que al niño se le debe dejar en libertad para expresar espontáneamente sus impulsos y deseos. Esta educación de "libre iniciativa" o "democracia permisiva" ha tenido funestas consecuencias para la salud social, aunque se estima que es una medida para contrarrestar el autoritarismo tradicional de los hogares de muchas sociedades, incluyendo la del mundo hispanoamericano[10].

De todos modos podemos afirmar que la crueldad y la violencia no tienen lugar en la disciplina.

En el otro extremo están aquellos que promueven la azotaina como casi la forma exclusiva de disciplinar a sus niños, o por lo menos la primera medida para utilizar al corregirles[11]. Christenson la expresa de la manera siguiente:

> Si castiga a su hijo solo suficiente para hacerlo airarse y ponerse rebelde, entonces no ha ejecutado una disciplina completa y escritural. Una paliza debe ir más allá del punto de la ira. Debe evocar un sano temor en el niño. Cuando un sano temor de la autoridad y disciplina de su padre ocupa la mente del niño, *no habrá lugar para la ira*[12]. (El énfasis es de este autor).

Casi nunca encontramos la verdad que queremos practicar en los extremos, sino por medio de balancear las verdades que ambos lados proponen. Ambos tienen algo de razón pero lo llevan lejos de lo razonable y adecuado.

Aquellos de la escuela de permisividad enfatizan correctamente que el amor es primordial en la crianza de los niños. La disciplina misma debe ser motivada por un profundo amor que estima a los niños capaces de vivir recta, sabia y decentemente. El amor verdadero se extiende a los retoños a pesar de sus acciones, confiando que al valorizarles, y hablándoles para hacerles ver lo que los padres esperan de ellos, entonces ellos mismos se darán cuenta del peso de sus acciones. El mismo amor actuará para rescatar y enderezar al niño cuando esté en peligro físico o moral. Pero el amor que no se preocupa de corregir al niño y de enseñarle lo correcto, no es verdaderamente amor, sino es indicio de indiferencia (Prov. 13:24). El doctor Dobson declara que el castigo es algo que no hacemos al niño, sino *para* el niño. Dice que nuestra actitud ante el vástago desobediente debe ser: "Te amo demasiado para permitirte que te comportes de esa manera"[13].

Un problema de castigar al niño corporalmente ha sido la posibilidad de crear traumas y rebelión en el niño zurrado con hostilidad y violencia. Perder los estribos emocionalmente al castigar al hijo es crear un modelo de violencia que naturalmente él tenderá a imitar en sus propias asociaciones. Por el otro lado, el doctor Dobson nos recuerda que el niño aprende por la naturaleza de los dolores de

caerse, quemarse, cortarse, etc. y que estos no le enseñan a ser una persona violenta.

Lo que se precisa aclarar es que la violencia y el castigo no son iguales. El doctor Bruce Narramore pinta el castigo en los términos más oscuros, disociando todo trato entre Dios y los cristianos, y entre los mismos cristianos y sus hijos, reservándolo solamente para el justo juicio de los impíos y rebeldes contra Dios[14]. Pero esto es forzar las Escrituras a decir cosas que no dice. Claramente los azotes (castigo físico) forman parte del criterio bíblico en la disciplina (ver Prov. 19:18; 23:13, 14; 29:15, 17; Heb. 12:6). La verdad es que el castigo es una de las formas para disciplinar pero, por supuesto, no es la única ni, en muchas ocasiones, la mejor; pero, sin lugar a dudas, el castigo físico es una manera legítima de corregir a su hijo en determinadas circunstancias.

Cabe preguntar, ¿bajo cuáles circunstancias se cree apropiado castigar al niño y hasta qué edad es efectivo? Dobson propone que el castigo es la manera indicada para corregir las rebeliones y desafíos de los niños, cuando con "sangre fría" rehúsan obedecer o hacen caso omiso a las instrucciones de los padres. Especialmente es una forma aconsejable para usar en tales casos entre los dos a diez años[15]. No quiere decir que es la única manera de tratar estos problemas, más bien será mejor en algunos casos usarlo en combinación con otro(s) método(s) que más adelante se expondrán. El mismo doctor Dobson no cree en absoluto que el castigo físico es efectivo con adolescentes porque les hace sentir como si fueran niños, cuando se sienten adultos. Dice que "la zurra es el máximo insulto". Aun ante la desobediencia no se justifica el castigo corporal al adolescente, sino se estima mejor privarle por un tiempo de privilegios o dinero, u otros tipos de retribución no físicas[16].

Los principios de la disciplina

He aquí unos seis principios para guiar a los padres en establecer un programa sano de disciplina para sus niños.

1. Hay libertad en establecer los límites

Una paradoja misteriosa es que los niños desean ser controlados pero insisten en que sus padres ganen el derecho de controlarlos.

Ellos siempre estarán estirando los límites que les pongamos, haciendo necesario que a veces les tengamos que corregir o aun castigar, pero seamos firmes en guardar los límites establecidos.

Los límites proveen seguridad como las defensas de un puente sobre un río o un lago. La vida sin límites, igual que un puente sin defensas, causará sentimientos de gran inseguridad. Las reglas pueden ser simples o profundas. Una regla que tiene nuestra familia es que no se puede jugar con una pelota dentro de la casa, porque siempre terminamos rompiendo una lámpara o un adorno. La ley moral de las Escrituras sirve para formar reglas profundas y fuertes. Si uno aprende a vivir dentro de los límites del amor, la justicia, la honestidad, etc., experimentará la libertad que le ayudará a llegar a la madurez.

En cuanto a las reglas, el doctor Henry Brandt sugiere tres cosas:

(1) Deben ayudar al niño a saber lo que va a ocurrir y lo que se espera de él.

(2) Deben ser alcanzables y razonables, motivándole al niño a querer trabajar para cumplirlas.

(3) Deben ser pocas[17]. Es sabio también permitir que el niño participe en elaborar las reglas que le van a regir.

2. Hay que respetar a los niños si quieren que ellos respeten a los padres

El tratar con dignidad a los niños paga los dividendos de respeto y honor que la Biblia manda que ellos expresen a sus padres. Hay que considerar su ego y no avergonzarlos o rebajarlos en presencia de sus amigos o de los demás niños de la familia. El niño debe sentir que sus padres realmente le quieren y se preocupan por él. Lo cierto es que la mala práctica de despreciar al niño, tarde o temprano, pagará dividendos de venganza. El doctor Dobson observa que un padre despiadado y violento puede intimidar a todo su hogar por un tiempo, pero si no respeta a sus hijos, ellos le demostrarán su hostilidad una vez alcanzada la seguridad de la edad adulta[18].

3. Hay que ayudar a los niños a escoger comportarse de una manera aceptable

Si las malas actitudes o malas mañas reinan entre los niños, hay que corregirlos. Si el niño está marcando la pared con un lápiz de

color, dele una hoja de papel y enséñele que no debe pintar las paredes de esta manera. Si el niño tiene suficiente edad para que pueda ayudarle a limpiar la pared, será una buena lección que lo haga.

4. La resistencia a las reglas demanda más acción que palabras

Los niños a menudo forman el hábito de esperar hasta que los padres griten sus órdenes para comenzar a cumplirlas. La situación demanda que los hijos lleguen a asociar el tono de voz con el mando. Si decimos al niño que es la hora para bañarse e irse a la cama y notamos que él no responde, no debemos gritarle al respecto, sino levantarnos y, poniéndonos a su lado, llevarle inmediatamente a cumplir la orden. Los padres pueden entrenar al hijo a saber que es suficiente dar el mando una sola vez. Esto se hace por reforzar el mandato con acción inmediata si el niño no cumple de una vez la orden.

5. Hay que mantener la buena comunicación

Lo interesante es que después de ser castigado el niño suele buscar al padre que le zurró para asegurarse de su amor. Lo aconsejable es tomar al niño unos minutos después de corregirle y ponerle sobre el regazo para abrazarle, y hablarle de su aprecio y de los buenos modales, el buen comportamiento, el respeto, etc. Es un momento tierno que debe aprovecharse. No es tiempo perdido, sino es invertido en la autoestima de su hijo. Al comenzar a una temprana edad a mantener abiertos los canales de la comunicación, se crea en el niño la confianza de que sus padres, en realidad, le quieren. Debemos ser cuidadosos y no rechazar al niño al castigarle o corregirle por un mal comportamiento. Podemos rechazar sus actos, pero a él como persona siempre lo estimamos.

6. Sea consistente con la disciplina

Haga que su sí sea sí y que su no sea no. Si declara que le va a castigar si repite la falta, cumpla su promesa. El niño sabe cuando somos débiles en el cumplimiento de nuestra palabra y en seguida pierde su respeto. También, los padres deben ponerse de acuerdo en cuanto a las reglas y la forma de disciplina. Los niños deben saber que los padres refuerzan el uno al otro en las decisiones; de

otra manera los vástagos competirán por el afecto del padre más tolerante. Si surge una diferencia de opinión sobre cualquier asunto de la disciplina, es preciso arreglarla aparte y no en presencia de los niños.

Los métodos de la disciplina

Los factores que se consideran para seleccionar el método de disciplinar a los hijos son, por lo menos, dos:

(1) Las diferencias de carácter y personalidad de los niños.

(2) La reacción del niño a un método determinado.

Todos los hijos son distintos y responderán diferentemente a los métodos de la disciplina. A uno, el padre tiene que solamente conversar para enderezar su modo de pensar o actuar, mientras que a otro es necesario ser más estricto para que preste atención y actúe obedientemente. Cómo responde el niño a la disciplina determina si el método es efectivo. Es sabio variar el método de corregir al hijo. A veces sirve una combinación de varias formas.

El método de disciplinar que ya se ha mencionado es el del castigo físico que se puede usar en casos de falta de respeto o el desafío con altivez a los padres.

Otra manera de enderezar al hijo es hablarle. Casi siempre es fructífero conversar con el hijo al respecto de su ofensa o falta antes de elegir la forma de disciplina que empleará. Aun la misma conversación "corazón a corazón" basta en muchas ocasiones para corregir la situación.

Es saludable averiguar qué pasa con el niño, porque no es raro que lo que le está motivando a rebelarse o actuar mal es un problema de salud, malos entendidos en la familia o entre sus compañeros, problemas en los estudios, sentido de culpa, temor, ignorancia, resentimiento o algo por el estilo. Al permitirle ventilar su frustración y saber que sus padres le prestan atención, el niño será estimulado a renovar y mejorar su modo de ser y hacer. En vez de preguntarle al niño: "¿Por qué hiciste esto?" (nuestro tono en hacer esta pregunta casi siempre indica que el niño culpable es un tonto), puede resultar mejor averiguar cómo se sentía en medio del incidente y cómo quisiera sentir en tales casos. Le puede orientar que si sigue su sentido

común (y su sensibilidad al Espíritu Santo) en tales circunstancias a lo mejor el resultado puede ser mejor.

El método de separación o aislamiento sirve muy bien cuando los niños pelean o no comparten (por ejemplo, los juguetes). Aunque el castigo de negarles algo es funcional a través de toda su niñez y juventud, cuando son adolescentes este principio toma la forma de privarles de ciertos privilegios. Esto debe ser aplicado por un tiempo razonable y de acuerdo con la gravedad del error.

Dos maneras positivas de disciplinar, que sirven de estímulo para los niños, son la de darles un buen ejemplo y el reforzar las buenas acciones y actitudes de ellos a través de recompensas, especialmente favores y privilegios. No es recomendable recompensarles siempre con dinero, porque puede infundir en los niños motivos inferiores.

Una parte valiosa de la disciplina es nuestra actitud hacia los niños. El estar constantemente regañándoles es mostrarles falta de confianza, mientras que el actuar establemente en la disciplina encamina su comportamiento y manifiesta nuestras aspiraciones para que la vida de ellos sea ordenada y responsable. Debemos darles un buen ejemplo, tratando de actuar hacia ellos con un amor estable. Debemos comunicarles los ideales de la vida cristiana, dándoles oportunidades para aprenderlos y ponerlos en práctica. Aquel sentido de confianza que reciben de los padres es inapreciable y anima a los niños a acostumbrarse a la vida disciplinada.

Ejercicios

Cuestionario:

1. ¿Cuáles son los dos lados de la autoridad en el hogar?
2. Indique por lo menos tres maneras por las cuales los padres expresan autoridad hacia los hijos.
3. Mencione las cuatro maneras por las cuales los hijos deben responder a la autoridad de sus padres.
4. ¿Por qué debemos aceptar a un niño tal como es (en su forma física)? ¿Qué efecto trae al niño el no ser aceptado?
5. Mencione las cuatro crisis sociales que sufren los niños entre el tiempo de nacer y los 12 años de edad.
6. Básicamente, ¿cómo aprenden los niños hasta los 12 años?

¿Qué significado tiene esta realidad en cuanto a la enseñanza que les damos acerca de Dios y las verdades bíblicas?

7. Complete la siguiente oración: El comportamiento del niño es la ____________ ____________ expresión de la que lleva. Explique el significado de esta oración.
8. ¿Cómo forma el niño su sistema de valores morales?
9. ¿Cómo se puede definir la disciplina?
10. ¿Cuáles son los dos extremos en el debate sobre el castigo?
11. ¿Bajo cuáles circunstancias cree el doctor Dobson que es apropiado castigar al niño?
12. Dé los seis principios en cuanto a la disciplina de los niños.
13. Indique dos factores a tomar en cuenta en la selección del método de disciplinar a los hijos.

Para dinámica de grupo:

1. ¿Hasta qué punto la esposa debe compartir la autoridad con su esposo en la dirección del hogar y en la disciplina de los niños?
2. ¿Cuáles diferencias hay entre la disciplina y el castigo?
3. ¿Hay algo malo en abrazar al niño y asegurarle de su amor después de haberle castigado? ¿Hace parecer al niño que el castigo no fue algo serio? ¿Tendrá el niño otra reacción?

Casos para resolver en grupo

1. En niño está pintando con un crayón la pared en su dormitorio. ¿Cómo le va a detener? ¿Qué se puede hacer con el niño para que sepa que está bien pintar, pero no en las paredes?
2. Una pareja trae a su hijo de seis años a verle porque es "tremendista", está poniéndose incontrolable, pelea con todo el mundo y constantemente comienza a lloriquear cuando los padres no le dan lo que él quiere o no le prestan la debida atención. Los padres desde hace tiempo le han gritado e insultado, perdiendo los estribos con él. Ahora se encuentran desesperados. ¿Cómo les puede ayudar?

Capítulo 9

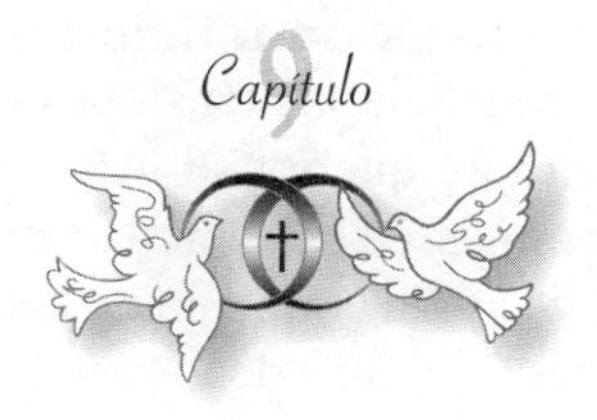

LAS RELACIONES ENTRE LOS PADRES Y LOS HIJOS ADOLESCENTES

En los últimos años se ha hablado mucho de lo difícil que es entender a los jóvenes en sus cambios repentinos y rebeliones. Tanto los padres como los mismos jóvenes se quejan de no comprenderse y de que sí existe una verdadera brecha entre las generaciones. William Dyal piensa que las relaciones de los jóvenes con sus mayores están llegando a ser el tema más discutido de esta época, así como las relaciones entre clases y razas también lo fueron en el pasado[1].

Desgraciadamente, la mayoría de los padres ven el período de la adolescencia como algo que soportar en vez de apreciar. Quizá tienen razón; sin embargo, con un poco de comprensión y entrega amorosa a la tarea de mejorar su relación con los hijos, debe ser posible contentarse, de vez en cuando, con el progreso en las relaciones con los adolescentes.

En este capítulo se contemplarán varias facetas de la relación de los padres con los adolescentes para comprender cómo relacionarse con mayor facilidad y satisfacción. Primeramente, hay que entender algunas de las causas de las tensiones que existen entre los padres y sus hijos mayores.

Además, será de gran ayuda destacar ciertas características y rasgos de desarrollo que sufren los adolescentes. Por último se presentarán algunas sugerencias para lograr que las relaciones con los hijos jóvenes sean más placenteras. En el capítulo que sigue se tratará el asunto de la educación sexual, y allí se considerarán las necesidades que caracterizan a los adolescentes al respecto.

Causas de tensiones

Con demasiada frecuencia las tensiones entre los padres y sus jóvenes llegan al punto de quebrarse. Algunas de estas tensiones provienen de las presiones de la sociedad moderna. Otras vienen del carácter, la moral y la vida cotidiana de los padres tanto como de los adolescentes. Veamos algunos de los aspectos de estas tensiones.

1. Presiones de la sociedad

El mundo moderno, especialmente en las ciudades, ha influenciado en gran manera la relación entre los padres y sus hijos, en tanto que en una sociedad agrícola, una generación sigue a otra sin rupturas ni desajustes mayores; los familiares trabajan lado a lado y comparten la vida en un sentido casi total. Pero en la vida urbana, el paso del joven al mundo de los adultos es mucho más confuso. Máximo García Ruiz observa que se alarga la fase preparatoria para la profesión debido al énfasis en la educación, lo cual produce un desajuste entre el estado adulto corporal y social. Lo cierto es que

> los jóvenes y los adultos tienen pocas ocasiones de establecer relaciones mutuas dirigidas a objetivos conjuntos, de encontrar papeles comunes en los que ambos puedan participar. En consecuencia, los adultos tratan frecuentemente a los jóvenes de una forma caprichosamente diferencial; como a niños irresponsables o como a adultos inmaduros[2].

También, la sociedad ofrece múltiples oportunidades y crea ciertas presiones para experimentar la nueva libertad que desean todos los jóvenes modernos. Los medios de comunicación masiva y su ambiente instan a que tomen una constante dosis de violencia, sexo, drogas, alcohol, fantasía, etc. De modo que los valores de los jóvenes sufren grandemente en el período de su transición a ser adultos. Esto no es decir que los adultos no han sido influenciados por estos elementos de persuasión que existen en nuestro medio.

Todos los cambios sociales y culturales han dejado sus huellas sobre la relación entre los padres y sus hijos adolescentes, pero esto descarta la responsabilidad personal que cada uno tenga por sus hechos. Tanto los padres como los mismos adolescentes figuran en las causas de las tensiones que caracterizan la mayoría de los hogares, aun los de los cristianos. Todos tenemos que reconocer los verdade-

ros valores cristianos que andan en contraposición con muchas de las presiones e influencias debido a que se conforman a este siglo. (Rom. 12:1, 2). Hay que ejercer la voluntad y la bondad para poder estrecharse el uno al otro en humildad.

2. Los padres

Generalmente los padres contribuyen a las tensiones en la relación con los adolescentes. A veces algunos padres que tienen hijos adolescentes simultáneamente están sufriendo cambios fisiológicos (como la menopausia), y esto dificulta su capacidad de relacionarse con los hijos. Además, muchos padres llevan cargas pesadas de responsabilidad económica fuera del hogar, a veces simplemente para sostener a la familia; y esto trae tensiones internas que se ven en todas las relaciones, incluyendo las de ellos con sus adolescentes en la casa[3].

Si uno de los padres tiene cierta inestabilidad moral, como algo de su pasado que no resolvió por no desarrollar una posición firme, puede causar dificultades en guiar a su propio hijo o hija cuando llegan a enfrentar los mismos problemas. Si uno ha guardado, aun secretamente, sentimientos bajos en cuanto al sexo, se hallará incomodísimo tratando de guiar a sus adolescentes cuando encaren las mismas tentaciones y manifiesten los mismos problemas.

Muchos padres no están preparados para la experiencia de los cambios rápidos que notan en sus hijos jóvenes. Saben que los adolescentes pasarán por un período de transición muy marcada pero no saben qué hacer en su propio caso. Los padres tienden a mirar a un adolescente con su cuerpo desarrollado como si fuera ya un adulto, pero no es adulto, sino todavía es parte adulto y parte niño. El adolescente suele fluctuar entre estas dos realidades. A veces es más adulto y a veces es más niño. Esto resulta frustrante para los padres que desean saber cómo tratarle. Luego entraremos en algunas sugerencias al respecto.

3. El adolescente

El mismo adolescente es causante de gran parte de las tensiones en las relaciones que tiene con sus padres y sus compañeros, debido

básicamente a la inestabilidad característica del período de transición entre ser niño y ser adulto. Elementos especialmente desconcertantes para los padres son los cambios emocionales repentinos de los jóvenes, la rebelión contra la autoridad de los padres, el rechazo de las creencias e ideales (que como niños aceptaban sin cuestionar), y la tendencia a querer más libertad cuando no demuestran un sentido de responsabilidad.

Vale la pena tratar de entender algo del desarrollo característico de la adolescencia. Muchos padres y maestros de jóvenes necesitan tener claro en sus mentes lo que pasa con los adolescentes, para poder estar motivados a querer ministrarles y guiarles.

El desarrollo del adolescente

Es imposible hablar en términos específicos de un adolescente típico, pero hay ciertas facetas del desarrollo que los jóvenes tienen en común. Havighurst destaca diez "tareas de desarrollo" de los adolescentes. Por tareas de desarrollo, él quiere decir áreas de desenvolvimiento natural para esta época de la vida. He aquí la lista de Havighurst de lo que el adolescente necesita para transformarse en adulto:

1. Lograr relaciones nuevas y más maduras con los compañeros de su misma edad y de ambos sexos.

2. Desarrollar su papel social masculino o femenino; o sea, lo que es ser hombre o mujer con sus propios recursos y habilidades.

3. Aceptar su condición física (o rol sexual) y utilizar su cuerpo en una forma efectiva.

4. Lograr una independencia emocional de los padres y de otros adultos.

5. Alcanzar la seguridad de independencia económica.

6. Elegir y prepararse para una ocupación.

7. Prepararse para el matrimonio y la vida familiar.

8. Desarrollar sus habilidades intelectuales para poder vivir en el mundo adulto y los conceptos necesarios para la competencia cívica.

9. Desear y lograr un comportamiento aceptable ante la sociedad. (Nota: Aunque el adolescente suele presentarse en contra de

las normas aceptables al público en general, siempre busca la aceptación de un sector de la sociedad, la de su grupo o de su propia edad y condición social).

10. Adquirir un conjunto de valores y un sistema ético que sirvan de guía a su comportamiento[4].

Es preciso notar lo que es común entre estas tareas:

(1) Están orientadas y centradas en el comportamiento.

(2) Hacen necesaria una gran diversidad de aprendizaje.

(3) La oportunidad para lograrlas tiene lugar durante un período restringido.

(4) Son comunes a todos los jóvenes.

(5) Más importante aún es que definen áreas que interesan a los adolescentes.

Por razones de simplificación, vamos a enfocar las tareas de desarrollo bajo solo cuatro facetas: la física, la emocional, la intelectual y la social.

1. El desarrollo físico

Los cambios físicos en los adolescentes a veces parecen ser tan rápidos que uno imagina que ve una transformación veloz ante sus propios ojos. Y así lo es. Estos cambios fisiológicos en el adolescente son los que le transforman de niño/a en adulto/a. Este aspecto físico de la adolescencia se llama pubertad, aunque comúnmente hablando, la pubertad se entiende como la época cuando se inicia el desarrollo definitivo del cuerpo pareciéndose al de un adulto. Este proceso bien puede llamarse un "milagro hermoso"[5].

Los cambios son tanto externos como internos, o sea que hay glándulas que comienzan a funcionar causando muchas variaciones que se ven en la piel y en la actividad física del joven. En este período el corazón casi se dobla en tamaño y también los pulmones. Las secreciones de la glándula tiroides producen un aumento de energía resultando en una tendencia de querer estar activo hasta muy tarde, aunque este es el período cuando el cuerpo demanda más descanso debido al rápido crecimiento del mismo. Ocurre la "maduración sexual" porque ciertas glándulas hacen que los vellos comiencen a aparecer en las regiones pubescentes y axilares en

ambos sexos, y para los varones también en el pecho, aunque normalmente este último aparece más tarde en la pubertad, igual que la barba. En la niña entre los ocho y los once años comienza a aumentarse el estrógeno, la hormona femenina, preparando el cuerpo para su ciclo menstrual. El promedio de años para comenzar la menstruación es de trece años y medio; siendo los límites o extremos para iniciar entre los diez y los dieciséis años[6].

El terrible acné, comúnmente llamado "barritos", se forma en este tiempo debido al incremento de actividad de las glándulas sudoríparas y las que producen aceite para la piel. A veces estas glándulas crecen más rápido que los poros del cutis y producen demasiada secreción, dejando que se tapen los poros. También la dieta y las emociones figuran en estas irritaciones de la piel. Después de una explosión de rabia o encuentro "caluroso", el adolescente suele sufrir una estimulación adicional de estas glándulas, y por lo consiguiente el acné aparece en mayor cantidad[7].

Ahora bien, lo que nos interesa es el efecto que tienen estos cambios físicos sobre el joven, y su actitud hacia él y hacia la vida. La aceptación de uno mismo por lo que es, es esencial para lograr madurez emocional[8], y los cambios físicos inevitablemente dejan su huella sobre aquella aceptación. A veces se siente anormal por lo que le está sucediendo en su cuerpo y porque otros lo comentan. Su apariencia adquiere suma importancia en este tiempo porque es parte de su esfuerzo consciente de relacionarse o presentarse a otros. Para el adolescente es de mucho valor cómo lo ven los demás.

En realidad la apariencia, cómo se viste y se presenta reflejan el grado de su aceptación o desprecio de sí mismo. El tamaño del joven también figura en su comportamiento. Si es más grande que los demás, puede verse como el matón. En contraste, el que es más pequeño suele hacer mucha bulla, pelea, o se hace el payaso para aparentar que está seguro de sí mismo. Si el joven está adecuado, físicamente hablando, y más aun si es atleta o de buen parecer, tiende a confiar en estas habilidades y características para su popularidad y, a veces, para su razón de existir; pero tiende a descuidar otros aspectos de la vida como la fe religiosa y los estudios.

El adolescente en su pubertad suele ser tanto fuerte como torpe.

Por la fuerza trata de probar su cuerpo en los deportes, las largas horas de actividad y la experimentación con alcohol, drogas, cigarrillo, relaciones sexuales, etc. Pero al principio del proceso del crecimiento no tienen seguridad en su cuerpo, ¡porque no están acostumbrados a tener brazos tan largos y pies tan grandes! La torpeza, igual que la temprana gordura de la adolescencia, normalmente causan algo de pena especialmente cuando los compañeros y los padres lo comentan, o peor, le hacen broma al respecto. Esos comentarios a menudo causan heridas profundas en el adolescente, aunque él da la impresión de que no le importa. Este es el período cuando es necesario mostrarle comprensión, porque lo que se ve no es todo lo que será: él está en el proceso de crecimiento.

2. El desarrollo emocional

El adolescente se distingue por sus cambios radicales de emoción, pero no es fácil explicar cómo o por qué piensa, analiza y actúa de esa manera. Estos sentimientos reflejan sus experiencias, o la percepción e interpretación personal de sus experiencias, si son con otros, con ellos mismos o con la vida en la escuela, en el hogar, en la calle o en el trabajo. Para los padres es especialmente difícil entender los estados emocionales de sus hijos, quizá porque ha pasado mucho tiempo desde que ellos estaban en aquella etapa que no recuerdan cómo es sentirse solo, rechazado y desequilibrado. A su vez, esta falta de memoria a menudo se expresa ante los hijos como si fuera indiferencia, dando la impresión de no ser capaces de comprenderles. Los adultos normalmente son más estables emocionalmente aunque hayan sufrido mucha inestabilidad y desorientación en su juventud. Desgraciadamente hay muchos casos en los cuales los padres se han vuelto endurecidos e intratables debido a las experiencias dolorosas de su juventud. Existe una gran necesidad de que los padres vuelvan a ser sensibles hacia sus adolescentes que ahora están pasando por las mismas pruebas, aunque son en algunas maneras distintas a las que ellos sufrieron en su juventud.

Es natural preguntarse: ¿Qué quieren decir las tormentas de la emoción que despliegan los adolescentes? El doctor Reuben S. Ray comenta:

La conducta observable del adolescente —su mala educación y comportamiento, su emoción voluble y explosiva, su tendencia a reclusión, su tendencia a formar "clicks" (grupos especiales de amigos) o clubs, su dificultad en comunicarse con sus padres— no son reflexiones claras de su persona real, sino son el calor y humo del proceso del crecimiento[9].

Lo que se espera de los jóvenes es que lleguen a forjar una cierta madurez en su personalidad. La primera ayuda necesaria para animarles hacia un buen rumbo es considerarlos como individuos. A veces los padres verdaderamente aman a sus hijos mayores pero estos no se sienten amados. Otras veces, los jóvenes rechazan el amor de los padres y los maestros (y la obediencia a ellos) porque es una amenaza a su independencia o una barrera a que sean populares en su grupo de compañeros.

Para comprender a los adolescentes se requiere un análisis de los sentidos de inseguridad que suelen caracterizar esta época. Aunque tienen dificultades en aceptarse a sí mismos, los jóvenes quieren ser tomados en serio. Lo que ellos perciben como sus problemas es lo que realmente les aflige. Se preocupan si a otros les caen bien, o si son populares, o si el vestido o el pelo están exactamente correctos. Cuando no se preocupan por estas cosas o cuando muestran indiferencia hacia su apariencia y personalidad, pueden estar indicando una falta de respeto hacia sí mismos. El adolescente tiende a pensar que todo el mundo está mirándole y evaluándole. Por lo tanto, a menudo se presenta como un actor ante un grupo que espera que él les entretenga. Por cierto, esta es una expresión de egoísmo e inseguridad.

Otro problema con los adolescentes y sus emociones son los extremos. Un momento se sienten encima del mundo y en otros parecen tener el mundo encima de ellos. Las explosiones de emoción estallan y dejan confusión y conflicto en saber cómo responder y tratar a una persona tan "delicada". La necesidad de los jóvenes es la de poder ventilar sus emociones y no negar que se sienten frustrados. Más adelante, bajo la presentación de algunas sugerencias para mejorar la comunicación, discutiremos cómo tratar a "esta tendencia rebelde". Alivia un poco saber que los extremos de emociones se modifican a medida que el joven asume madurez y responsabilidad.

La madurez se origina en la capacidad emocional, aunque la

capacidad intelectual le ayuda a uno a poder analizar y comprenderse para corregir algunos defectos como los de su egoísmo, prejuicios, mal humor e irresponsabilidad. El motivo para madurar proviene del trato que él recibe y el subsecuente sentido de autoestima que tenga cada joven.

3. El desarrollo intelectual

La capacidad intelectual crece considerablemente durante la adolescencia. Alrededor de los 16 años los adolescentes son capaces de pensar en abstracciones como las del perdón y la salvación, cuando antes solían pensar de estos conceptos en términos de personas, eventos y lugares (por ejemplo: Jesús con Nicodemo). Sin embargo, todavía precisan ser guiados para poder comprender el significado y las implicaciones de los conceptos de la vida y de la doctrina.

Puesto que los jóvenes también desarrollan sus habilidades creativas y pueden concentrarse por largos períodos en algo que les interesa, hay que reconocer que el mejor aprendizaje de tales aspectos de la vida se efectúa con una buena motivación, y dentro de las buenas relaciones entre el joven y sus padres o maestros.

Para poder hablar con los jóvenes hay que tener conocimiento y aprecio por la filosofía de ellos hacia la vida. La vida actual es mucho más avanzada que la de la generación pasada, de modo que los padres y los maestros deben aprovechar, usar y dominar toda clase de información asequible para no quedarse atrás o parecer anticuados en su trato con los suyos.

4. El desarrollo social

Esta faceta del desarrollo del adolescente abarca las relaciones que se forman con los padres, con sus compañeros, con el sexo opuesto y con la sociedad en que se desenvuelve.

El factor predominante en la formación del niño y el joven es el del hogar. Normalmente es allí donde ellos aprenden la mayor parte de lo que saben en cuanto al amor, la aceptación, la seguridad, las relaciones significativas y el reconocimiento. El joven está limitado socialmente cuando no ha recibido una buena dosis de estas cualidades en su hogar. Hay que reconocer que la transformación del niño

en adulto no es igual en todos los hogares. Hay muchos jóvenes que no disfrutan la juventud. Presiones sociales y privaciones económicas les fuerzan a ir de la cuna a la calle, de ser niños a ser adultos, de los juguetes al trabajo, o peor, a la delincuencia. Aunque esta realidad existe, no quiere decir que aquellos jóvenes no han absorbido de sus padres, de una u otra manera, algo de formación social.

La formación social que el joven ha recibido desde su niñez toma ahora su forma definitiva debido a que ya comienza a moverse más fuera del hogar y a poner en práctica lo que allí ha recibido. Si viene de una familia donde se le ha demostrado amor, él disfrutará la seguridad de saber cómo aceptar y amar a otros. Si los padres están siempre en disensión y querellas, en sospechas y celos en el hogar, los jóvenes tendrán dificultad en encontrarse a sí mismos y en establecer relaciones tranquilas y satisfactorias con los de su propia edad.

La naturaleza del adolescente es querer ser tratado como un adulto, aunque él vive en un estado de tensión entre la dependencia y la independencia. En muchos hogares latinos los padres son autoritarios y los jóvenes disfrutan muy poco de su anhelada independencia, y aquel dominio a veces produce mayores roces entre los padres y sus hijos adolescentes. Los padres latinos, igual que los demás padres del mundo, desean que sus hijos maduren y que sean responsables, pero un buen número de ellos exigen que sus hijos dependan de ellos en lo que a consejo y toma de decisiones respecta, aun cuando el hijo se haya casado o haya logrado cierta independencia económica. Un resultado de esta dependencia exigida por los padres es el de mantener vinculados los lazos del hogar, aunque forzadamente. Esta realidad puede tener sus beneficios porque suele producir una unidad familiar que les lleva a soportarse y sostenerse en medio de condiciones económicas estrechas o situaciones que requieren el apoyo el uno del otro.

Una presión bajo la cual viven muchos jóvenes es la de identificación con su grupo de compañeros, sea en la escuela secundaria, en el trabajo o en la calle. Muchas veces aquella tensión es mayor, produciendo fuertes deseos en los adolescentes de librarse del dominio de los padres. Por lo menos es con el grupo que el adolescente

suele descargarse por medio de hablar, jugar y pasear. Los amigos son los que sirven, aunque en competencia con los padres, para una buena parte del desarrollo social del joven. Sirven de confidentes y para entrenar al adolescente en las pericias sociales del trato, la conversación y el conocimiento sexual (muchas veces con información mala e inadecuada).

La relación con el sexo opuesto es parte del desarrollo social del adolescente, pero esto será parte del tema del próximo capítulo sobre la educación sexual. Al respecto también el lector puede referirse al capítulo 2 que considera a los preparativos para el noviazgo.

El joven se desenvuelve en una sociedad que trae varias influencias sobre su formación. Él también aporta algo de influencia en la sociedad. El radar juvenil está orientado hacia la inquietud del mundo. Siendo por naturaleza idealistas, los adolescentes desean y creen que pueden cambiar al mundo para que sea un lugar mejor y más justo. Son impacientes con el mirón, o con el reaccionario que quiere mantener la posición relativa o conservadora. William Dyal comenta:

> Ese radar especial de la juventud ve demasiado temor, sospecha y falta de confianza en la comunidad. A menos que sean hombres de fe y valor, ellos mismos caen en la trampa de la hostilidad y crean subculturas de odio, de irresponsabilidad, de pandillismo. Muchos aprenden bastante bien la lección de violencia que les dan sus mayores. Y eso no es todo lo que aprenden. Aprenden a defraudar sin sentirse culpables[10].

Repasando las cuatro facetas del desarrollo de la adolescencia nos damos cuenta de que existe una necesidad grande de abrir y mantener abiertos los canales de comunicación con los adolescentes. La responsabilidad mayor para mejorar la comunicación corresponde a los padres, pero todos los que tienen que ver con jóvenes deben participar en la formación de las mejores relaciones posibles con ellos.

Pasos hacia las buenas relaciones con los adolescentes

Aunque es difícil mantener relaciones perfectas entre personas de cualquier edad, sí existen ideales de buenas relaciones que nos sirven de metas con los adolescentes. Los problemas y las tensiones

son más obvios que las soluciones. Sin embargo, he aquí algunas sugerencias para guiar, especialmente a los padres, a saber cómo mejorar las relaciones con sus hijos jóvenes.

1. Acepte que son individuos

Cada joven tiene su propia personalidad y desea ser apreciado por lo que él es, no por lo que más tarde será. El adolescente tiene el derecho de ser un adolescente, de no ser considerado como un niño, ni forzado a ser un adulto con todas las responsabilidades que esto atañe. Cuando son niños hay que mandarles y cuidarles más de cerca, pero cuando son adolescentes hay que dejarles tomar ciertas decisiones y así madurar en su juicio. Una queja frecuente de los adolescentes es que los padres tienen un modo de tomar sus decisiones y emitir sus edictos sin considerar el efecto que esto causa en sus sensibles jovencitos.

Una regla en las relaciones humanas es que el respeto engendra respeto. Observar las normas de cortesía con los adolescentes, respetar su vida privada y su propiedad contribuye a un buen sentido de confianza entre padres e hijos jóvenes. Además es de poca ayuda reprender a los hijos delante de los amigos o en público[11]. En fin, el respeto mostrado al adolescente produce un sentido cada vez más grande de estímulo que no volverá a los padres vacío. La verdad es que los adolescentes siguen el modelo que ellos ven y palpan constantemente.

2. Demuéstreles amor

El amor es el ingrediente que nunca debe dejarse de usar libremente en las relaciones familiares. Anna Mow presenta la tesis de que los problemas que los padres tienen con los adolescentes a menudo se originan por una relación desgraciada entre esposos. Ella sugiere que si los cónyuges resuelven sus propios problemas y logran una expresión genuina y continua de amor, verán que muchos de los problemas de la juventud se esfuman[12]. Aunque su posición es un poco simplista, ella está aproximándose a la verdad: para saber amar, hay que verlo en función y experimentarlo por uno mismo.

La responsabilidad de fundir amor en el carácter del adolescente

corresponde mayormente a los dos padres. Uno de los problemas más graves son los hogares desprovistos de uno de los padres, especialmente si es por el divorcio o el abandono. Los adolescentes de ambos sexos dependen del ejemplo y trato de los dos padres, pues así pueden entender los papeles de la madre y del padre, y comprender la función del amor en esta relación más intima de la vida. La triste verdad es que muchos jóvenes que tienen problemas con drogas vienen de hogares carentes de amor y relaciones satisfactorias. Los padres muchas veces creen que aman a sus hijos adolescentes pero son muy negativos en la expresión de su afecto y cuidado; es decir, que tienden siempre a estar corrigiéndolos. El resultado es un negativismo constante con los jóvenes que lleva a humillarles, despreciar su autoestima, minar su confianza y comunicarles que no son capaces de ser adultos. Hay que amar a los adolescentes sin atarlos, o sea que se les permita tener suficiente libertad para cometer algunos de sus propios errores, sin que este principio sea llevado al extremo. La confianza que expresa esta clase de amor crea un espíritu de aprecio en el joven y amplía su comprensión del amor maduro. Indudablemente una de las maneras más efectivas de convencer a los hijos del amor de los padres es dedicarles tiempo para escucharles y dialogar con ellos.

3. *Comuníquese positiva y claramente con ellos*

La buena comunicación es uno de los factores más importantes en la formación de las relaciones felices que desean tanto los padres como los jóvenes. Se puede cultivar la buena comunicación ejerciendo ciertos principios esenciales:

(1) Tome el tiempo para escuchar. De otro modo no va a saber cuál es el problema que tiene su hijo o hija o la perspectiva sobre los asuntos de vida que está encarando.

(2) No esté demasiado apurado para reaccionar, juzgar o proveer una respuesta hasta que haya oído cuál es la preocupación real que le afecta a su hijo.

(3) Trate de escuchar con simpatía e identidad cuando el adolescente esté frustrado. Le frustra más recibir un "sermón" sobre como él debe estar reaccionando ante su crisis. Produce una mejor acep-

tación para el joven si le responde con palabras afirmativas tales como: "Sé que estás dolido", "estoy seguro de que tú te sientes defraudado", o "tienes que haberte sentido frustrado"[13].

(4) Hay que respetar la perspectiva o interpretación del joven de lo que él dice que es su problema.

(5) Las afirmaciones y felicitaciones por buenas acciones y por ser responsables son tan importantes como las correcciones de los errores.

(6) El amor debe ser expresado no solamente con palabras, sino también tocándoles para facilitar la comunicación.

(7) El disgusto con acciones inaceptables debe ser explicando y no expresado como un ataque sobre el carácter del joven ni con insultos.

(8) No estereotipe al joven. En el análisis final acusaciones tales como "tú eres un mal educado", o "tonto", o "irresponsable" pueden llegar a ser proyección que el mismo joven tenga de sí mismo.

(9) No les mande mensajes contradictorios: "Puedes ir con los jóvenes, y estará bien, pero recuerda que estaré nervioso hasta que vuelvas a la casa". Sea sincero, definido y justo. Haga que su sí sea sí y su no, no.

(10) Admita sus propias dolencias y frustraciones, especialmente en cuanto a su relación con el joven. Aplique el principio de mandar mensajes congruentes, que está explicado en el capítulo sobre los conflictos en el matrimonio (cap. 6). Comience con "A mí me parece…" en vez de atacarle con "tú eres esto..." o "tú haces aquello…".

4. Use una disciplina consistente

El amor de los padres demanda que los adolescentes sean disciplinados, pero el mismo amor busca la disciplina más justa que producirá en el joven el buen estímulo para vivir maduramente. El amor genuino no es permisivo, sino cuidadoso. A la vez, hay que balancear nuestras instrucciones hacia ellos con una vida cristiana que ejemplifique nuestras palabras. El buen ejemplo de los padres ante los adolescentes sirve como una brújula, dirigiendo a los jóvenes en sus acciones. Tal buen modelo es el mejor medio de disciplina a la disposición de los padres y los apoderados.

La disciplina consistente quiere decir que no se castigará al hijo en un momento de arrebato ni en una forma caprichosa, sino en amor, buscando que sea la corrección acorde con la gravedad del delito. Si la disciplina no es consistente, pierde su efectividad y a menudo crea resentimiento y frustración en el adolescente. Con los adolescentes hay que tomar tiempo para explicarles el punto de vista del padre que está corrigiéndoles. También, el castigo físico es poco útil con los hijos de esta edad; más bien es contraproducente porque ellos interpretarán que les estamos tratando como a niños. El castigo físico es muy humillante. El joven responde mejor a privaciones de privilegio o a acciones que corrigen la falta cometida.

5. Deje que sean dirigidos internamente

La meta de la juventud es la madurez, pero aquello no se logra por estar dirigido desde afuera sino porque internamente ellos quieren y saben lograrlo. Cuando son niños hay que mandarles, pero cuando llegan a la adolescencia la necesidad cambia: ellos deben desarrollar un sentido de iniciativa y responsabilidad dentro de ellos mismos. Este proceso requiere que el estímulo y la confianza estén puestos en los jóvenes de parte de sus padres.

Una de las mejores maneras para estimular al adolescente es la de permitirle la dignidad de participar en la toma de decisiones, especialmente las que le afectan a él. Otros dos motivos importantes hacia la madurez del joven son el sentir la dignidad del trabajo y el tomar responsabilidades. Trabajando al lado de los padres en el jardín, en un proyecto o en una parte de los quehaceres del hogar les anima a sentir el valor de su contribución al bien de la familia.

Por el ejemplo de los padres, los adolescentes están estimulados a tomar buenas decisiones. No basta decirles que los vicios les dañarán o que algunos sitios y actividades no les convienen. Hay que mostrarles lo que es un lugar verdaderamente feliz y lo que es un genuino compañerismo, para que ellos al encontrarse en una circunstancia ajena o con gente poco decorosa, los reconozcan por lo desagradable que son. Sin embargo, la decisión de quedarse en tal circunstancia, tarde o temprano es de ellos. Tenemos que confiar en

que Proverbios 22:6 sea la verdad, y que ellos seguirán los mejores caminos que nosotros les hemos mostrado, en los cuales nosotros también fielmente estamos caminando.

Estos pasos hacia la formación de buenas relaciones con los adolescentes pueden ser chocantes en alguna manera con el modo que actualmente están siguiendo los padres en su trato con sus hijos. Hay que animarles a adoptar e intentar cualquiera de estas ideas que ellos creen que pueden resultar positivas en la dirección que presentan a los hijos jóvenes. Se requiere tiempo y buenos resultados para que los padres cambien definitivamente su forma de actuar, de modo que ellos se autoestimulen por su propio intento. Si fracasan en sus primeros esfuerzos de modificar su trato hay que estimulares a volver a probarlo hasta que sientan que es natural actuar positivamente hacia sus adolescentes.

Ejercicios

Cuestionario:

1. Explique brevemente en qué sentido cada uno de los siguientes elementos contribuyen a las presiones sobre los adolescentes:
   (1) La sociedad.
   (2) Los padres.
   (3) Los adolescentes mismos.
2. ¿Qué efecto sobre su actitud hacia sí y hacia la vida tienen los cambios físicos en el mismo adolescente?
3. ¿Por qué tiene tanta dificultad la mayoría de los padres en comprender los cambios emocionales y repentinos que estallan en sus hijos adolescentes?
4. ¿Cómo se entienden los sentimientos de inseguridad que suelen caracterizar a los adolescentes?
5. Explique cómo es que muchos jóvenes no disfrutan su juventud.
6. ¿Cómo puede el autoritarismo de los padres frustrar el deseo que el joven tiene de ser tratado como si fuera un adulto?
7. Mencione los cinco pasos hacia las buenas relaciones entre los padres y los adolescentes.

8. Explique la importancia que tiene el respeto del padre al adolescente en la formación de una buena comunicación entre los dos.
9. ¿Qué efecto trae al adolescente el hecho de que los padres siempre lo/a están corrigiendo?
10. Mencione los cinco principios de la comunicación positiva con los adolescentes que les gustan más.

Para dinámica de grupo:

1. Usted decide tener una conferencia exclusivamente para los padres y sus hijos adolescentes que asisten a su iglesia para ayudarles a comprenderse y mejorar su comunicación. ¿Cuáles aspectos tratará de enfocar? ¿Será necesario tener más de una conferencia? En tal caso, ¿cómo lo arreglaría en cuanto a temas que tratar?
2. ¿Cómo piensa usted que podremos ayudar a los padres a guiar a sus hijos adolescentes hacia la madurez? En este mismo sentido, ¿qué problema crea aquella tendencia de formar una dependencia en los padres? ¿Hay algunos aspectos saludables en aquella dependencia?
3. El dejar al adolescente ser dirigido internamente está relacionado al punto anterior. ¿Cómo cree usted que esto funcionaría en los hogares de los cristianos evangélicos? ¿Cómo habría sido su juventud si hubiera recibido esta clase de trato de sus padres? ¿Hay peligros en todo esto? ¿Puede ir a un extremo?

Capítulo 10

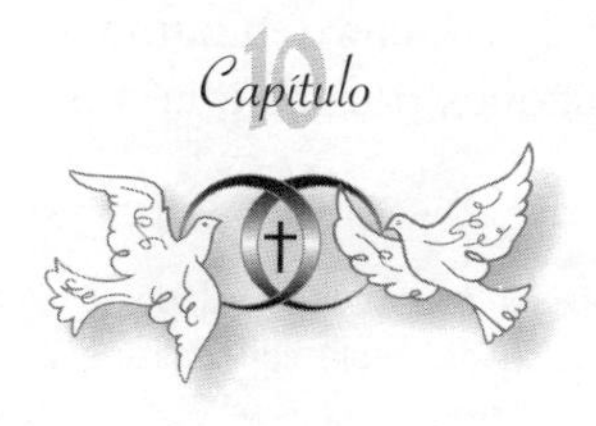

LA EDUCACIÓN SEXUAL EN EL HOGAR

En conferencias sobre el hogar en las iglesias evangélicas es normal que me pidan un tiempo especial con los jóvenes para charlar sobre algún aspecto de la vida familiar. No hay un tema más llamativo para los adolescentes y jóvenes que el del sexo, y esto es comúnmente lo seleccionado para considerar con ellos. En varias ocasiones pregunto al grupo sobre lo que ellos han aprendido sobre el sexo de sus padres. Casi unánimemente me responden que no han aprendido nada de este asunto de sus padres, por lo menos no directamente. Se quejan de que el término "sexo" se trata en su hogar como si fuera un tabú o una cualidad desconocida.

Aunque este ha sido el caso casi universalmente, hay que reconocer que no existe una necesidad más urgente entre nuestros hijos que la de tener una perspectiva al respecto que sea sana y bíblica. Las presiones y tentaciones que la juventud experimenta a diario, provenientes del sexo, especialmente en sus múltiples formas profanas (cine, televisión, Internet, periódicos, revistas), deben alarmarnos suficientemente para que actuemos a fin de contrarrestarlas con una información adecuada. En una sociedad saturada de sexo, no debemos permanecer ciegos ante la huella que este fenómeno está dejando en la vida impresionable de nuestros hijos.

Tan cierto que hay una escasez de enseñanza sobre la educación sexual en los hogares, tanto en los cristianos como en los que no lo son, es igualmente cierto que sí hay padres que desean guiar a sus hijos en esta materia importante y frustrante. Sin embargo, la mayoría no se siente capaz de educar debidamente a los suyos en cuanto al sexo. Hay varias razones por las que muchos padres se niegan a entrar en el tema:

> (1) Ellos mismos nunca recibieron educación sexual, por lo tanto no pueden enseñar a sus hijos. (2) Se avergüenzan y no pueden hablar con confianza ni naturalmente del asunto. (3) Sus propias frustraciones en sus relaciones sexuales inhiben una conversación con sus hijos. (4) Simplemente no han mantenido una buena relación de clara y abierta comunicación con sus hijos para poder entrar en este tema que muchos consideran algo delicado[1].

Tres preguntas comunes de los padres

En conferencias sobre la vida familiar es común escuchar tres clases de preguntas de los padres acerca de la educación sexual. En primer lugar se suele oír la queja de que ya hay demasiado sobre el sexo en todo el ambiente cotidiano, por lo tanto les parece que hablar del sexo es instar a los jóvenes a querer experimentarlo. En respuesta hay dos asuntos que considerar. Uno es que la información que nuestros hijos reciben en la calle, escuela, televisión, Internet, etc., normalmente no proviene de un fundamento cristiano, sino del lado contrario. Por lo tanto, es preciso armarlos con información sana y bíblica para que puedan evaluar lo que ven y escuchan constantemente.

Además, los padres no deben creer que el no hablar del sexo hará desaparecer el problema[2]. Subconscientemente aquello puede ser lo que algunos padres esperan, pero esperan en vano. Lo que hace falta a aquellos padres que tienen sentimientos de inseguridad en cuanto a la educación sexual de sus hijos es recibir una buena aclaración y definición de lo que se contempla por aquella educación. Se propondrá definirla dentro de poco.

Una segunda clase de preguntas que hacen muchos padres tiene que ver con lo vergonzoso que es para ellos hablar del sexo con sus hijos. A veces el sentido de vergüenza tiene su origen en algunas experiencias de la niñez, o en que los padres le habían enseñado que el sexo es sucio o, por lo menos algo que no se considera digno para la conversación de los cristianos. Otros padres se han preparado con una buena educación sexual por medio de lecturas adecuadas; sin embargo, se encuentran "mudos" cuando tratan de iniciar una conversación sobre el sexo con sus propios hijos. Tal inhibición pue-

de provenir del miedo de que el hijo le pregunte algo que no puede contestar; puede ser que tema que su hijo adolescente no querrá responderle como el padre espera; puede revelar su crianza y las actitudes que aprendió de la palabra y el ejemplo de sus padres; o puede ser la consecuencia de su estilo de personalidad. Como sea, puede confortarse con que aun algunos consejeros profesionales han confesado que les fue difícil orientar a sus propios hijos sobre los roles sexuales en sus matrimonios futuros, ¡mientras que les era fácil orientar a los hijos de otros sobre la misma materia![3]. Probablemente es más fácil que los padres bien preparados orienten a los niños menores cuando hagan sus preguntas, pero aun en tales ocasiones a veces se producen momentos de vergüenza; por ejemplo, cuando preguntan de la función del hombre en la reproducción. Sin embargo, si se le contesta sencillamente y con honestidad, el niño normalmente lo acepta como parte del plan creador de Dios. La vergüenza es el problema de los adultos, no de los niños[4].

Una tercera pregunta que hacen los padres tiene que ver con su responsabilidad en la educación sexual. Puesto que muchos padres se sienten incapaces de enseñar a sus hijos en cuanto al sexo, esperan que la escuela pública lo haga. Sin embargo, lo que se presenta en el departamento de biología acerca de la fisiología, la anatomía y las funciones humanas en la reproducción no satisface la necesidad del niño ni del adolescente en cuanto a la educación sexual. Es en el hogar donde el hijo debe recibir una instrucción consciente sobre sus relaciones personales, un vocabulario decente, la moralidad, la cortesía, el respeto para el sexo opuesto, etc., porque todo esto forma parte de la educación sexual. La fe cristiana en su expresión más amplia debe ayudarnos a descubrir cómo vivir abundantemente, encontrando en Cristo los recursos para relacionarnos felizmente, sabiendo cómo amar y perdonar (Col. 3:12-15). Estas experiencias cristianas tienen su mejor campo de acción en el hogar con su propia familia, y también son parte de la educación sexual.

Una definición de la educación sexual

El lector me ha aguantado hasta aquí, y seguramente está preguntando: ¿Qué, pues, es la educación sexual? Parece algo tan amplio

como la vida misma. He estado tratando de estirarle a usted en su concepto de lo que es el sexo, o mejor dicho, la sexualidad; porque es más que la reproducción humana; incluye los roles y las relaciones. El sexo no es algo que tenemos, es algo que somos. Es de nuestra persona y personalidad. La educación sexual va más allá de impartir los datos y detalles de la reproducción. Hay que orientar a los hijos sobre las actitudes correctas hacia el aspecto sexual de la vida. Incluye los roles de varón y mujer, y las maneras sanas de relacionarse. La educación sexual tiene que ver con los valores morales, lo que debemos entender y hacer, especialmente en las relaciones personales con aquellos del sexo opuesto. Es necesario, a esta altura posmoderna, que el papel de la educación sexual también debe incluir asuntos sobre la homosexualidad. En fin, la educación sexual se trata de la comunicación sana y sabia de los hechos, actitudes, papeles, relaciones y valores morales en nuestros roles sexuales, tanto con aquellos del sexo opuesto como aquellos de nuestra propio género[5].

Si así se define el asunto, hay que reconocer que está ocurriendo diariamente. Es inevitable, porque de tales cosas se trata constantemente en el hogar, en la calle, en la escuela y aun en la iglesia. El problema no es si nuestros niños reciben educación sexual, sino si aquella educación es buena o mala, adecuada o inadecuada, cristiana o del mundo.

Aunque reconocemos que casi todos nos sentimos limitados para enseñar a los nuestros sobre muchos de los aspectos de la sexualidad, debemos intentar hacer lo que podamos y pedir de Dios la sabiduría para aplicar nuestra fe cristiana a esta área de la vida (Stg. 1:5). Una cosa es cierta, como padres somos responsables por la buena educación de nuestros hijos hasta donde sea posible dentro de nuestros límites. Es mi esperanza que esta materia le ayude a usted a abrirse al asunto y modificar algunos de sus límites. Indudablemente mucho del éxito que tendremos en la educación sexual de nuestros hijos dependerá de nuestros actitudes ante el tema, pero la necesidad de nuestros hijos de tener una perspectiva sana al respecto debe impulsarnos a hacer lo mejor que somos capaces de hacer. Siempre es aconsejable que los padres busquen en una librería cristiana o de

su denominación o iglesia para conseguir unos materiales, libros, folletos, etc. que sean adecuados sobre este tema. Los jóvenes pueden leer y reflexionar sobre los conceptos y consejos sanos, lo cual ayudará a los padres en cuanto a cómo encarar ciertos temas delicados.

Ahora quisiera contestar tres preguntas acerca de la educación sexual: ¿Cuándo hacerla, cómo enseñarla y qué enseñar? Después, enfocaremos algunos problemas particulares en la educación sexual de los adolescentes y concluiremos este capítulo presentado algunas sugerencias para las iglesias en su programa educacional para que puedan complementar a los hogares cristianos en esta importante tarea de la educación sexual.

¿Cuándo debemos comenzar la educación sexual?

Nosotros comenzamos a educar sexualmente a los hijos aun antes de que nazcan. La antesala de la experiencia educativa es la actitud de los padres, el uno hacia el otro, y de los dos hacia su futuro vástago. La predisposición, el amor y la comprensión expresados por la pareja crean un ambiente propicio para que el infante reciba lo primordial en su desarrollo: el sentido de seguridad.

Luego, la educación sexual sigue por las expresiones de afecto, cuidado, alimentación y juego que permiten que el niño aprenda por los sentidos naturales. Además, la alimentación natural por parte de la madre y el tomarle en los brazos provee al niño una constante dosis de cuidado y atención. Todo esto es lo que Samuel Vila llama el "preludio de la educación sexual", que él dice servirá más tarde "como base para que el pequeño pueda captar y comprender mejor lo que es el amor y la confianza en los demás"[6].

Mientras que todavía es niño comienza a descubrirse tocando las varias partes de su cuerpo. Lo más natural es que tome y juegue con su pene o vagina. Esto no es una señal de que sea depravado, sino de que está aprendiendo por experimentar. Revise el capítulo 8 acerca de la formación mental del niño donde se hace hincapié en que la experimentación es uno de los métodos principales por el cual el niño aprende durante la niñez.

Esto no es para asustarse y creer que el niño desea experimen-

tar hasta "lo último" del sexo, sino que el niño busca simplemente satisfacer su curiosidad, de la cual normalmente tiene bastante. Sin embargo, si los padres no conducen al niño a llenar su mente curiosa de la verdad, se ha comprobado que el niño sí tiende a entregarse a la "experimentación" para descubrir por sí mismo la razón de estas cosas. Es la ignorancia, no la buena y sana información, la que impulsa al niño a hacer lo indebido. De todos modos, nada de esto suele ocurrir hasta más tarde en la niñez o la adolescencia. Además, cuando el niño llegue a la edad de preocuparse acerca de la fertilización, normalmente no necesitará el juego de fantasía que practicaba de los tres a los cinco años. Ahora percibe las cosas por pensarlas y esto, combinado con un sentido acentuado de desear una vida privada, llena su necesidad. Aunque algo de experimentación ocurra, no será debido a que le hemos dicho demasiado, sino porque los niños siempre serán niños. Tengamos la seguridad de que si hemos sido sinceros y honestos con nuestros hijos ellos también lo serán con nosotros, y normalmente vendrán para compartirnos sus frustraciones y preguntas[7].

Volviendo a la infancia y temprana niñez, de dos a seis años, notamos que el niño aprende por lo que ve. Así es como gana la comprensión. No aprende solo por nuestras palabras. Es completamente normal que desee saber si todos los niños y las niñas son iguales a él o ella.

Cuando haya un infante en casa, o cuando visita a otra familia, y vea el cuerpecito del chiquito probablemente dirá: "Mira, mamá, tiene pene", o "Mira, no tiene pene". No se asuste, no se enoje. Muchas veces es suficiente responderle con sus mismas palabras, pero siempre debe ser con un tono natural de la voz. James Hymes indica que es especialmente importante para las niñas saber que no son deformes porque no tienen pene. Él dice que el explicarles que solo los varones los tienen y que todas las niñas tienen vagina puede traerles una gran paz mental[8].

El niño preescolar tiende a hacer muchas preguntas. Debemos interpretarlas como expresiones de curiosidad, no que esté buscando información que como niño no le corresponde. La curiosidad es natural y nos presenta oportunidades para guiar la mente inquisitiva

del niño hacia actitudes sanas de su propia sexualidad y la de otros. Como padres, recordemos que el niño no tiene una capacidad adulta ni de comprender ni de retener las cosas que le explicamos, especialmente los detalles de lo que hemos explicado. No nos cansemos de explicarle las cosas o de contestar sus repetidas preguntas. La comprensión viene poco a poco al niño. Este es el caso, especialmente, en la enseñanza de los valores, porque hay que interpretar y evaluar para el niño menor de diez años (aproximadamente), lo cual él no es capaz de hacer por sí mismo. Un ejemplo de esto es su aprendizaje de respetar a otros, incluyendo lo sexual. Por el contrario, tenemos que ser pacientes con los niños cuando ellos insisten en mirar la desnudez de otros niños o aun la nuestra. El niño aprende así, por ver. Además hace bien aprovechar el bañarle para enseñarle los nombres correctos de las partes del cuerpo, aunque no sería malo explicarle que otros usan nombres diferentes y populares, dando su significado en relación al nombre correcto. Estamos considerando la pregunta de cuándo comenzar la educación sexual del niño, y hemos notado que la actitud del niño hacia la sexualidad es tan importante como su necesidad de recibir información específica. Pero la información directa es necesaria. ¿Cuándo debemos iniciar aquellas conversaciones? La verdad es que las preguntas naturales que hacen los chicos indican la ocasión más exacta. Pero hay que recordar no darles respuestas adultas a sus preguntas de niños. Las respuestas sencillas normalmente satisfacen al niño. Así la educación sexual es algo gradual, y a la velocidad del interés y capacidad del niño. No debe contar todo el cuento con sus detalles al niño de cinco años cuando le pregunte: "¿Dé donde vienen los niños?". Le satisfará escuchar que el bebé se forma dentro del vientre de la madre y cuando está listo sale a nacer por medio de una abertura que Dios ha provisto entre las piernas de la madre[9]. Así el niño lo acepta como algo de lo más natural y no necesitará más información por el momento.

¿Cómo debemos presentar la educación sexual?

Los padres enseñan a los hijos constantemente, consciente o inconscientemente, porque les sirven de modelo. Especialmente este

es el patrón antes de que el niño llegue a la adolescencia. Por eso, la primera manera que mencionaremos, por la cual los padres instruyen a sus hijos en lo sexual, es su ejemplo. Por cierto, nuestro ejemplo debe conscientemente comunicar conceptos sanos que nuestros hijos puedan captar en nuestra actitud.

1. Por nuestro ejemplo

Un ejemplo sano sobre el sexo abarca por lo menos cuatro aspectos: reverencia, amor, respeto (confianza) y aceptación. Mostrar reverencia acerca del sexo quiere decir que haya un sentido de profundo aprecio y respeto por lo que Dios ha creado y un reconocimiento de que también ha hecho a los padres copartícipes con él en aquella creación dándoles la capacidad de engendrar hijos. De modo que se refleja un respeto por el cuerpo como una maravillosa dádiva de Dios, y que ser padres es un gran privilegio otorgado por nadie menos que Dios mismo. Tampoco debemos ser casuales acerca del sexo porque existe en ello una "cualidad especial de intimidad, de vigor y de significado a la que nadie puede escapar". De estos "sentimientos intensos viene la comprensión de la pareja y el gran gozo que existe en las profundas relaciones personales. Aun los niños pequeños pueden sentir esto"[10].

El segundo aspecto de un ejemplo sano es el de la demostración del amor. El niño aprende a dar afecto al recibirlo de sus padres. Mientras el niño reciba cariño y atención de los padres, está ganando la seguridad que necesita para formar profundas relaciones con otros. El ejemplo del amor demostrado entre la pareja es también un maestro supremo ante los hijos. Los besos, hechos de cariño y la cortesía comunican volúmenes de educación sexual al niño que los observa en acción. Él aprende que el amor es algo que implica gentileza, algo agradable y algo que debe demostrarse constantemente.

Un tercer aspecto del ejemplo de los padres en la educación sexual de sus hijos es el del respeto que se demuestre el uno hacia el otro y hacia los mismos hijos. Este respeto debe incluir una confianza creciente en los hijos. Si queremos que los hijos nos respeten hay que respetarlos primero; difícilmente sabrán hacerlo si no se lo hemos demostrado. Esto incluye tocar la puerta de su habitación antes

de entrar, pedirles "permiso" cuando queramos interrumpir una conversación de ellos o con sus amigos, y corregir a cada hijo aparte, no delante de otros niños o en público. Este respeto comunica al hijo una valorización que le dice que lo apreciamos y que creemos en él. Es parte de la formación de un hijo maduro y contribuye a su formación moral, porque la madurez y la moralidad se basan en que se internalicen las normas en vez de solamente conformarse a las presiones externas que otros les dan. El respeto sirve como un fundamento sabio en el niño, pero hay que ampliarlo mostrándole confianza a medida que se acerca más a la adolescencia. Darle responsabilidades ayuda al niño o al joven a sentir que le respetamos y que confiamos en él, especialmente cuando recordamos felicitarle por algo bien hecho.

En cuarto lugar, debemos ejemplificar la aceptación tanto de los roles como de las funciones del sexo. Los varones necesitan saber que los aceptamos con contentamiento porque son varones y las niñas deben saber lo mismo en cuanto a su sexo. A veces los padres cometen el error de decirle al niño: "Bueno, hijito, en realidad queríamos una niña esta vez, pero te amamos de todos modos". Esto confunde al niño en cuanto al rol que los padres desean que él desempeñe. Un problema más grande puede ser la comunicación de nuestra actitud hacia la función del sexo. Si llevamos una vida de frustración en lo sexual o si creemos que es algo sucio, difícilmente podemos afirmar la sexualidad como un regalo de Dios. En tales casos se precisa buscar a su pastor para que le oriente y le recomiende algunas lecturas saludables tanto para los padres como para los hijos.

2. Por la buena comunicación

En realidad nuestro ejemplo es una forma de comunicación, y como toda comunicación tiene dos formas: verbal y no verbal. Ahora, debemos entender que la comunicación es algo más que nuestro ejemplo y demostración de los principios arriba mencionados. También, abarca ciertas pautas definidas que sirven en toda nuestra relación con los hijos, especialmente en la educación sexual.

La primera pauta en toda buena comunicación es saber escuchar.

No hay nada que infunda un sentido de aprecio en el niño como la atención que le demos a sus preguntas e inquietudes. Por cierto, a veces requiere bastante paciencia de nuestra parte. Pero, recordemos que aun cuando no sepamos cómo responderle al hijo, el haberle escuchado y mostrado simpatía (compadecerse con él) es a menudo más importante que la información que le pudiéramos impartir. De modo que aunque no sepamos qué decirle, podemos ayudarle simplemente prestándole "nuestros oídos".

Otro paso básico en la buena comunicación es establecer tres directrices que le sirvan en todo momento para dirigirse a los suyos en esta materia del sexo: sinceridad, honestidad y sencillez[11]. Debemos ser sinceros en enseñarle al hijo a respetar su sexualidad y la de otros, y a buscar lo que le edifique y le lleve a un concepto sano del amor conyugal con su complemento físico que se base en un alto sentido moral. La honestidad se aplica usando los términos correctos y no eludiendo las preguntas de nuestros hijos. Si les damos respuestas incorrectas, más tarde descubrirán la verdad, y perderán su confianza en la verdad y fidelidad de nuestras respuestas. La sencillez se refiere a la manera de responder a las inquietudes al nivel de los hijos, no con palabras ni conceptos de adultos. No debemos asustarnos ante este tema ni pensar que no somos capaces de entrar en ello con los nuestros. Siguiendo estas tres directrices no los vamos a defraudar ni dirigir mal.

Recordando estas tres directrices, hablemos sobre cómo contestar las preguntas de los niños, y esta es la tercera pauta en la buena comunicación. El principio es fácil: conteste al niño siempre sincera, honesta y sencillamente. Si su niño de cinco años pregunta: "¿De dónde vienen los niños?", contéstele con: "Ellos crecen dentro de sus madres". Así, nada más por el momento. Con esto él normalmente se satisface. Si contestamos sus preguntas con calma y sin complicaciones, probablemente volverá para interrogarnos sobre alguna cosa más. Lo interesante es que las preguntas del niño sobre el sexo no tienen más valor para él que las que hace sobre el automóvil y cómo este funciona o cómo los árboles crecen.

A veces tenemos que pedirle al niño que aclare su pregunta. El doctor Wilson W. Grant cuenta la experiencia de un padre que

contestó la pregunta de su hijo de cinco años acerca de dónde había venido él con un breve discurso de educación sexual. Cuando terminó, el niño le dijo: "Bueno, papá, pero ¿de dónde vine yo? Ricardito vino de México. ¿Yo vine del mismo lugar?"[12].

Otras veces hay que aclarar los conceptos equivocados de los niños. Samuel Vila relata la experiencia de una niña que quiso saber si los niños se engendran por los besos entre las mamás y los papás. La niña había observado que los padres se habían besado y poco después la madre quedó encinta. Además, la niña estaba asustada porque un compañero de clase en el colegio le había dado un beso[13].

Sin embargo, los niños pueden hacer preguntas serias y profundas. Las más delicadas tienen que ver con la parte del padre en la procreación. En este caso, como en los demás, seamos sinceros, honestos y sencillos en nuestras respuestas. En realidad, la vergüenza es el problema del adulto, no del niño. Se sugiere que le dé crédito al padre por su contribución en la fertilización, pero explíquelo sin complicaciones. Se puede decir al niño pequeño que una célula del padre se encuentra con una célula de la madre, y se juntan. Al principio las células son tan pequeñas que no las podemos ver, pero dentro de unos días el niño comienza a formarse y así crece hasta el tiempo de nacer. Si el niño es más grande, digamos de seis a ocho años, cuando salga a luz la pregunta, puede recordarle la diferencia entre los cuerpos de varones y hembras, uno con pene y la otra con vagina, explicando que Dios nos había hecho de esta manera para que los casados pudieran juntarse y así tener niños. Este dato, junto con la idea de la unión de las células, explicado en un espíritu positivo, debe ser suficiente.

Sin embargo, una cuarta pauta servirá bien para complementar nuestras explicaciones: es aprovechar las experiencias en la naturaleza y el compartir lecturas al respecto. Muchas veces, viendo unos animales en el acto de copulación se pueden hacer ciertas observaciones sencillas. Lo importante es que el niño experimente nuestra compañía en ayudarle a buscar las razones de uno de los misterios de la vida: su origen, su causa y la parte que los padres tienen en ello.

Sobre estos puntos de la buena comunicación en cuanto a la educación sexual de los hijos, algunos padres por cierto preguntarán:

"¿Qué pasa, por qué mi hijo nunca me ha pedido nada de esta información?". En primer lugar, diría que simplemente algunos niños son indiferentes en cuanto a los temas del nacimiento y de los bebés. Parece que no se les ocurre mencionarlo como tampoco preguntan de la marea del mar. En segundo lugar, se debe a que algunos padres siempre les comunican a sus hijos que lo más importante es que ellos sean "buenos niños". Lo enfatizan tanto que cualquier cosa relacionada con el sexo les parece "mala". Piensan que es una amenaza hablar de ello, porque temen perder el amor y aprecio de sus padres. Los niños aprenden temprano que el sexo es algo secreto y que tratar de hablar de eso puede significar un riesgo en la relación con sus padres. En tercer lugar, algunos padres, o abuelos, o maestros, o alguien más puede que hayan metido en la mente del niño que el sexo es malo y que no debe preguntar de "cosas feas". Pero en cuarto lugar, a veces los niños aprenden "los secretos" en la calle y por su sentido de culpa no piensan que es tema digno de mencionar a los padres.

Sea cual fuere la razón por la cual los niños no preguntan sobre el sexo, es nuestra responsabilidad como padres guiarles a tener alguna comprensión y aprecio por estos conceptos de manera sana y adecuada. Tome su tiempo e inicie la conversación. Aproveche la naturaleza y los momentos de lectura juntos para infundir en el niño un conocimiento de quién es y cómo se relaciona a otros y que esto es de suma importancia en la vida de todos. Así usted y yo estamos dando lo fundamental en la educación sexual a nuestros niños. Si no les enseñamos nada más, habremos hecho una contribución importante al desarrollo de su persona. Sin embargo, en realidad ellos necesitan más información. Entonces, ¿qué debemos enseñar al niño sobre la educación sexual?

¿Qué debemos enseñar en la educación sexual?

Quizá la pregunta debiera ser: ¿Cuánto?, en lugar de: ¿Qué? Pero se ha dicho ya que la cantidad de información que le damos al niño debe ser de una velocidad gradual y al ritmo del interés del mismo, o sea, progresivamente. Hace bien que uno estudie las etapas de desarrollo del niño y de la preadolescencia para poder dar una educación sexual que sea adecuada en el momento preciso. Para

refrescar la memoria sobre el particular, ¿por qué no vuelve usted a leer en el capítulo 8 la sección sobre la formación del niño?

Ahora bien, el "qué" de la educación sexual abarca por lo menos dos aspectos: lo físico y lo moral. Hemos sugerido usar con los niños los nombres correctos para los diferentes órganos del cuerpo (pene, pecho, vagina, ano, etc.)[14]. Además de los nombres de los órganos, necesitamos enseñarle la higiene y su porqué. El aseo personal elimina olores desagradables y mantiene el cuerpo sano y presentable.

Cuando el niño se está acercando a la pubertad, precisa de más información sobre su propio desarrollo físico. Debemos asegurarle que no cabe un sentido de culpa porque esté cambiando su forma y tamaño, o porque tiene acné, o que ha comenzado la menstruación u ocurrido algunos sueños mojados (o emisiones nocturnas). Más adelante hablaremos sobre el adolescente y su problemática en la educación sexual. En los últimos años han aparecido varios libros que sirven de orientación para los niños en las diferentes etapas de su desarrollo sexual y aun para guiar a los padres en la educación sexual de sus retoños. Es saludable revisar los títulos de tal clase de libros en una librería cristiana, y aun adquirir lo necesario por el momento. En estos libros se suelen encontrar dibujos y figuras que explican la anatomía del cuerpo, tanto masculina, como femenina. El conocimiento de estos datos es importante a medida que el niño llega a la adolescencia, pero como dice el doctor Grant, "los datos no bastan"[15].

Además de los datos, se requiere que el niño reciba instrucción moral y espiritual por la cual él pueda discernir lo bueno y lo malo, lo agradable y lo despreciable, lo que edifica y lo que frustra la buena marcha de la vida cristiana, incluyendo orientaciones sobre la pornografía, la homosexualidad, la infidelidad, etc.

Un concepto moral del sexo comienza con una actitud sana hacia el mismo sexo. Es muy importante que el niño comprenda que Dios le ha hecho una persona sexual (Gén. 1:27) y que Dios tiene propósitos muy positivos al haberlo creado de esta manera. El sexo es la manera más profunda por la cual pueden conocerse personas de ambos sexos, y esto se logra, como Dios quiere, solamente en la entrega de la pareja en el matrimonio. Además, es el medio que Dios

ha provisto para la procreación de los hijos. Esta actitud positiva hacia el sexo presenta la verdad bíblica de que el sexo, aceptado y usado como Dios lo ha diseñado, resulta en suma felicidad y en un sentido de alto cumplimiento (Efe. 5:21-33; 1 Tim. 4:4).

Un segundo paso en el desarrollo moral en la educación sexual del niño se logra ayudándole a aceptarse tal como él es. La madurez del niño, en parte, se basa en esta aceptación. Cuando un padre demuestra preferencia por los niños de uno u otro sexo, está atacando la fibra moral de los hijos de sexo opuesto y creando sentidos de frustración e inseguridad en ellos El niño precisa de una aceptación de que ser varón o ser muchacha es bueno (Gén. 1:27; 1 Tim. 4:4), porque Dios los creó así.

En tercer lugar, la educación sexual en el hogar cristiano debe proveer oportunidades de establecer relaciones significativas y satisfactorias. Los fundamentos de las amistades se reflejan en su selección y relación con su futuro cónyuge[16]. Lo que hemos dicho anteriormente acerca del respeto también se aplica aquí; pero es más que el respeto para las puertas cerradas y la vida privada, es el respeto también hacia el propio cuerpo de uno y de los otros. Hay que comprender que toda persona es única y cada una merece respeto, sea el padre, la maestra, el amiguito o la hermanita. Son para ser amados tal como son. No son objetos para ser manipulados y usados como uno quiera. Este aprecio y respeto hacia otras personas tiene una incomparable trascendencia cuando los niños lleguen a la adolescencia y juventud, y es claramente aplicable al matrimonio.

Por último, el hogar cristiano debe ayudar al niño a desarrollar su propio sistema de valores. Parte de un sistema de valores aceptable son las ideas expuestas hasta este punto sobre qué enseñarle a los hijos en cuanto a la educación sexual.

Con los niños de menor edad un fundamento en la formación de valores es el de su vocabulario. Los niños nos sorprenden por su facilidad de aprender malas palabras y de soltarlas en el momento menos apropiado, cuando hay visitas o cuando estamos en público. No las podemos ignorar, pero tampoco debemos estallarnos en una reacción colérica ante ellas. Para algunos niños el hablar "sucio" es aparentar ser grande como los niños de su grupo, creyendo que esto

lo hace aceptable a los demás de su edad. En la mayoría de los casos, los niños no saben el significado de aquellas palabras. Aunque le hagamos saber que no son palabras aceptables para los bien educados ni los cristianos, es mucho más importante que le felicitemos por las cosas que él cumple y hace bien, para que entienda que el actuar con responsabilidad es lo que en realidad le hace una persona "grande". También es bueno que los padres vigilen un poco las amistades que sus hijos tienen porque allí, normalmente, radica algo del problema.

Es en el hogar donde el niño debe recibir una ética positiva y no una basada en negativismos. El medio no es muy efectivo en estos días, especialmente para enseñar a los jóvenes acerca del sexo. Alguien ha observado que, debido a la píldora, ahora no hay gran temor de embarazos no deseados. La penicilina ha eliminado el miedo a las enfermedades venéreas y, con un automóvil y un tanque lleno de gasolina, una pareja se puede escapar para hacer lo que quiera sin ser detectada. El doctor Hollis sugiere que eduquemos a los hijos basados en principios distintivamente cristianos en vez de por miedo. Los conceptos bíblicos más efectivos que podemos infundir en los muchachos y muchachas son los de la mayordomía, la disciplina y el amor[17].

La mayordomía es una conciencia de responsabilidad ante Dios, el creador de nuestros cuerpos. Así tenemos un sentido de que Dios nos lo ha provisto y no debemos maltratar ni el nuestro ni el de otro. También, nos ha dado el cuerpo para un uso bueno, y esto produce alegría y hace surgir en nosotros un agradecimiento a Dios.

Sin embargo, el abuso de lo bueno constituye un pecado grave ante Dios, el Creador. La disciplina llega a formar parte de nuestra moralidad cuando nos damos cuenta de que Dios es el soberano sobre toda la vida. Como soberano, él juzga todas nuestras acciones. Con una conciencia de su presencia y buena dirección en nuestra vida estamos capacitados para discernir la diferencia entre las sensaciones momentáneas y las satisfacciones de largo alcance. Podemos escoger la mejor, tener una vida disciplinada en todo, especialmente en lo referente al sexo. También, debemos recordar que la disciplina es algo voluntario, que proviene de una voluntad dispuesta a sufrir para ganar algo mejor.

El amor surge en nosotros en respuesta a Dios como nuestro redentor. Él nos ha estimado y valorizado al darse en rescate por nuestros pecados. Esta valorización también transforma nuestro concepto de otras personas. Tal como Cristo nos ha estimado a nosotros, nos enseña que otros necesitan ser amados y no ser tratados como objetos para ser manipulados. Cualquier idea, pensamiento o acción que destruya o corrompa en vez de edificar o estimular a las buenas obras (Heb. 10:24) no es de amor y hay que rechazarla, porque vivir en el amor de Cristo es lo único que nos satisface profunda y eternamente. Recordemos que "el amor no hace mal al prójimo" (Rom. 13:10), y ciertamente el amor hacia el sexo opuesto es algo de sumo cuidado en vez de hacerle daño. Las acciones que pueden causarle daño a una muchacha, bien pueden ser motivadas por egoísmo o por ejercer poder, pero no son motivadas por el amor.

Concluimos hablando de la formación de un sistema cristiano de valores en nuestros hijos mediante la glorificación de nuestro Señor por habernos dado una fe práctica y aplicable a la vida. Dos ejemplos de pasajes bíblicos que merecen nuestro estudio y práctica son Filipenses 1:9-11 y Colosenses 1:9-14. Ambos pasajes exaltan los recursos proporcionados por Cristo en nuestra vida: el amor, el conocimiento, el discernimiento, el crecimiento en madurez, la fortaleza, la firmeza, la potencia de la gloria de Dios, la libertad del pecado y la redención (limpieza y frescura) por la sangre de Cristo mismo. Todas estas cualidades están en continua función en la vida de la persona que recibe a Cristo. ¡Qué privilegio más alto y sublime es el de vivir y andar con nuestro Señor! Así nos ha hecho aptos para vivir por encima de las tentaciones y de lo inferior en las relaciones humanas. Por tanto, deseamos lo que le agrada a nuestro amoroso Señor y lo que puede llenarnos de gozo (Juan 15:9-11).

Problemas especiales de los adolescentes

Los adolescentes precisan, por lo menos, dos clases de información:

(1) La de sus cambios físicos.

(2) La de las cuestiones personales y sociales de la masturbación, la pornografía, la homosexualidad y las relaciones sexuales prematrimoniales.

Los cambios físicos

En el desarrollo físico, las niñas necesitan saber antes de su primera menstruación lo que pasará. Así evitarán la confusión, el miedo y la culpa que suele sentirse cuando existe una ignorancia del suceso. El adolescente varón precisa saber que las emisiones nocturnas acompañadas por sueños eróticos son normales en su crecimiento sexual. El impulso sexual en el adolescente es muy fuerte, una manera que Dios creó para que el cuerpo inconscientemente se ventile de algunas de las tensiones sexuales. Hacia los 19 años, hay solo un cinco por ciento de los jóvenes que no han experimentado las emisiones nocturnas[18], por lo tanto todos merecen saberlo y así poder aceptar su realidad sin gran frustración.

Problemas personales y sociales

Hay un sentido en que el adolescente no puede controlar los aspectos físicos que acabamos de mencionar, pero hay algunas cuestiones personales y sociales sobre las cuales él sí tiene que decidir y ejercitar control. Son la masturbación, la pornografía, la homosexualidad y las relaciones sexuales prematrimoniales.

1. La masturbación

La masturbación es una experiencia común desde la infancia, en la cual el niño y la niña reciben una cierta excitación al tocar y manipular sus órganos sexuales. En la niñez no tiene absolutamente ningún significado moral. En la adolescencia puede llegar a constituirse en un problema personal si se convierte en hábito. De que ocurra ocasionalmente, y los padres se enteren del caso, no debe ser motivo para crear un escándalo, acusando al niño de ser un pecador renuente y condenado. Los padres deben aceptar este hecho como algo completamente normal en la formación del adolescente, quien suele insistir en experimentar las cosas de la vida para comprobar su valor y realidad. Además, hay que reconocer que las tensiones sexuales se amontonan durante la pubertad y adolescencia, hasta que el joven se casa, y que la masturbación es a veces nada más una válvula de escape de estas tensiones.

Ahora permítame tres sugerencias que creo pueden ayudar a

los padres en su orientación a sus hijos sobre este particular. En primer lugar procure conversar con sus hijos frecuentemente. Se puede asumir que sus hijos adolescentes están encarando esta situación de la masturbación. Un diálogo comprensivo en el cual usted expresa fe y confianza en el muchacho puede aliviarlo de sus sentidos de culpa y dirigirle a despedir o por lo menos interpretar con más madurez algunas de sus fantasías acerca del sexo.

En segundo lugar, anímeles a participar en todas las actividades deportivas y creativas que ellos deseen, porque tales actividades utilizan su gran energía, que de otro modo podría estar dirigida hacia distracciones menos productivas en su crecimiento. El tiempo de ocio es el aliado de los malos pensamientos y tentaciones. Entre las actividades creativas caben lo que él lee y ve en la televisión, en internet y en el cine. La buena lectura y la sana ocupación (especialmente servicio en la iglesia, obra misionera u obra social) sirven para contrarrestar las influencias negativas que abundan en nuestro ambiente moderno.

En tercer lugar, y de gran importancia, enseñe al niño cómo vencer las tentaciones. Un pastor nos recuerda que no podemos controlar quién toca a la puerta de la casa, pero sí podemos decidir quién entra[19]. Con tantos pensamientos malos que tocan a las puertas de todos nosotros, nos vemos obligados a saber cómo señorear sobre ellos y cómo facilitar al joven este mismo conocimiento. Un pasaje muy útil es 1 Corintios 10:13: "No os ha sobrevenido ninguna tentación que no sea humana; pero fiel es Dios, quien no os dejará ser tentados más de lo que podéis soportar, sino que juntamente con la tentación dará la salida, para que podáis resistir". Este versículo recalca que la fuente de decisión se encuentra en nuestra voluntad. En gran parte hacemos lo que queremos hacer. También nos enseña que Dios está presente en estos momentos de prueba, proveyéndonos la salida (literalmente un "éxodo"). De modo que el cristiano nunca debe sentirse atrapado en las tentaciones.

Una de las mejores "salidas" que Dios me ha dado para esos momentos difíciles es la de cantar una alabanza o citar un pasaje bíblico. Hay que poner a funcionar Colosenses 3:16: "La palabra de Cristo habite abundantemente en vosotros, enseñándoos y amonestándoos

los unos a los otros en toda sabiduría, con salmos, himnos y canciones espirituales, cantando con gracia a Dios en vuestros corazones".

Efectivamente la forma más positiva de resistir lo malo es escoger andar tras el Señor y sus pensamientos que edifican y maduran nuestra vida (Stg. 4:7). Ante el problema personal de la masturbación como un hábito compulsivo, lo que falta es el ejercicio de una voluntad dominada por pensamientos positivos y poderosos.

2. La pornografía

En los últimos veinte años se ha engrandecido monstruosamente la onda de la pornografía en América Latina. Por lo menos este ha sido el caso en Venezuela. Aunque en algunos países se ha podido controlar y limitar algo de la literatura pornográfica, en los cines se ven las últimas distorsiones sensuales creadas en Norteamérica, Francia e Italia. Por medio de Internet se está produciendo una ola de suciedad que nadie parece capaz de controlar, que inunda los hogares de un número incalculable de cristianos y de los que no lo son. No se pueden eludir. Es como la oscuridad que envuelve todo cuando se apagan las luces.

Indudablemente la juventud latina y española es tan curiosa como la del resto del mundo y se inclina fácilmente a acercarse a estos eventos y materiales. Los productores de pornografía saben bien que están apelando a los apetitos humanos y procuran embellecer y decorar, de la forma más promiscua y depravada, lo más íntimo de las relaciones sexuales; todo en el nombre del "arte". Más bien es la explotación deliberada de lo obsceno y lo lascivo, y es uno de los más horribles contribuyentes a que los jóvenes experimenten mayores tensiones sexuales en estos días.

Seguramente esto induce excesivamente a los jóvenes a buscar cómo aliviarse, sea por la fornicación, la masturbación, la homosexualidad o como sea. Hay que reconocer que los impulsos sexuales de los jóvenes son bastante difíciles de controlar, de modo que estos sufren sentimientos de culpa. También están midiendo las mejores alternativas porque están en una búsqueda de la felicidad sexual[20]. Nadie quiere fracasar en estas relaciones especiales, pero por escoger mal, muchos experimentan más frustración que felicidad.

Necesitamos orientar a nuestros hijos y hacerles ver que la intención de aquellos que producen pornografía es explotarles para que se postren ante la diosa de la suciedad, y que convivan con las fantasías más inmundas que la mente pervertida puede inventar:

> Los escritores de porquerías pornográficas conocen nuestra debilidad y nuestra vulnerabilidad. Saben que la lujuria, el sadismo y la depravación tienen la peculiar fascinación del horror. Y es esta fascinación la que los escritores de pornografía procuran explotar al darnos un desfile público y ostentoso de lo obsceno y lo desaforado[21].

Para más información sobre esta onda de inmoralidad popularizada, el lector puede referirse de nuevo al capítulo 5 bajo la presentación de la nueva moralidad como una causa moderna de la confusión sobre lo sexual en el matrimonio.

Una sugerencia para los padres en sus esfuerzos de dialogar con sus hijos respecto al sexo es que se les puede dirigir a evaluar los conceptos pornográficos que se han proyectado sobre el sexo, el amor, la moralidad, los valores, el respeto, la felicidad, el matrimonio, etc. Los mismos jóvenes pueden percibir la falsedad de esta manipulación sexual, y una sana conversación sobre el tema servirá para exteriorizar sus frustraciones y dar expresión a su búsqueda de una vida exitosa y libre de perversidades.

3. La homosexualidad

De acuerdo con el doctor Babbage, "aquí nos encontramos frente a un problema excepcionalmente difícil". Él agrega que "la homosexualidad es, con frecuencia, una fase pasajera de la temprana adolescencia[22]. No siempre se puede detectar el origen de este desorden de la personalidad: a veces contribuyen perturbaciones psíquicas, a veces proviene del temperamento y otras veces surge de la experimentación sexual de los jóvenes que luego se convierte en hábito. También el ambiente del hogar puede ser una influencia en este problema, especialmente en el caso de la confusión de los papeles de los padres, lo que ocurre a menudo cuando uno de los padres está ausente y el niño pierde el modelo de la interacción y trato de los padres. Jorge León explica que los padres que son tiranos brillantes o mal avenidos a veces influyen en sus hijos algo de inseguridad, causando descon-

fianza en su capacidad de relacionarse con otros y creando una tendencia a expresarse innaturalmente en los impulsos sexuales[23].

Sea cual fuere la causa, la homosexualidad es una perversión del plan original de Dios para el uso del sexo. Además en un momento dado, cada homosexual escoge entrar en aquellas relaciones de modo que se involucra el ejercicio de su propia voluntad.

Pablo, en Romanos 1:26-28, indica que se produce una bajeza en la moralidad de cada uno de los que se meten en estas anormalidades sexuales, debido a que ignoran a Dios hasta que Dios los entrega "a una mente reprobada, para hacer lo que no es debido".

La solución de este problema viene cuando el homosexual reconoce que tiene un problema y busca una orientación equilibrada. Tales personas necesitan de la compasión cristiana, el perdón divino y la ayuda psíquica, pero tienen que aceptar la seriedad de esta condición y desear profundamente dejar este rasgo de su perspectiva y sistema moral. No es adecuado excusarse o culpar a su ambiente social ni a los padres. El doctor Miles sugiere que el joven que tiene este problema ventile su energía sexual en las emisiones nocturnas y en actividades de deportes, pasatiempos y otros proyectos; y en algunos casos él permite cierto uso de la masturbación para aliviar las tensiones sexuales[24]. Aunque no estemos de acuerdo con estas medidas, especialmente la última, hay que reconocer que el homosexual sin nuestra ayuda se ahoga en un pantano de inmoralidad y, si sigue en aquella condición, sufrirá el rechazo y la condenación de Dios (Rom. 1:32). Dios jamás ha bendecido a alguien que rehúsa vivir bajo su tutela y sana dirección moral.

4. Las relaciones sexuales prematrimoniales

Cuando tengo oportunidad de dar charlas a grupos de jóvenes cristianos, muchas veces les pido que cada uno escriba en un papel, sin firmarlo, algunas preguntas sobre algo del noviazgo o la formación de relaciones de amistad con personas del sexo opuesto. Con frecuencia, si no invariablemente, alguien pregunta sobre las relaciones sexuales prematrimoniales. Es otra evidencia de las presiones sociales sobre ellos y la influencia de los medios masivos de comunicación.

Sobre este tema de las relaciones sexuales prematrimoniales, le pido al lector repasar los siguientes puntos en el capítulo 2: la diferencia entre el amor maduro y el inmaduro, relaciones sexuales prematrimoniales y las caricias. Todas estas ideas tienen que ver con la preocupación de los jóvenes sobre este agobiante y frustrante problema.

Consejos finales

Cabe decir en conclusión a estos puntos sobre los problemas especiales que experimenta la mayoría de los adolescentes, que los padres desempeñan un rol de gran importancia en la formación moral, espiritual y emocional de los suyos. Hay que mantener abiertas las líneas de comunicación porque de otro modo los padres nunca sabrán lo que están sufriendo sus hijos durante la etapa de mayor cambio y confusión.

Por otra parte, no es justo que los padres cristianos sientan que llevan esta carga solos. La iglesia debe ofrecerles ayuda en esta gran tarea. Se ha comprobado que muchos padres no pueden dar toda la orientación debida a sus hijos por las varias razones que mencionamos al principio de este capítulo. Es bueno que la iglesia ofrezca conferencias tanto para los padres como para los niños y adolescentes. A veces las discusiones en grupos de edades e intereses similares permiten cierta libertad para tratar los temas delicados y confusos. Puede servir de orientación a los padres en la educación sexual de los hijos, y a los hijos en su propia percepción y entendimiento de aquella faceta de la vida. También, se espera que en la iglesia estos conceptos sobre el sexo sean interpretados dentro del contexto bíblico y espiritual.

La iglesia puede servir grandemente a los padres recomendándoles lecturas adecuadas y ayudándoles a organizar su enseñanza en el hogar para que allá se siga algo de sistema o secuencia de ideas, quizá como lo que se ha presentado aquí en el estudio.

Cabe la pregunta, en forma de concluir este estudio: ¿Cuáles son algunos de los beneficios en dar orientaciones sexuales a los hijos? Se pueden contemplar los siguientes:

1. Capacita al niño acerca de su desarrollo físico sin temor ni vergüenza.

2. Ayuda a los hijos a comprender que mañana serán hombres y padres, y a las niñas que serán señoritas, después señoras, esposas y madres.
3. Ayuda mucho al muchacho a balancear la información que está recibiendo de sus padres con la que se está presentando en los medios de comunicación masiva.
4. Permite enseñar al niño que la reproducción humana se efectúa por medio del disfrute sexual en el contexto matrimonial, con la seguridad y compromiso de un amor fiel.
5. Enseña al niño a que acepte su propia sexualidad con orgullo.
6. Ayuda a los niños y jóvenes a poder sentirse cómodos con los del sexo opuesto para que puedan desarrollar amistades de ambos sexos.
7. Le capacita para cuando llegue la época de formar su propio noviazgo.
8. Le ayuda a pensar con más claridad sobre lo que desea y proyecta tener en su propio matrimonio.
9. Los niños y jóvenes bien preparados en esta materia estarán en mejores condiciones para instruir a sus propios hijos cuando sea el tiempo apropiado.

Ejercicios

Cuestionario:

1. ¿Por qué es necesario que los padres den una buena educación sexual a sus hijos?
2. ¿Cómo se pueden contestar las tres preguntas comunes de los padres en cuanto a su resistencia a dar educación sexual a sus hijos?
3. ¿Cómo se puede definir la educación sexual?
4. Explique brevemente cómo la educación sexual comienza en la cuna.
5. ¿Qué quiere decir “no dar respuestas adultas a las preguntas de niños”?
6. Mencione los cuatro aspectos sanos del ejemplo de los padres en enseñar a sus hijos en cuanto al sexo.

7. ¿Cuál es la primera pauta en la buena comunicación con los hijos? ¿Por qué le parece que esta es la más importante y a la vez la más olvidada de las pautas?
8. Mencione tres directrices en la comunicación directa de la educación sexual con los hijos.
9. ¿Cómo se pueden tratar las preguntas de los niños en cuanto a la parte del padre en la procreación?
10. ¿Qué puede estar pasando si el niño no hace preguntas de curiosidad acerca del sexo?
11. Escriba cuatro aspectos morales que deben formar parte de nuestra educación sexual de los hijos.
12. En estos días, ¿por qué no sirve basar la educación sexual en el miedo?
13. Mencione tres conceptos bíblicos que se prestan como directrices en la educación sexual en su sentido moral.
14. ¿Por qué es importante que los padres conversen y aseguren a sus hijos adolescentes en cuanto a los cambios físicos que aquellos hijos están experimentando?
15. ¿Cómo ayudaría usted a los jóvenes en su iglesia a comprender la problemática de la pornografía?

Para dinámica de grupo:

1. Si los padres son muy cerrados en cuanto a hablar del sexo, ¿cuáles resultados puede traer esto a sus hijos?
2. ¿Qué relación tienen Filipenses 1:9-11 y Colosenses 1:9-14 con la educación sexual?
3. ¿Cómo se puede tratar el problema de la masturbación desde un punto de vista emocionalmente sano y bíblico?
4. ¿Cómo se puede ayudar a las personas que tienen el problema de la homosexualidad?
5. Mencione tres o cuatro de los mejores beneficios de dar una buena educación sexual a los hijos.

Capítulo 11

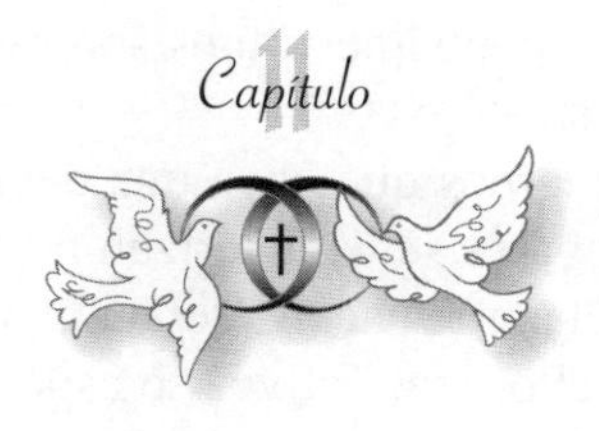

LA VIDA ESPIRITUAL EN EL HOGAR

La familia es la unidad básica de la sociedad, pero en el mundo actual la unidad de la familia está sufriendo un resquebrajamiento. Hay aquellos que declaran que la familia, en un sentido tradicional, no puede aguantar las presiones del siglo XXI y que tendrá que cambiar su estructura.

Sin embargo, parece que la realidad es que muy pocas familias están siguiendo las directrices y principios que Dios nos ha dado. Sin duda alguna, aquella falta contribuye a la gran confusión y ruptura que la familia moderna está experimentando. Hay algunos productos que llevan en su envase la siguiente inscripción: "Para mejor resultado siga las instrucciones del fabricante". Dios nos ha hecho y es él quien creó la familia. Él sabe cómo hacerla funcionar mejor. Por lo tanto, debemos someternos a las instrucciones del "fabricante eterno".

No obstante, muchos cónyuges y padres andan tan distraídos u ocupados con los quehaceres de la vida que solo parece que responden a los impulsos de las tensiones económicas y cotidianas; por consiguiente, tienen poco tiempo para pensar en la vida familiar. Hay muchos niños que dirían: "Papi no nos quiere porque no viene a casa, y cuando está no quiere pasar tiempo ni jugar con nosotros". Una encuesta reciente en los EE. UU. de A. demostró que el 50% de los niños con menos de 15 años prefiere la televisión a sus padres. Un psiquiatra de la universidad Harvard ha observado que el padre estadounidense normal solamente pasa 37 segundos cada día a solas o en forma particular con sus hijos[1]. Cabe la pregunta: ¿Los padres hispanoamericanos son mejores en este aspecto de pasar tiempo con sus hijos?

No debe sorprendernos que haya una desintegración en los hogares. Muy pocos hogares se caracterizan por poner en práctica los principios bíblicos del amor, la consideración, la comprensión, la disciplina, el respeto y el orden. Tal vez se espera que las bendiciones vengan por casualidad, pero en el reino de Dios hay muy poco que ocurre accidentalmente. Hay que conscientemente poner en orden nuestros hogares (Isa. 38:1).

Para hacer existir y funcionar aquellas cualidades bíblicas en nuestras familias, es imprescindible que descubramos y aprovechemos el poder espiritual que solo Dios proporciona en nuestra vida (Efe. 3:20). En 1975, según el doctor Peterim Sorokin, sociólogo de Harvard, "dos de cada cinco matrimonios terminan en divorcio; pero en cuanto a las familias que practican la oración y el estudio de la Biblia, hay solamente un divorcio en cada 1.015 matrimonios"[2]. Aunque la proporción de divorcios ha aumentado, la influencia de las prácticas espirituales en la pareja y familia a lo mejor sigue siendo muy similar a lo que fue en aquel entonces. Sin embargo, no es para evitar el divorcio que debemos orar y estudiar la Palabra de Dios juntos, sino porque así se producen los mejores frutos de la felicidad en nuestra célula familiar.

Hemos estado resaltando en toda esta obra la importancia de aplicar los principios bíblicos a las relaciones personales del hogar. Ahora agregamos la dimensión de lo espiritual al desarrollo del hogar cristiano. A la pregunta: ¿Qué es un hogar cristiano?, quizá algunos dirían que es aquella familia en que juntos los miembros oran, estudian la Biblia, comparten la vida cristiana y sirven al Señor. Y tienen razón. Sin embargo, la dimensión espiritual es aún más amplia que aquello, porque no hay nada de la vida hogareña que debe estar excluido del efecto e influencia de las prácticas espirituales.

Lo que se está considerando no es solamente los cultos familiares, sino todo el concepto del tiempo familiar, lo que produce la unidad familiar basada en lo que es el propósito de Dios para cada hogar cristiano. Cuando hablamos de la vida espiritual en el hogar estaremos considerando el que proviene de una conciencia abierta a Dios;

que depende de que Cristo reine en el corazón y las acciones de los integrantes del hogar; que requiere que la fe cristiana sea enseñada y practicada; y que se vitaliza en experiencias cristianas y significativas. Aquellas experiencias abarcan los cultos y tiempos familiares, más el servicio al Señor dentro y fuera de la iglesia. Ahora trataremos algunos aspectos de la vida espiritual en el hogar.

Proviene de una conciencia abierta a Dios

La gente que es espiritualmente sana, por lo general, proviene de hogares que son espiritualmente sanos. Para que un hogar sea sano espiritual, emocional y psicológicamente, la presencia de Dios tiene que ser reconocida y experimentada en la vida de los integrantes de aquellos hogares.

Lo espiritual tiene que ver tanto con nuestra actitud como con nuestras acciones. Nuestras actitudes gobiernan nuestras acciones. Una conciencia abierta a Dios indudablemente producirá una vida más sensible y útil porque nuestras actitudes serán moldeadas por aquel que se especializa en dirigir el espíritu humano (Rom. 8:26, 27).

La conciencia abierta a Dios debe experimentarse en la vida cotidiana. Conviene a nuestro espíritu contemplar y analizar la naturaleza. Los eventos personales, familiares y sociales, las decisiones grandes y pequeñas, las relaciones matrimoniales, las alegrías y las tristezas de la vida, todo a la luz de la presencia y potencia de Dios. Cuando compartimos con la familia el sentido de estar maravillados ante Dios, se eleva y aumenta grandemente el aprecio que cada uno tiene por la vida que Dios crea, dirige e inspira.

Compartir una puesta de sol o contemplar las estrellas a la vez que se lee el Salmo 8, es una experiencia que producirá en cualquier familia una adoración a Dios por su grandeza y bondad. Hay que darle a Dios todo el crédito. Se cuenta de un padre que estaba sentado con su hijito de cuatro años mirando la puesta del sol; comentaban acerca de los diferentes colores que se producían en las nubes mientras bajaba el sol. Fue un evento espectacular e impresionante para el niñito. Cuando el sol desapareció, el niño dio un grito de entusiasmo y exclamó a su padre: "¡Hazlo otra vez, papi, hazlo otra vez!". Aquellos son los momentos precisos para enseñar a un niño cómo glorificar a Dios.

Hay que admitir que no siempre es fácil hablar de las experiencias que tenemos con Dios. A veces no estamos seguros si otros apreciarán lo que diremos, y en otros momentos no sabemos cómo explicar lo que hemos sentido. Una experiencia con Dios es algo personal y no se presta a comentarios fáciles. Sin embargo, se puede facilitar la comunicación de aquellas impresiones preciosas dentro del núcleo familiar donde se expresa confianza y profundo interés el uno al otro.

Si los padres comparten sus sentimientos y observaciones, naturalmente los hijos sentirán suficiente confianza para intentar expresar con palabras sus impresiones o describir sus experiencias.

Sin duda, existen aquellos padres que no se comunican bien con sus hijos, ni en lo espiritual ni en la mayoría de las categorías de la vida. Algunos padres no experimentan el gozo de vivir debido al peso de sus responsabilidades en su trabajo o en su casa. Algunos se quejan tanto de su posición y suerte que sienten poco de la libertad de Cristo en su vida. Aquellos viven con lo que un autor llama "conciencia de tiranía"[3]. Aquella conciencia de víctima no conoce los cánticos de liberación de Gálatas 5:1 y 1 Juan 3:18-20, donde se afirma que Dios es mayor que nuestra conciencia o corazón. Cristo nos libra para poder responder a nuestros hijos con espontaneidad, autenticidad y con una conciencia sensible a sus deseos de dar expresión a sus experiencias con Dios, aun si es en términos no convencionales o de niños[4]. Lo más natural para el niño es hablar de Dios. Son los padres quienes sienten la vergüenza o reserva de hablar de tales cosas, y por consiguiente trasmiten sus sentimientos a los hijos, quienes a su vez pierden la comodidad de hablar de Dios.

Una conciencia abierta a Dios es el primer peldaño en subir hacia una vida espiritual que sea vital en nuestros hogares. Aquello tiene que ver con nuestra actitud hacia Dios, su vida en el mundo y nuestra vida familiar. Ahora, veamos que la vida espiritual depende de que Cristo reine en el corazón de los integrantes cristianos de cada hogar.

Depende de que Cristo reine en nuestro corazón

En cada hogar cristiano Cristo debe estar presente y ser rey. El

reino de Dios puede ser definido por ser cualquier lugar donde Dios reina. Si nuestros hogares quieren pretender ser de Cristo, deben permitir y promover que él sea seguido, dejándose ser guiado por sus motivos y principios.

En breve, diríamos que para que Cristo reine en nuestro hogar tenemos que amarle y obedecerle. Así tenemos la confianza de su morada con nosotros (Juan 14:23) y la confianza de que nuestra vida resultará más feliz y victoriosa en todos sus aspectos. Se espera que, por amar a Cristo y expresarlo en el círculo familiar, en cada corazón se produzca una mayor receptividad a su dirección en la vida particular y corporal de los miembros de la familia. No es automático ni fácil producir el buen carácter ni las buenas obras, pero sí es más probable que ocurra en el contexto del amor y el servicio cristiano (Juan 13:34, 35).

Tenemos la confianza de que las bendiciones de nuestro Señor quedan con aquellos que ponen en práctica su palabra y ejemplo (1 Ped. 2:21; 3:8-12). Los padres y los que en una familia son cristianos, son llamados a dar la pauta en dirigir el pensar y el actuar del resto de los suyos. Después de las instrucciones conyugales en 1 Pedro 3:1-7, se encuentran los consejos siguientes que deben ser interpretados en un contexto familiar:

> Finalmente, sed todos de un mismo sentir: compasivos, amándoos fraternalmente, misericordiosos y humildes. No devolváis mal por mal, ni maldición por maldición, sino por el contrario, bendecid; pues para esto habéis sido llamados, para que heredéis bendición (1 Ped. 3:8, 9).

Ahora, un aspecto del reino de Cristo en nuestros hogares ciertamente sería el testimonio cristiano a los que no conocen al Señor, sean los hijos, padres o familiares. El ambiente hogareño es el más natural, pero también el lugar más difícil para dar nuestro testimonio. Es el más natural porque allí gozamos de relaciones bastante íntimas y porque no podemos pretender ser lo que no somos. Es el más difícil porque allí nos conocen demasiado bien, con todas nuestras fallas y fuerzas. Sin embargo, insisto en que el cambio amoroso que Cristo hace en el corazón humano puede penetrar en aquel cristiano y contagiar a aquellos con quienes tienen que ver constantemente, aun si aquellos son su propia familia. Cristo produce en el ser humano lo

que C. S. Lewis llamaba "la buena infección", que afecta a todos los que tengan contacto con el "infectado".

Cuando los padres son cristianos, se hace relativamente fácil que testifiquen de Cristo a los hijos. Pero si los hijos se convierten y los padres no comparten su fe, puede resultar dificultoso testificar a los padres. Sin embargo, no es imposible hacerlo. Se cuentan muchos casos donde los hijos e hijas han sembrado la semilla preciosa en la familia. Todo depende de la actitud del testigo. No debe predicarles sino guiarles por su buena y servicial actitud, esperando que ellos pidan una clara razón de la esperanza que hay en él que es cristiano (1 Ped. 3:15). La rebelión y resistencia ante los padres es completamente contraproducente para testificarles.

Se cuenta de un joven que se convirtió en una iglesia bautista y que deseaba ganar a los demás de su familia, pero encontró una sólida resistencia a su testimonio. Su padre era dominante y chocaba fuertemente con su hijo sobre sus nuevas ideas religiosas. El joven también era culpable de discutir, defendiendo su nueva fe en Cristo bruscamente ante sus padres y hermanos. El resultado: cero; y peor, el joven se retiró de la iglesia al poco tiempo por lo miserable que se sentía debido a esto. El pastor le buscó y al encontrarle reconoció la raíz del problema. Su consejo al joven fue primeramente el de pedir perdón a su padre y después a los demás familiares. Naturalmente el joven no quiso humillarse pidiendo perdón a su padre ni a los demás. Resistió la idea por varios días, pero orando y leyendo su Biblia de nuevo después de la visita del pastor, sintió que el Señor le estaba convenciendo de la necesidad de pedirle perdón a su padre por haberle faltado al respeto. Una noche casi no podía dormir pensando en lo que tenía que hacer. Cuando llegó la madrugada, el joven fue al jardín para orar y pensarlo más. Como era costumbre del padre limpiar y barrer el jardín temprano en la mañana, él también entró para comenzar su tarea. Al joven le vinieron lágrimas y se arrodilló y abrazó a su padre suplicándole perdón por haberle ofendido. Tanto fue tocado el padre por la demostración de humildad y sincera confesión que también se arrodilló con su hijo y lloraron juntos. El joven, guiado por el Espíritu Santo, le testificó a su padre. ¡Tanto quería que conociera a Cristo! El padre, conmovido en aquel precioso mo-

mento, no pudo resistir el amor ardiente e intenso de su hijo por el Señor, y aceptó a Cristo como su Señor y Salvador en la frescura de aquel jardín. Otros de la familia también recibieron a Cristo debido a aquel evento especial e inspirador. Lo que el joven no pudo hacer predicándoles, lo logró humillándose (1 Ped. 5:1-10). ¡Qué ciertas son las promesas del Señor!

Además del testimonio que compartimos a nuestra familia, existe una gran necesidad de enseñar y practicar la fe cristiana con ella. La vida espiritual del hogar cristiano demanda que lo esencial de lo que la Biblia presenta como la fe cristiana sea hecha viva y patente en el laboratorio más común del mundo: nuestro hogar.

Requiere que la fe cristiana se practique y se enseñe

En el primer capítulo hablamos de lo que es un "hogar cristiano" y dijimos que Cristo es el que hace que un hogar sea cristiano por medio del lugar especial que tiene en nuestra vida. Aquel aspecto especial se expresa por su perdón, gracia, amor, comprensión, valor, voluntad, misión, y mucho más, que trae consigo cuando entra y mora dentro de nosotros. Estos aspectos especiales se expresan en nuestra vida por vivir según la forma e inspiración que Cristo mismo produce por su Espíritu en cada creyente (Gál. 5:22, 23).

Ahora, afirmamos que la fe cristiana tiene que ser puesta en práctica y enseñada dentro del círculo familiar para que nuestros hogares se desarrollen en la gracia del Señor y produzcan madurez espiritual. En esencia, nuestros hogares son laboratorios para nuestra fe cristiana. Si funciona allí, servirá en el mundo. Desgraciadamente, lo contrario es la verdad también: si no hacemos funcionar nuestra fe en casa, tampoco tendremos una vida cristiana efectiva afuera con los demás.

No es posible mencionar todas las virtudes cristianas que se precisan practicar y enseñar en nuestra familia. Sin embargo, examinaremos brevemente siete ejemplos de principios cristianos que deben estar puestos en función para vitalizar la vida espiritual de cualquier hogar cristiano. El lector puede y debe revisar sus propias creencias a ver si está practicándolas y enseñándolas dentro de su núcleo familiar.

Primeramente, se precisa un amor integral en la familia. El amor que es integral es el que ama a Cristo y a su vez ama al prójimo. En este caso el prójimo es su propia familia. Así el amor es algo completo, no parcial (Rom. 13:10; 1 Jn. 4:7-11). El amor siempre busca lo mejor por su objeto, su edificación, no su destrucción. Todo ser humano desea ser amado, pero el anhelo para sentirse amado siempre es más grande que nuestra capacidad de expresar amor a otros.

El segundo en la lista de elementos básicos de la fe es la esperanza. La esperanza puede funcionar dinámicamente en crear confianza hacia los hijos, el esposo, los suegros, el yerno o a quien sea de la familia. Cuando pensamos negativamente, siendo críticos constante o habitualmente, creamos una imposibilidad para que aquella persona logre satisfacer nuestras expectativas.

En Filipenses 4:8, 9 se nos instruye a pensar en lo que es verdadero, honesto, justo, puro, amable y de buen nombre. Si nos concentramos en este modo positivo hacia los nuestros, veremos cuan práctico y fructífero es inspirar mejores logros y mayor aceptación entre los distintos miembros de la familia. Si anhelamos ver cambios positivos en los nuestros, aplique algo de esperanza y confianza en ellos, y verá un terreno más propicio para que se arraiguen las espigas de cambios.

Una sugerencia que hago a cualquiera que tenga roces con un miembro de la familia (u otra persona) es enumerar las cualidades positivas de aquella persona en un papel y guardarlo en la Biblia u otro lugar útil. Cuando surjan los sentimientos negativos hacia aquella persona, saque la lista, lea sus buenas cualidades y ore por él o ella para que el Señor le bendiga y haga que su vida sea de bendición en la familia. Es más probable que algo bueno y constructivo resulte en aquella vida porque pensamos y actuamos positivamente hacia ella. Además nosotros sufrimos grandemente de un remordimiento de conciencia mientras pensamos críticamente hacia cualquier otra persona; pero creer lo mejor de ellas nos inspira y nos llena de fe y esperanza hacia dichas personas.

Un tercer elemento es la gracia que se expresa a menudo como misericordia o perdón. Pablo, en Efesios 4:32 y Colosenses 3:13, señala que debemos perdonar porque hemos sido perdonados por

Cristo. Guardar rencor o embotellar resentimiento nos frustra y eleva paredes que nos separan de aquellos a quienes amamos. Solo la gracia y el perdón las pueden tumbar, como Cristo nos lo ha demostrado (Efe. 2:14-16). ¡Qué delicia es perdonar y estar reunidos en compañerismo otra vez! ¡Qué angustia sufrimos cuando no lo hacemos! Las pequeñas palabras ofensivas pueden causar una brecha en la relación. La gracia es el material matriz que Dios nos provee para construir puentes y así poder cruzarlos y reunirnos otra vez con los ofendidos. Esto es distintivamente de Dios. Desgraciadamente muchos cristianos no practican la gracia de Dios en sus relaciones rotas, sino recaen en su naturaleza humana y carnal que acentúa sus derechos y el egoísmo, en vez de la humildad, aceptación de la parte de uno en el error y el estrechamiento hacia el ofendido. ¡Que la paz de Cristo gobierne en nuestros corazones! (Col. 3:15).

Un cuarto principio cristiano que se relaciona a los tres anteriores es la valorización de cada persona. Cada individuo es importante. Cristo ha demostrado el valor que cada uno de nosotros representamos ante Dios cuando murió en la cruz por salvarnos (1 Ped. 1:18-22). Esta valorización es primordial en la formación y mantenimiento de relaciones exitosas tanto de los cónyuges como de las familias. Recordemos, desde las presentaciones anteriores sobre la buena comunicación, que escuchar es una de las mejores formas para hacer sentir al que habla que le está valorizando.

En quinto lugar, y quizá suene redundante mencionarlo en esta lista, es que debemos vivir por fe dentro de nuestra familia. Sin embargo, el vivir por fe quiere decir que tomamos decisiones habiendo orado y buscado seguir la voluntad de Dios. También, quiere decir que intentamos actuar por fe en nuestra manera de orar, considerar a otros, ser generosos, etc., dejando un claro ejemplo para los niños y demás familiares.

El sexto principio es el de mantener la buena comunicación con los miembros de la familia. Tal vez algunos me preguntarán: "¿Cómo llego yo a decir que este es un principio distintivo de la fe?". Este ideal proviene de la naturaleza de conocer a Dios y formar una relación eterna con él. Aquella relación comienza con una conversación de confesión y aceptación de Jesús como Salvador

y Señor en la vida del creyente (Rom. 10:8-13; fíjese en el uso de la boca). La relación continúa por medio de la buena comunicación que incluye no solamente la oración y la lectura de la Palabra, sino también la obediencia al Señor. En realidad no existe una relación vital, ni en este mundo ni en el otro, que no se base en una clara y entendida comunicación. La buena comunicación con Cristo produce una relación satisfactoria e íntima. Se espera que lo mismo ocurra dentro de nuestras relaciones familiares. Nuestra comunicación buena y regular con el Señor nos ayuda a querer mantener una buena comunicación con nuestros amados. Al no mantener la comunicación, la relación siempre sufre, tanto con la familia como con el Señor.

En séptimo lugar, el hogar cristiano debe mantener en alto los ideales de Dios, sus mandatos y principios. Aunque esto es un poco general, estamos resaltando la validez de ayudar a nuestra familia a formar un sistema de valores que resulta por seguir en pos de Cristo, viviendo según su modelo de hacer bien a todo hombre, aborrecer lo malo y amar sin fingimiento.

Para una lista de altos valores y virtudes cristianas, lea Romanos 12:9-21; Efesios 4:17—5:5; y Colosenses 3:1-17. Repito, estos siete principios son nada más que una selección de muchos que Dios nos ha dado en su Palabra.

Lo que se requiere es que nosotros traduzcamos en obras todos los principios bíblicos que podamos en nuestros hogares cristianos para que:

> La palabra de Cristo habite abundantemente en vosotros, enseñándoos y amonestándoos unos a otros en toda sabiduría... (Col. 3:16).

Podemos ayudar a nuestra familia a ver y entender estos principios de la fe cristiana celebrando el culto familiar y momentos especiales para la familia. Por lo tanto consideraremos que la vida espiritual se ve y se entiende en las actividades cristianas de la familia. Practicando juntos la fe cristiana, la familia ganará más estabilidad y sensibilidad a los caminos del Señor y tendrá más posibilidad de cumplir el papel de ser un hogar cristiano. Las actividades que contribuirán más a que aquella práctica de la fe sea un éxito son tres:

(1) El culto familiar.
(2) Tiempos especiales para la familia.
(3) La participación conjunta en la obra del Señor.

Cada una de estas actividades hace que la vida espiritual sea más objetiva para los miembros de la familia, proveyendo que vean y entiendan su significado en formas aplicables a sus vidas.

El culto familiar

Antes de hablar de cómo poner en función el culto familiar y hacer que sea interesante, creo que sería estimulante enfocar unos ocho beneficios que recibimos por celebrarlo.

1. Beneficios del culto familiar

(1) Crea el hábito de adorar juntos al Señor. No hay nada que refresque y renueve la vida del creyente como la adoración al Señor. Los hábitos constructivos y originales crean una estabilidad en nuestra vida que es loable. No hay un mejor hábito que el de adorar al Señor. La adoración al Señor produce una gran satisfacción en la vida, una mayor capacidad de reconocer su fuente y de deleitarse en ella. Hay muchos pasajes bíblicos que nos inspiran a querer experimentar la realidad de las bendiciones de alabar a nuestro Dios. Tome un momento y lea el Salmo 103 o el Salmo 111 y alabe al Señor por lo que Dios hace surgir en su alma. ¿No se siente bien haciéndolo? Así se sentirá la familia que adora junta al Señor.

(2) El culto familiar forma el mejor modelo a seguir para los niños y otros. Dios sabía que nosotros necesitamos modelos para poder imitar lo que es mejor para nuestra vida. Por eso ordenó que sus mandamientos y preceptos fueran enseñados constantemente en el hogar (Deut. 6:1-9), dejando un patrón que los fieles deben siempre seguir. Pero debe ser más que un hábito, es una forma de vida.

(3) El culto familiar estimula en los hijos un amor por lo espiritual. Colosenses 3:1-4 nos desafía a buscar “las cosas de arriba” porque hemos resucitado de una vida de muerte (al pecado; véase Efe. 2:1 y Col. 2:20) y porque nuestra vida está “escondida” en Cristo. La palabra *escondida* refleja que estamos guardados, seguros, y

que nadie ni nada puede romper nuestra relación de estar "encerrados" con Cristo[5]. Cuando nosotros experimentamos la vida de Cristo en la nuestra, sabiendo que él está obrando para nuestro bien, surge en nosotros un profundo y seguro amor por lo espiritual.

(4) El culto familiar facilita una mayor comunicación entre los miembros de la familia. La vida moderna se caracteriza por un torrente de actividades, y dentro de aquel vaivén la vida familiar y las líneas de comunicación a menudo sufren una sobrecarga o cortocircuito. El culto familiar es un medio de mantener algo de comunicación dentro de nuestras agendas agitadas. Son momentos cuando podemos mirarnos y escucharnos. Aunque suene demasiado sencillo para ser verdad, no hay nada que contribuya más a que tengamos una mayor comunicación con nuestros hijos que prestarles atención y estar atentos a sus observaciones, dudas y preguntas. No es que los hijos siempre tendrán algo que decir en todos los cultos familiares, pero sí podemos proveerles la oportunidad para hacerlo y así fomentar la libertad de expresión tanto ante nosotros como ante Dios.

(5) El culto permite la posibilidad de tener experiencias cristianas dentro de la familia. Puesto que somos seres humanos y por consiguiente pecadores, necesitamos experimentar, no solamente una vez, sino constantemente, el perdón de Dios. Nuestros hijos pueden entender lo que es ser cristiano y querer serlo naturalmente en el hogar, especialmente si ven allí en la vida familiar el sentido y la práctica del perdón, la gracia, el poder, la fe y el amor que vienen de Dios. No debemos forzarles a ser cristianos, sino guiarles con mansedumbre y sabiduría para que sea su propia decisión.

Las experiencias cristianas también pueden ocurrir en momentos especiales cuando la familia está junta debido a cumpleaños, aniversarios, nacimientos, fallecimientos, vacaciones, la Navidad y el Año Nuevo. Una lectura apropiada con intercambio de ideas y oración hace que cualquiera de estos momentos sea inolvidable.

(6) El culto familiar promueve el uso de la fuerza moral en la vida cotidiana. Los tiempos de lectura y oración nos recuerdan nuestra debilidad y necesidad (Isa. 6:1-8) y que hay fuerzas divinas a nuestra disposición para apropiarnos de ellas. En medio de las tentaciones diarias es sumamente inspirador ver cómo el Espíritu Santo

nos ayuda a recordar un pasaje bíblico o momento de encuentro con Dios y así “nos saca del apuro” (Rom. 8:26, 27; 1 Cor. 10:13). Aun debemos orar el uno por el otro en la familia como Epafras oraba encarecidamente por los hermanos en Colosas, para que estemos “firmes, como hombres maduros y completamente entregados a toda la voluntad de Dios” (Col. 4:12).

(7) El culto familiar provee un medio visible para colocar al padre en el papel de líder del hogar. Se debe apreciar el sentido de orientación como algo distintivamente cristiano cuando el padre intenta actuar de guía espiritual con su familia. Su autoridad está reforzada cuando se presenta como uno preocupado por el andar espiritual de cada miembro de la familia. Orar juntos y participar en tiempo de adoración, guiados por el padre, hará que los miembros de la familia lo respeten más. Hay una gran cantidad de buenas maneras para hacer funcionar los momentos familiares, pero lo que es inestimablemente importante es que los padres hagan el intento.

(8) Hay muchas razones por las cuales debemos celebrar los cultos familiares, pero termino la lista declarando que es una manera por la cual los hijos pueden ver a los padres como seres humanos. Si los vástagos ven solamente nuestra pretensión de ser fuertes y no nos perciben como seres humanos con ansiedades, preocupaciones, presiones, anhelos, etc., difícilmente se identificarán con nosotros, ni sentirán que nosotros necesitamos de sus oraciones tanto como ellos necesitan de las nuestras. Se cuenta de un padre que pensaba que los hijos necesitaban verle siempre como el baluarte de firmeza, con una respuesta para todas las crisis. Sin embargo, en su trabajo el padre sentía grandes presiones que lo dejaban tan irritable que cuando llegaba a casa se enojaba con los hijos por cualquier cosa. Finalmente el padre se dio cuenta de su problema y pidió perdón por sus acciones explicándoselas a los hijos. El hijo de 12 años se le acercó y abrazándole le dijo: “Papi, jamás pensé que algo te preocupara. Me alegro que tú seas como yo”[6].

En los momentos devocionales con la familia, hará mucho bien si podemos compartir lo que sentimos de necesidad, debilidad, anhelo, frustración, etc. y saber que la familia nos apoyará ante aquellas crisis. Por supuesto, nadie se revela en una situación hostil o

de indiferencia, sino solamente cuando cree que el grupo le acepta y le ama a pesar de su lucha personal. Los padres pueden dar la pauta en este proceso de edificación hablando sinceramente y orando abiertamente sobre algo de su propia búsqueda por soluciones y paz en medio de algunos problemas. Estos ocho beneficios del culto familiar sirven de motivación para que cada hogar cristiano los practique. Ahora consideraremos algunas sugerencias sobre cómo conducir el culto familiar.

2. Sugerencias sobre cómo celebrar el culto familiar

Quizá el primer punto y el que es de mayor frustración en muchos hogares cristianos que intentan celebrar el culto familiar es el de la regularidad. Todos hemos experimentado la tentación de no vencer los obstáculos que nos impiden ser regulares y constantes en este ejercicio espiritual. Satanás para nada quiere que nosotros oremos, ni individualmente ni con nuestra familia. Las razones o beneficios del culto familiar antes expuestos sirven como motivos para seguir fielmente en esta práctica sana. Cuando estemos convencidos de su valor, continuaremos con ello aunque suframos algunas derrotas en ser regulares. El bien que se produce en la vida por el culto realizado es suficiente para animarnos a volver a comenzarlos. Más adelante estaremos considerando algunos consejos sobre tiempos familiares que bien son complementos a los tiempos devocionales. Parte de la respuesta para muchos padres que encuentran dificultades en mantener la regularidad del culto familiar es que ellos puedan aprovechar de tiempos familiares para enseñar ciertas verdades bíblicas y conceptos cristianos aplicados a la vida.

Para que el culto familiar sea regular (por lo menos una vez a la semana) hay que programarlo cuando la familia esté reunida. Es recomendable comenzar juntos el día, orando y leyendo la Biblia. Sirve de inspiración, dando perspectiva a todo el día. Sin embargo, es más factible en algunos hogares que la familia esté junta por la noche. Como sea, la agenda de cada familia es de primera consideración para lograr la meta de la regularidad.

Es imprescindible que el culto sea bien planificado. Seleccione con cuidado el material devocional que va a seguir, determinando

quién dirigirá cada culto. Los padres harán bien en buscar materiales que enfoquen las necesidades psicológicas, sociales y espirituales de sus hijos.

Si son pequeños, historietas bíblicas son mejores que lecturas largas de las Escrituras. Sin embargo, lecturas breves que les expliquemos en sus propios términos servirán de gran estímulo a los niños menores de seis años.

La buena preparación evitará que el culto no llene la necesidad espiritual en la familia. Es recomendable que el director de este momento devocional se familiarice con la lectura bíblica y los demás materiales que piensa usar para determinar la debida aplicación a la vida de cada miembro de la familia. Así preparado, puede estimular al grupo en la búsqueda del significado del mensaje bíblico y la aplicación a la vida. Siempre es aconsejable usar la imaginación en la planificación y preparación del culto familiar. Se puede asegurar que habrá máximo uso de imaginación si se permite a los niños participar en la planificación del culto y en su realización. En nuestra familia a veces celebramos algunos cultos en los cuales los hijos hacen todo, incluyendo la selección de la lectura bíblica, la dirección de los himnos, la meditación y las oraciones. Normalmente los hijos hacen que los cultos sean breves pero con un significado especial. Los padres se alegran por seguir la dirección sincera y humilde de sus hijos en la adoración a Dios.

Otro aspecto que hace que el culto familiar sea algo inolvidable es la música. La familia se gozará cantando canciones e himnos, o escuchando música cristiana. Es de mucha importancia que los hijos entiendan la letra de lo que cantan porque el mensaje de Dios viene al corazón por medio de las palabras de la canción. En este mismo sentido, la poesía es efectiva como un medio de expresar nuestra devoción a Dios. La interpretación de poesías y la música especial producen un gusto extraordinario en los momentos de adoración a Dios.

Dos aspectos primordiales en la función vital del culto familiar son el uso de la Biblia y la oración. Estos dos aspectos merecen una mención especial porque son el corazón de cualquier culto familiar.

3. El uso de la Biblia

La Biblia es la brújula de nuestra vida cristiana y hay que referirse a ella constantemente para asegurarnos que andamos bien. La Biblia trae mayor consolación e inspiración a los momentos devocionales. Quisiera presentar ahora algunos conceptos sobre su uso para recordar al lector la múltiple utilidad de la Biblia en el culto familiar.

(1) Comparta la lectura de la Biblia con todos los que leen en la familia. Permita que cada uno tenga su turno para leer. También se puede leer antifonalmente entre padres e hijos o entre hombres y mujeres.

(2) Si puede adquirir otras traducciones de la Biblia, sería bueno usarlas especialmente en los pasajes difíciles, distintos e importantes. Es recomendable que cada uno tenga su propia Biblia y que la use en el culto familiar. Por cierto, si todos tienen la misma versión es más fácil tener lecturas antifonales, pero si tienen diferentes traducciones pueden hacer más comparaciones e investigaciones en el significado de los pasajes bíblicos.

(3) Hay muchas maneras interesantes por las cuales podemos leer la Biblia con provecho. Algunas personas prefieren leerla por libros enteros: Salmos, Proverbios, Romanos, Efesios, 1 Juan, etc. También es fascinante leer toda la Biblia. Cuando la familia conjuntamente la lee por completo o por capítulos seleccionados, hay que leer solo cuanto los miembros pueden absorber; es decir, que los niños no siempre pueden abarcar ni aguantar una lectura muy larga. Otra forma de leerla es tópicamente, usando una concordancia en la selección de temas que el grupo quiere entender mejor, como por ejemplo: amor, fe, corazón, reino de Dios, etc.

(4) Hay libros de historias bíblicas que apelan a los niños. Por lo general estos libros incluyen cuadros de escenas bíblicas que aumentan su utilidad en enseñar al niño la verdad bíblica. Muchos encuentran de gran ayuda los mensajes devocionales y la guía para los cultos familiares en algunas revistas. Los mapas de las tierras bíblicas sirven para acentuar la realidad de algo que ocurrió en la Biblia. Todo instrumento de instrucción bíblica debe emplearse para que los cultos hogareños sean interesantes.

(5) Hace bien que la familia memorice algunos versículos y los comparta en los cultos o que se cuente alguna experiencia cuando el versículo memorizado haya sido útil. En la memorización de pasajes bíblicos sería aconsejable recordar tres principios: (a) Entender bien los versículos; (b) repetirlos frecuentemente; y (c) ponerlos en práctica en la vida diaria[7].

(6) Una manera de hacer que los estudios bíblicos sean más interesantes es por medio de objetos. Por ejemplo, cuando lea Mateo 5:13 con los niños, ponga en la mano de cada uno un poco de sal y dialogue con ellos sobre los usos de la sal, pidiéndoles que saboreen la sal, etc. Refuerce la lección bíblica con tales experiencias comunes. Los objetos aumentan el aprendizaje del niño (en realidad, de los adultos también). Además, las historias y anécdotas nos ayudan a visualizar la aplicación de la Biblia a nuestra vida. Cuando es tiempo de orar por los misioneros, busque un mapa y guíe a los niños a encontrar el país o la ciudad donde trabajan aquellos obreros.

(7) Aunque no forme parte del tiempo del culto, será una contribución estimulante y agradable para los niños que los padres provean juegos bíblicos, los cuales permiten repasar lo que los niños han aprendido de la Biblia, igualmente a jóvenes y adultos. También es interesante una sana competencia entre los niños el poder buscar y encontrar diferentes versículos bíblicos.

(8) En último lugar, debemos estar siempre aplicando la Biblia a nuestra vida. Algunas preguntas que el lector puede hacerse cuando esté leyendo la Biblia para que ella lo guíe a aplicarla en su vida son:

a. ¿Qué me dice el pasaje? ¿Qué quiere Dios que yo entienda?
b. ¿Qué pecado debo confesar? ¿Qué acción tomar? ¿Qué mensaje compartir?
c. ¿Qué puedo y debo recordar del pasaje?
d. ¿Puedo bosquejar las ideas principales en el pasaje? Contestar juntos o por separado estas simples preguntas ayudará a cualquiera a aprovechar más de su estudio bíblico y los cultos familiares.

4. La oración

Quisiera hacer tres sugerencias en cuanto a la oración con la

familia. En primer lugar, haga que sea sencilla, no en tono grave ni ministerial, sino con sencillez y sensibilidad a los problemas, ansiedades y anhelos de cada miembro de la familia. Evite las palabras y frases que no sean entendibles para los niños en el grupo (especialmente los infantes). En segundo lugar, ore específicamente, nombrando necesidades sentidas y expuestas por los diferentes miembros de la familia. En tercer lugar, sea flexible en su manera de orar, o sea, varíe la forma. Es recomendable tener la mayor participación de todos los integrantes de la familia que quieren participar. Pueden tomar turnos. También muchos se gozan de orar cada uno brevemente en el culto familiar. Una variación de las oraciones cortas es la oración conversacional, en la cual oran las personas cuantas veces quieran, cada vez reflejando lo que otros han dicho anteriormente, afirmándolo o agregando otro aspecto. Este concepto de la oración refleja la promesa de Jesús en Mateo 18:19 de que "si dos de vosotros se ponen de acuerdo en la tierra acerca de cualquier cosa que pidan, les será hecha por mi Padre que está en los cielos".

Tiempos familiares

Además de celebrar cultos con la familia, es altamente recomendable realizar otras actividades que simplemente permitan a la familia gozarse junta, comunicarse mejor, y en general acercarse. Estas actividades y proyectos funcionan mejor si se realizan regularmente o que sean bien planificados. Es ideal planificar un tiempo específico semanal, quincenal o mensual, cuando la familia esté junta y dispuesta a intentar hablar, realizar proyectos, jugar, etc. Mientras que los cultos se realizan normalmente alrededor de la mesa en el comedor o en la sala de estar, los momentos familiares se pueden realizar en un sinfín de lugares. Es bueno que toda la familia ayude a planificar estos momentos. Una meta sería tratar de hacerlo cuando todos o la mayoría de los miembros de la familia estén presentes. Cada familia determinará lo que prefiera hacer. A continuación se encuentra una lista de posibles actividades y proyectos para los momentos familiares:

1. Muchas familias tienen talentos en la música y se gozarán

en tocar sus instrumentos y cantar la música típica de su país, canciones y composiciones originales.

2. Algunas familias miran juntos algunos programas en la televisión. Pueden discutir los valores demostrados en tales programas, evaluarlos según el concepto presentado de amor, fe, fidelidad, honor, etc., a la luz de las normas bíblicas.

3. Siempre es interesante compartir experiencias personales. Los niños se divierten escuchando las experiencias y anécdotas de cuando los padres eran niños y jóvenes. Para hacer que este tiempo sea más valioso, se deben exaltar las virtudes y los valores de las personas mencionadas en los incidentes.

4. Otra actividad similar a la anterior es una en que le ayuda a cada persona a determinar lo que en realidad son sus valores. Puede contarles historias como la de los misioneros bautistas a Angola que por la guerra fueron forzados a salir del país. Cada uno podía llevar una sola maleta. La familia misionera que cuenta esta experiencia dice que les fueron revelados sus valores de acuerdo a lo que pusieron en sus maletas. Lo que más querían llevar consigo eran cosas que tenían valor sentimental, fotos de la familia, un regalo de los niños o un recuerdo especial, etc. Después de contar esta experiencia, pida que vayan a sus habitaciones y seleccionen lo que llevarían consigo en caso de una extrema emergencia. Deles 15 minutos para hacer su selección, la cual llevarán a la reunión plenaria de la familia para compartirla y explicar por qué la seleccionaron. Esta experiencia debe enseñar mucho acerca de cuáles sean sus valores y permitir una serie de diálogos o estudios bíblicos sobre los valores de la vida cristiana.

5. Además la familia se contentará participando en juegos de mesa o armando un rompecabezas. La competencia y la conversación es la mayor contribución a la vida familiar en estas actividades.

6. Los paseos al parque o al zoológico, o un picnic en el campo proveen una gran oportunidad a la familia para estrechar los vínculos de amor. Algunas familias disfrutan pescando juntas o asistiendo a eventos deportivos como fútbol o béisbol. Ir a la playa o a otros lugares para nadar es siempre popular.

Estas seis ideas se mencionan para fomentar que cada familia

busque pasar tiempo junta, deleitándose de la vida, confiando que estos momentos de relajarse y de compartir algo agradable promueven un gusto y una estabilidad en la vida familiar.

Las actividades cristianas de la familia deben incluir no solamente los cultos y momentos de relajamiento, sino también las que producen sanos resultados en el hogar cuando juntos realicen algunas actividades o proyectos misioneros.

Actividades misioneras para la familia

En cuanto a la obra misionera, la perspectiva de privilegio, en vez de la obligación, crea en los hijos un alto aprecio por la misma y el deseo de participar en ella. También se debe notar que los hijos captan primeramente el espíritu de compasión de los padres además de trabajar juntos con sus padres con personas que necesitan ayuda material o espiritual.

Puesto que nuestras actitudes anteceden a nuestras acciones, es mejor que oremos por aquellos que necesitan nuestro ministerio antes que vayamos a ayudarles. Hace bien que los niños aprendan a orar por los amigos inconversos y por aquellos que sufren y necesitan ayuda espiritual o física. La compasión hacia las personas sin Cristo y las que tienen profundos problemas surge en nosotros cuando nos acercamos al Señor (Mat. 9:36-38).

Los hijos fácilmente aprenden el gozo que acompaña el ofrendar para la obra del Señor. Cuando oramos por la obra misionera y después ofrendamos generosamente, los niños ven lo que es importante para nosotros. Es triste saber que muchos padres descuidan esta "gracia" (2 Cor. 8:4-8) de guiar a sus niños en el "placer" de ofrendar. Por ejemplo, si le dan una moneda regularmente al niño para comprar un caramelo o dulce y le dan la misma cantidad de dinero para su ofrenda, ¿puede el niño no captar que Dios tiene el mismo valor que un caramelo para nosotros?

Los niños pueden contribuir grandemente durante la visitación, evangelización o ministerio realizado especialmente si comparten el motivo espiritual de amor que promueve a los cristianos a estrecharse en aquellas maneras. Los niños bien pueden contribuir al buen testimonio por su buen comportamiento, respeto demostrado

y preocupación por las personas visitadas. Todo el mundo aprecia a un niño y siente un cariño especial cuando los niños tratan de ministrar en alguna manera, aunque sea sencilla. Grande es el gozo de una anciana cuando un niño le regala un cuadro o manualidad hecha por él. La gente pocas veces rehusará un tratado entregado por un niño. En alguna oportunidad, la familia puede decidir socorrer a una persona que necesita ayuda; ese sería el caso de reparar un techo o la plomería, o de pintar la casa. Los niños pueden participar en estos proyectos.

Otras familias se gozan en grabar los cultos dominicales de su iglesia y llevarlos a los ancianos u otras personas interesadas. Además la grabadora, casete o CD es muy útil para mandar mensajes a personas en el servicio militar o a los obreros denominacionales. Se hace más interesante y de mayor provecho el uso de grabaciones si estas resultan en un intercambio de mensajes con personas por las cuales la familia desea orar más conscientemente sobre ciertas circunstancias y necesidades. Todas estas ideas son nada más que algunas sugerencias para estimular a nuestras familias a ser más creativas en su forma de desempeñar su vida. Dios ha creado la familia para ser la base de la sociedad y del mundo. Debemos preocuparnos en que nuestra familia contribuya a la integridad del mundo y no a su desintegración.

Ejercicios

Cuestionario:

1. ¿Por qué están sufriendo muchos hogares un quebrantamiento?
2. ¿Cómo podemos definir un hogar cristiano? ¿Está usted de acuerdo con el autor en su definición?
3. ¿Qué es tener una conciencia abierta a Dios?
4. ¿Qué efecto tiene la "conciencia de tiranía" sobre la comunicación con los hijos en cuanto a Dios?
5. ¿Qué significa para usted que la vida espiritual en el hogar depende de que Cristo reine en nuestro corazón?
6. ¿Cómo podemos testificar a los miembros inconversos en la familia?
7. De los siete principios que debemos practicar y enseñar en

el hogar, mencione tres de ellos que usted cree que son de mayor importancia, dando una razón por su selección.

8. De los ocho beneficios que recibimos por celebrar el culto familiar, mencione cuatro de ellos que le gustan. ¿Hay algunos que cree que no sean importantes? ¿Cuáles? ¿Por qué lo cree así?
9. De las sugerencias sobre cómo celebrar el culto familiar, ¿cuáles dos le parecen ser de mayor ayuda o que usted pueda incorporar en tiempos devocionales con los suyos?
10. ¿Cuáles tres ideas sobre el uso de la Biblia le parecen a usted de mayor importancia? Explique brevemente la razón porqué las seleccionó.
11. ¿Cuáles tres de las sugerencias sobre los tiempos familiares le gustan? ¿Cree que las puede incorporar en la vida de su familia?

Para dinámica de grupo:

1. ¿Por qué tienen tantas familias cristianas dificultad en realizar el culto familiar?
2. ¿Cuál es la responsabilidad de los padres en dirigir a los hijos hacia una relación espiritual con la iglesia y la obra misionera? ¿Agregaría usted algunas ideas a las del autor en relación a las "actividades misioneras para la familia"?

Capítulo 12

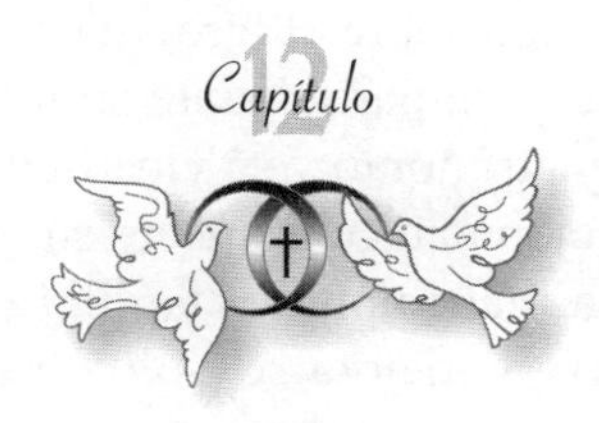

SUGERENCIAS PARA EL PROGRAMA DE EDUCACIÓN FAMILIAR EN LA IGLESIA

Cada familia precisa de información y habilidad para entenderse y comunicarse bien. El éxito en la relación entre parejas o dentro de familias no es automático. El hecho de que los padres tengan niños no garantiza que sepan cómo criarlos y guiarlos en los caminos sabios y sagrados. La iglesia tiene una oportunidad especial para proveer a los feligreses una capacitación sobre cómo relacionarse, comprenderse y comunicarse.

La educación familiar es un esfuerzo consciente de ayudar a las familias cristianas a prepararse para que puedan vivir más eficazmente durante las diferentes etapas de la vida familiar. Además, el programa de educación familiar en la iglesia debe ofrecer a los matrimonios oportunidades para mejorar y enriquecer sus relaciones, y educarles con algunos consejos sobre cómo comunicarse en una manera que no les amenacen. Los objetivos de la educación familiar son los siguientes:

1. Ayudar a las familias a experimentar lo bueno y lo práctico de la vida cristiana a través de todas las etapas de la vida familiar, desde el matrimonio hasta la vejez.

2. Proveerles asistencia en saber cómo una familia puede apoyarse mutuamente en la edificación cristiana.

3. Guiarles a percibir sus responsabilidades hacia la iglesia y la obra misionera, y a seleccionar las formas para una participación efectiva y edificante.

Se nota que todo el programa de educación familiar es positivo y constructivo. No se sugiere que seamos analíticos ni que practiquemos psicología el uno sobre el otro, ni en los matrimonios ni en las familias; sino que cada participante simplemente reconozca su deseo de mejorar su matrimonio y su vida familiar e intente por medio de actividades y ejercicios enriquecer sus relaciones familiares. Suponemos que cada matrimonio y familia tiene suficiente capacidad de comprenderse y mejorarse; solo necesitan estar animados para que se estrechen hacia algunas mejoras. No se encuentra en las sugerencias de este capítulo material psicológico para ayudar a las familias que atraviesan crisis extremas, pero sí se dan algunas ideas para hacer más funcional la vida cristiana dentro de las relaciones conyugales y familiares.

Cómo comenzar el programa

El primer paso para comenzar el programa de vida familiar es descubrir necesidades que se sienten en las familias de la congregación. Cada iglesia tiene que formar su propio programa porque los problemas que se enfocan de año en año variarán de una congregación a otra. Si el pastor es el que va a dirigir el programa, él puede determinar de antemano cuáles son las necesidades de su congregación a través de sus visitas y consejos tanto a cónyuges como a familias en momentos difíciles y de extrema crisis. Sin embargo, si solo el pastor decide el programa, puede resultar en que él reconozca solo una parte de los problemas en las familias de la congregación. Por lo tanto, quizá sería conveniente que el concilio de la iglesia se reúna, a fin de determinar el programa más adecuado para dicha iglesia[1].

Normalmente el concilio consiste del pastor, el director de la Escuela Dominical, el director del programa de discipulado o cualquier otro programa de capacitación y desarrollo cristiano, la directora de la Unión Femenil Misionera, el presidente de los jóvenes, más otros oficiales de la iglesia como el tesorero y los presidentes de las diversas comisiones elegidas por la iglesia. Una función principal del concilio es la coordinación del calendario de actividades de la iglesia.

En algunos casos es imposible que el concilio sea el grupo ideal para planificar el programa de educación familiar para la iglesia.

En tal caso, el pastor puede nombrar una comisión especial que llevará sus conclusiones y sugerencias al concilio de la iglesia o directamente a la iglesia. La razón de presentar el programa de educación familiar al concilio es para la coordinación de los eventos sugeridos con el calendario de la iglesia. Cualquiera de los dos, el concilio o la comisión, puede llevar las ideas para el programa familiar a la iglesia, después de su debida consideración por el concilio.

El trabajo de la comisión tiene cinco facetas:

(1) Repasar el énfasis actual sobre la familia en el programa de la iglesia.

(2) Descubrir las necesidades sentidas por las familias de la iglesia.

(3) Sugerir un programa adecuado para ayudar a las familias de la iglesia.

(4) Ayudar en la implantación de tal programa.

(5) Evaluar el programa a fin de mejorarlo o encauzarlo hacia otras necesidades sentidas.

La función de descubrir las necesidades de la iglesia es primordial en poder lanzar un programa creativo y adecuado. El grupo puede intercambiar ideas y formar una lista de necesidades que se sienten dentro de la congregación. La comisión preparará la lista y determinará las necesidades más apremiantes. Es común que se requiera una reunión general para preparar la lista y decidir la dirección inmediata del programa a crearse. Una idea para acelerar el trabajo de la comisión es asignar varias partes del programa (semana del hogar, retiros, conferencias, etc.) a diferentes individuos o subcomisiones para que estos lleven sus sugerencias a la reunión plenaria de la comisión.

Formación de la lista de necesidades

Antes de la primera reunión, la comisión puede administrar a la congregación una encuesta sobre los intereses familiares. Un modelo de este tipo de encuesta se encuentra al final del capítulo. Después de recibir los resultados de las encuestas, la comisión puede preparar una lista de necesidades.

Hay varias maneras de agrupar las ideas y temas a considerar.

Una manera es por las etapas en la vida familiar. Otra es por las clases de relaciones familiares. Aun otra es por temas específicos. He aquí algunas sugerencias de temas para considerar en la elaboración de un programa de educación familiar:

Según las etapas familiares (con enfoques especiales en cada etapa)[2].

1. *Niños*. Respeto para la autoridad de los padres; actitudes positivas; autoestima; aprecio y cuidado de su cuerpo; lugar y papel en la familia; enseñanza bíblica sobre la familia; cooperación en el hogar.

2. *Adolescentes*. Aceptación de los cambios fisiológicos de su cuerpo; interpretación de la atracción sexual hacia el sexo opuesto; cómo conocer y formar amistades con aquellos del sexo opuesto; comunicación con los padres; construyendo personalidades sanas y estables; desarrollando una perspectiva cristiana hacia el sexo, el noviazgo y el matrimonio.

3. *Novios*. Reconocer las diferencias entre hombres y mujeres en sus aspiraciones y esperanzas; determinar las bases de selección conyugal; decidir las cualidades que se esperan de su futuro cónyuge; guiar en la selección de objetivos sanos durante el noviazgo para lograr un conocimiento mutuo.

4. *Adultos jóvenes casados*. Lograr ajustes en sus roles y personalidades; mejorar la comunicación; aprender pericias para resolver conflictos; reconocer y enfrentar áreas de problemas en el matrimonio; ajustes en la preparación para el primer hijo; comprender el proceso del desarrollo del niño; ajustarse a las necesidades físicas y emocionales de la familia; aceptar sus roles de dirigir la enseñanza bíblica y el culto familiar.

5. *Los divorciados, viudos, separados, abandonados*. Ayudar, tanto a los adultos como a los niños, a superar los sentimientos de duelo (o el vacío) creados por la separación del cónyuge; resolver sentimientos de culpa, ira y hostilidad; guardarse contra las tentaciones morales particulares a su situación; efectuar los ajustes sociales; mantener un sentido de dignidad y autoestima; saber cómo ayudar a los hijos a percibir y aceptar la realidad de su situación,

y ajustarse a aceptar los roles y las responsabilidades de la familia.

6. *Padres de preadolescentes.* Desarrollar hábitos de disciplina consistentes y sanos; formar pericias en la comunicación con los niños; comprender las necesidades (o tareas) del desarrollo de los niños; saber cómo motivarlos; saber cómo llenar las necesidades espirituales de los niños y de sí mismos como padres.

7. *Padres de adolescentes.* Mantener abiertas las líneas de comunicación con los adolescentes; aceptar el desarrollo sexual del adolescente y ayudarle a aceptarse a sí mismo; comprender los cambios físicos y emocionales de los adolescentes; determinar los límites de la libertad de los adolescentes; planificar pasar tiempo juntos para un recreo o para pasear con los hijos adolescentes.

8. *Adultos de edad madura.* Prepararse para cuando todos los hijos sean adultos y casados; crear buenas relaciones con las nueras y los yernos; cómo criar sabiamente a los nietos; cómo mantener su propio matrimonio edificante y estimulante; enfrentar las crisis familiares.

9. *Adultos jubilados.* Mantener un sentido del propósito y valor de la vida; ajustarse a estar solo o separado de varios de los hijos; ajustarse a vivir con menos ingresos; manejar bien los problemas de salud; enfrentar la muerte con dignidad y fe; mantener buenas relaciones con los hijos y nietos; seleccionar aficiones o pasatiempos para practicarlos a solas o con grupos de amigos.

Según las relaciones familiares

1. *Esposos a esposas.* Comunicación, roles, ajustes sexuales, valores, tiempo juntos, resolución de conflictos, edificación mutua, hacer planes juntos del futuro inmediato y del lejano.

2. *Padres a hijos.* Edificación, crianza, supervisión, comprensión de su desarrollo, disciplina, comunicación, pasar tiempo juntos, desarrollo espiritual.

3. *Niños a niños.* Rivalidades, imagen propia, autoestima (sentido de valor), necesidad de sentirse amado.

4. *Suegras a nueras.* Crianza de los nietos, interferencia en la vida de los hijos casados, días especiales y feriados, valores, finanzas.

Según temas o problemas especiales

1. Permanencia del matrimonio
2. Comunicación entre los cónyuges
3. Comunicación entre padres e hijos
4. Vida cristiana, crecimiento espiritual y culto familiar
5. Programa de educación familiar y consejo prematrimonial
6. Valores, metas e ideales
7. Manejando los conflictos en forma creativa
8. Matrimonios mixtos
9. Finanzas y presupuesto familiar
10. Amenazas sociales y culturales a los ideales cristianos del matrimonio
11. Las diferencias entre hombres y mujeres
12. Una perspectiva cristiana del sexo
13. Tiempo juntos como familia
14. Participando como familia en la iglesia y la obra misionera
15. Roles y autoridad de los padres
16. Disciplina y crianza de los niños
17. Cuando ambos padres trabajan fuera del hogar
18. Planificación familiar
19. Relaciones con los suegros
20. Recreo, Internet, televisión y cine (influencia de los medios de comunicación masiva)
21. Duelo y pesar debidos a muerte, abandono, separación, mudanza o divorcio
22. El cuidado de los ancianos
23. Madres abandonadas
24. Relaciones sexuales prematrimoniales y extramatrimoniales
25. Los procesos del desarrollo de los niños
26. Educación sexual a los hijos preadolescentes
27. Educación sexual a los adolescentes
28. Problemas de alcohol y drogas
29. Manejando las derrotas en la familia

Métodos para conducir el programa

Hay muchas formas para comunicar las verdades sobre el hogar.

Sermones y charlas son dos maneras muy populares y comunes. Puede ayudar más a los miembros de la congregación si, después del sermón o charla sobre el tema, se fomenta un diálogo. (Esto se puede hacer con el grupo entero o se puede organizar a la congregación en grupos pequeños, dirigidos por personas especialmente preparadas de antemano con el bosquejo del sermón o charla, preguntas relevantes y conceptos tocantes al tema bajo consideración). Las presentaciones pueden variarse con el uso de películas, videos y grabaciones.

Una forma favorita de nuestra iglesia es la de dramatizar el rol que tienen los varios miembros en la presentación de conceptos como la comunicación con los hijos, respeto a los padres y disciplina. Formamos un equipo y presentamos dramas de tres a cinco minutos, en los cuales tratamos una situación común en la vida hogareña. Después dejamos a la congregación opinar sobre el trato del caso y terminamos con una lectura de pasajes bíblicos pertinentes con comentarios breves. Unos cuatro o cinco juegos de roles de esta índole con el diálogo y lectura hará un programa de aproximadamente una hora. En esta forma la congregación quedará grandemente ayudada porque ha visualizado y participado en la consideración de maneras de cómo comprender el trato común en el hogar y ha recibido ideas sobre cómo mejorarlo.

Los sermones pueden ser muy efectivos para enseñar las verdades bíblicas sobre el hogar. Ayudaría si el pastor preparara copias del bosquejo de su sermón (quizás con palabras faltantes y blancos para ser llenados por los oyentes) y distribuirlas entre los asistentes antes de la predicación. Puede ser también ideal que la congregación reciba una copia del sermón en forma más completa para llevar a la casa después de la predicación, especialmente si contiene algunas actividades o aplicaciones para practicar con la familia después del culto.

Los artículos o folletos sobre temas del hogar también pueden repartirse en un esfuerzo evangelístico del vecindario o para la edificación de los cristianos. Más adelante presentaremos sugerencias sobre sermones respecto al hogar cristiano.

Hará bien a la iglesia proveer periódicamente la venta de libros, folletos, tratados y panfletos sobre temas de la familia. La biblio-

teca de la iglesia debe mantener una cantidad adecuada de libros sobre estos temas para la circulación entre los miembros y simpatizantes, sean niños, jóvenes o adultos.

Siempre es apropiado que el pastor y otros miembros de la iglesia manden cartas o tarjetas a las familias de la iglesia en tiempos especiales como son nacimientos, matrimonios, aniversarios, cumpleaños, fallecimientos, aniversarios de fallecimientos, mudanzas o cuando alguien está gravemente enfermo u hospitalizado.

Otros momentos oportunos para enseñar efectivamente sobre el matrimonio y la familia son la semana o el mes del hogar, día de las madres, día de los padres, día del niño, día del anciano, bodas, funerales y días feriados (como la Navidad o el Año Nuevo). Es un tema siempre al día para las campañas evangelísticas o de mayordomía, estudios doctrinales, programas del programa de discipulado y la Escuela Bíblica de Vacaciones, y los retiros para matrimonios, familias o de jóvenes[3].

Los retiros son una de las maneras más significativas para ayudar a las familias de la iglesia a concentrarse en analizar su matrimonio o familia y proyectar unas mejoras. Los retiros permiten un programa más relajado en el cual las parejas o familias pueden compartir y ganar nuevas experiencias o refrescar las capacidades que ya tienen en relacionarse exitosamente en el núcleo familiar. Los retiros no deben usarse para aplicar terapia a los matrimonios o familias que están en crisis, sino para mejorar y enriquecer a los que ya tienen capacidades de comunicación, comprensión y edificación mutua.

Frecuentemente la metodología para retiros utiliza algo de la dinámica de grupo en grupos pequeños. Las actividades en grupos pequeños demandan el intercambio de ideas y experiencias de los participantes. En algunos retiros, se exige que solo compartan experiencias y eviten las referencias a teorías o ideas filosóficas. La razón de esta táctica no es para negar lo constructivo de las teorías o filosofías, sino para concentrarse en el mejoramiento y la profundización de las relaciones reales entre las parejas y familias que participan. En estos retiros el líder es un ayudante o "facilitador" para que los miembros del grupo aprendan el uno del otro.

Las actividades de aprendizaje varían entre la resolución de casos, dramatizar roles, el uso de encuestas, entrevistas, intercambio de percepciones personales y otras formas de compartir experiencias entre cada pareja, los grupos familiares o el grupo entero. Es especialmente favorable el compartir las experiencias sobre prácticas matrimoniales y familiares que sí están produciendo buenos resultados. No es aconsejable que un matrimonio o familia en el grupo saque al aire libre algo feo y desagradable de su situación particular. Recordemos que el retiro no es para terapia ni consejo. Si una pareja o familia necesita cierta ayuda especial, es mejor que busque la ayuda del pastor fuera del retiro, o antes o después.

A veces en los retiros el líder dará una breve charla para estimular al grupo o para instruirle en los principios bíblicos, referentes al tema bajo estudio. Después de la charla, el líder dirigirá un tiempo de diálogo, preguntas y respuestas, o de intercambio de alguna experiencia en parejas, familias o como individuos. La variedad de maneras de conducir estos retiros es casi infinita, pero el propósito debe ser siempre ayudar a los participantes a salir sabiendo cómo mejorar su situación familiar. Además, cuánto más la pareja o familia pueda poner en práctica ciertas técnicas o simplemente dialogar sobre temas de interés a su vida familiar, es más probable que llevarán consigo algo que continuarán usando al ir a su casa. Si experimentan con algunos métodos de mejorar su comunicación, comprenderse como parejas o familias, o resolver sus conflictos o diferencias, es más probable que irán a su casa para continuar explorando sus nuevas o renovadas pericias. Cuando los retiros se limitan a solamente dar conferencias, normalmente los oyentes salen sin haber experimentado cambios reales en su vida matrimonial o familiar.

Programas para la semana o el mes del hogar

Un evento que siempre parece popular en el medio latino es la semana o el mes del hogar. Los temas para considerarse en tales ocasiones pueden surgir de la comisión sobre la vida familiar, el concilio de la iglesia, el pastor o el conferencista invitado. En todo caso, se sugiere el uso de los resultados de la encuesta sobre las

necesidades que respondieron los miembros de la iglesia; y así determinar lo que realmente la congregación precisa de ayuda. Las ideas aquí expuestas no son definitivas sino tentativas y se sugieren con la esperanza de que cada lector las adapte y las aplique de acuerdo a su situación a fin de ministrar a las familias en sus congregaciones.

He aquí algunas ideas para programas de la semana o el mes del hogar:

Primer ejemplo: domingo a miércoles

(La parte de las conferencias requiere que la congregación se organice en varios grupos, cada uno con su líder).

Domingo

11:00 — Culto matutino: Sermón sobre la familia cristiana

18:00 — Trabajo en grupos

Jóvenes: Factores en la selección de la pareja y el noviazgo

Padres de niños pequeños: Comprendiendo el desarrollo del niño

Padres de adolescentes: Comprendiendo el desarrollo del adolescente

Adultos maduros: El matrimonio que perdura

19:30 — Culto vespertino: Sermón sobre el matrimonio cristiano

Lunes

19:00 — Período general: Presentación sobre "El poder del oído" (La base de la buena comunicación es poder escuchar).

19:30 — Trabajo en grupos

Jóvenes: Comprendiéndose y comunicándose con los padres

Padres de niños pequeños: Comunicación exitosa con los pequeños

Padres de adolescentes: Comunicación con los adolescentes

Adultos maduros: Comunicación con los hijos casados, los yernos, las nueras y los nietos

Martes

19:00 — Período general: Presentación sobre los roles y responsabilidades en la familia

19:30 — Trabajo en grupos
Jóvenes: Las personalidades masculinas y femeninas y cómo estas reflejan la forma de ser de los padres
Padres de niños pequeños: Educación sexual de los niños o la disciplina de los niños
Padres de adolescentes: Educación sexual de los adolescentes o educación moral (incluyendo los valores) de los adolescentes
Adultos maduros: Preparándose para la jubilación y la vejez

Miércoles

19:00 — Período general: Presentación sobre la vida espiritual en el hogar (dedíquese un tiempo especial para orar).
19:30 — Trabajo en grupos
Jóvenes: Los valores de una vida disciplinada
Padres de niños pequeños: Criados en los caminos del Señor
Padres de adolescentes: Ayudando a los hijos a descubrir sus dones y a seleccionar su vocación
Adultos maduros: Compartiendo la vida en Cristo con la familia
20:30 — Clausura en que las familias se juntan para orar las unas por las otras

Segundo ejemplo: domingo a domingo

(Cuando se tiene un solo conferencista, él puede dar conferencias a diferentes grupos cada noche).

Domingo

11:00 — Culto matutino: Sermón sobre las bases bíblicas del hogar cristiano
17:00 — Refrigerio con los adolescentes y jóvenes. Charla y diálogo sobre el noviazgo
19:00 — Culto vespertino: Sermón sobre cómo vencer barreras para lograr un buen matrimonio

Lunes

19:00 — Conferencia para los novios y recién casados sobre los ajustes tempranos en el matrimonio

Martes

19:00 — Conferencia con los padres de niños de hasta 12 años sobre cómo comprenderlos y comunicarse con ellos

Miércoles

19:00 — Conferencia con las familias completas: Estructurando y planificando tiempo familiar. Tiempo para escucharse, orar, fijar metas y jugar juntos

Jueves

19:00 — Conferencia con los padres de adolescentes sobre la comprensión y comunicación con ellos

Viernes

19:00 — Conferencia con los adultos maduros sobre los ajustes a la jubilación y vejez. (Puede ser la noche de tiempo familiar para las demás familias de la iglesia).

Sábado

Desayuno para los varones: Tema sobre el hombre, el esposo y el padre cristiano

Almuerzo con las damas: Tema sobre la mujer, la esposa y la madre cristiana

Cena con los jóvenes: Tema sobre el sexo y las emociones, o sobre cómo formar una moralidad estable en un mundo inestable

Domingo

11:00 — Culto matutino: Sermón sobre cómo Cristo ayuda al hogar (véase la exposición más adelante).

18:00 — Tiempo de diálogo con preguntas y respuestas que surgen debido a las conferencias y sermones de la semana

19:00 — Culto vespertino: Sermón sobre el enriquecimiento del matrimonio y la vida familiar

Tercer ejemplo: El "Mes del hogar"

En el "Mes del hogar" se pueden usar los miércoles y domingos más algunos sábados para actividades especiales. Las conferencias sugeridas en el primer y segundo ejemplos se pueden aplicar a cualquier agenda. Se sugiere que en el "Mes del hogar" se intente por lo menos un retiro para el enriquecimiento de los matrimonios o de las familias. El retiro puede ser de un viernes en la noche al sábado

en la tarde o domingo en la tarde, dependiendo de las instalaciones en que se realiza el retiro, el costo, el interés del grupo, la disponibilidad del conferencista, etc.

Para variar el programa del "Mes del hogar" una iglesia puede solicitar la ayuda de algunas familias con buen testimonio para dirigir los cultos de los miércoles y los domingos por la noche. El pastor predicará sobre algún aspecto del hogar cada domingo en la mañana. Las familias cristianas dirigirán la música, la oración, la ofrenda y la exposición de la Palabra. Algunos compartirán su testimonio de cómo Cristo les ha ayudado en su vida familiar o cómo han vencido diferentes problemas o conflictos personales. Además se puede realizar algunas actividades durante dos sábados del mes: un picnic con los jóvenes con un estudio bíblico o entrenamiento sobre el discipulado; y un programa con varias presentaciones sobre el noviazgo (especialmente enfocando el problema de las relaciones sexuales prematrimoniales).

Predicando sobre el hogar

Hay ciertos principios que se sugieren seguir cuando uno quiere predicar sobre los distintos temas del hogar. Primeramente debe escudriñarse el material bíblico al respecto, y dirigir su presentación desde la autoridad con que Dios creó el hogar y saber cómo hacerlo funcionar mejor. Segundo, debe ser positivo y edificante. Todas las familias sufren derrotas y fracasos. Los hogares enfermos necesitan una prescripción para sanarse. Parte de nuestra tarea es ayudar a las familias cristianas tanto a prevenir como a rescatarse de las crisis familiares. Tercero, seamos evangelísticos y pastorales en nuestra manera de presentar los sermones y estudios sobre el hogar. Las familias necesitan conocer a Cristo personalmente para encontrar la fuente de solución para sus crisis, pero no hay garantía de que las familias cristianas no tengan problemas por falta de comprensión o mala comunicación, o porque no puedan siempre controlar sus emociones. El cristiano tiene que saber cómo crecer en la gracia y el conocimiento del Señor Jesucristo (2 Ped. 3:18) para ponerlo en práctica[4].

Además de seguir ciertos principios, hay que evitar algunos erro-

res. Un error es el de no reconocer que la familia es un tema sobre el cual hay muchos sentimientos, tanto positivos como negativos. Hay tanto fracasos como victorias entre los oyentes y, por lo tanto, el pastor hará bien en ser sensible a su congregación y presto para subsanar sus dolencias en el amor de Cristo (Gál. 6:1, 2).

Otro error es el de ser demasiado idealista o simple en la presentación, tanto que se daña la credibilidad; o sea, que los hermanos tendrán dificultad en creer nuestro mensaje cuando no les ayudamos a enfrentar la vida que viven en la realidad. No hace bien poner metas tan altas que nadie las pueda alcanzar. Los problemas hogareños que los hermanos tienen a veces son muy complejos y por consiguiente debemos identificarnos con sus problemas. Una manera de hacer esto es la de confesar nuestra propia lucha, y mostrar cómo el Señor nos ha ayudado a comprender las dimensiones del problema y encontrar algunas soluciones. Seamos humildes en comunicar sobre el hogar cristiano y sus problemas.

Un tercer error que debemos evitar es el del uso de ilustraciones de nuestra visitación o consultas pastorales. No hay nada que arruine nuestra efectividad en la comunicación como la divulgación de información privada. Así se pierde la confianza de los hermanos de compartir su luchas y problemas. En este mismo sentido el pastor debe mostrar cuidado en el uso de ilustraciones personales o de los miembros de la familia. Se puede herir emocionalmente al hijo o a la esposa por decir demasiado en cuanto a conversaciones o incidentes personales. Antes de hablar en público sobre tales casos, consulte con las personas afectadas para conseguir su permiso para relatar aquella información[5].

El trabajo del predicador es siempre tener algo relevante para decir a su grey que estimule a sus miembros a acercarse a Dios y a los ideales presentados en la Biblia. He aquí algunos bosquejos de sermones sobre el hogar que pueden ayudarle en sus intentos de comunicar alguna verdad a las familias de su congregación.

Cómo Cristo ayuda al hogar

Base bíblica: Colosenses 3:12-21

Introducción: Puesto que muchos elementos modernos debilitan

y destruyen el hogar, precisamos una ayuda especial para mantenerlos unidos y funcionando felizmente.

1. Cristo nos trae tierno amor (v. 14).
   (1) Un vínculo perfecto.
   (2) El ministerio de Cristo de "tocar" a los niños, enfermos, etc.
   (3) Sentir los sufrimientos y querer ayudar.
2. Cristo nos capacita para comprender a los nuestros (v. 12).
   (1) Estos versículos nos preparan para entender los versículos 18 al 21 sobre el hogar.
   (2) El v. 12 describe el espíritu del siervo, y aquel mismo espíritu nos ayuda a comprender a aquellos que servimos.
   (3) Aquel espíritu nos guía a creer lo mejor de otros.
3. Cristo nos da paz (v. 15).
   (1) La paz refleja bienestar y libertad.
      a. Libertad para vencer la tentación.
      b. Libertad para no caer en pequeñeces.
   (2) El mayor enemigo de la paz es el ego humano.
4. Cristo nos trae perdón y gracia (v. 13).
   (1) De la manera que Cristo nos perdonó, así perdonamos.
   (2) El hijo pródigo de Lucas 15 volvió a casa. ¿Por qué? Confiaba en la gracia inusitada y generosa de su padre.
   (3) Muchos hogares sufren por algunos que no saben perdonar.
5. Cristo crea una vida abundante (v. 16).
   (1) La vida abundante proviene de su Palabra.
   (2) Nos capacita a enseñar y a exhortar a los nuestros.
   (3) Crea en nuestro corazón alegría por lo bueno que él produce en nosotros y en nuestra familia.

Conclusión: Confiemos en que haciendo todo en el nombre del Señor Jesucristo, él esté obrando en nuestra vida y familia para producir sus mismas actitudes y acciones en las nuestras (v. 17). Así que, demos gracias a Dios Padre por medio de Cristo.

Las buenas intenciones de los malos padres

Base bíblica: 2 Samuel 23:5;18:21-33

Introducción: ¿Cómo es posible que un joven tan lleno de valor y fe como lo era David, se encuentre con tanta adversidad y rebelión en su propio hogar después de llegar a ser rey? Spurgeon decía de David que su "almohada de muerte tenía espinas". Sus problemas iban amontonándose, y no los enfrentó ni los venció con el valor y la fe de su juventud.

1. Un buen comienzo no garantiza un final feliz.
   (1) Juventud ejemplar y héroe popular.
   (2) El éxito trajo consecuencias funestas.
      a. Se convirtió en el centro de autoridad.
      b. No calculó el fruto de su pecado (2 Sam. 12:15).
      c. Pensaba que su pecado era un secreto (2 Sam. 12:12). (El dulce cantor de Israel sonaba desafinado).
2. El relajamiento por la preocupación hacia los hijos trajo ruina a la relación.
   (1) Absalón fue criado mal.
   (2) El pecado y rebelión de Absalón trajeron tragedia.
      a. Absalón mató a su hermano Amnón por violar a su hermana Tamar (2 Sam. 13:29).
      b. Absalón huyó por tres años (2 Sam. 13:38).
      c. Absalón volvió a Jerusalén pero no vio a su padre por dos años (2 Sam. 14:28).
3. El mal ejemplo destruye la buena enseñanza.
   (1) Hay que vivir la belleza de los himnos que cantamos.
   (2) Los hijos son los primeros en ver las inconsistencias de sus padres ("entre el dicho y el hecho hay mucho trecho").
4. Al comentar el error, hay que actuar antes que sea demasiado tarde.
   (1) Examine el lamento triste de David por no haber sido responsable (2 Sam. 18:33).
   (2) Al ver la necesidad, se mueve a llenarla.
   (3) Vivir en el amor no será en vano; aplíquelo a las crisis logrando una victoria que solo Dios producirá.
   (4) Hay que pedirle a Dios que traiga victorias en medio de nuestras derrotas.

La madre ejemplar (Día de las Madres)

Base bíblica: 1 Samuel 1:9-28

Introducción: Relate la historia de Ana que suplicaba a Dios por un hijo, su experiencia del nacimiento de Samuel y la entrega de este a Elí.

1. Ejemplar en la adversidad.
   (1) Penina se burlaba de Ana, causando espinas en su corazón (v. 6).
   (2) Aun siendo provocada, Ana solo lloraba y llamaba al Señor (vv. 7, 10).
      a. Derramó su corazón delante del SEÑOR (v. 15).
      b. Fue malentendida por Elí.
   (3) Por fe hizo un voto ante el SEÑOR (v. 11).
2. Ejemplar en su confianza en Dios.
   (1) Al oír que la bendición de Dios era suya, dejó de llorar y comió (vv. 17, 18).
   (2) La oración fue contestada.
   (3) Dios cumplió la promesa y dio a Ana y a Israel el profeta más importante desde Moisés.
   (4) Todo se debía a la fe de una mujer.
3. Ejemplar en cumplir su voto.
   (1) Cuidó de Samuel hasta destetarlo, amándolo y enseñándole.
   (2) Lo dedicó por completo al SEÑOR (vv. 27, 28).
      a. Ella exaltó al SEÑOR en palabra y en entrega (vv. 26, 27; 2:1-11).
      b. El niño Samuel también adoró al SEÑOR (v. 28), reflejando la fe de su madre en todo el suceso.
   (3) Dios dio a Israel el restaurador, el hijo singular y especial.
      a. Su nombre quiere decir "dado a Dios".
      b. La nación sufría por falta de liderazgo espiritual (2:12).
      c. Este sería el último juez, uno de los profetas más valientes y, aunque no era de la tribu de Leví, un gran sacerdote.
      d. Dios manda las grandes bendiciones según la fe, aunque sea de una sola persona, en este caso, la madre Ana.

Los años gloriosos (Día del anciano)

Base bíblica: Juan 21:18-22

Introducción: Relate la experiencia de confrontación e interrogación de Pedro por el Señor Jesucristo (Juan 21), la cual probó el calibre del amor del discípulo.

1. Son años para ministrar cuidadosamente a otros, para apacentar las ovejas.
2. Son años para seguir a Cristo fielmente.
3. Son años para prepararse confiadamente para el encuentro final y glorioso.

Características de un amor maduro

Base bíblica: Filipenses 2:1-5

Introducción: El vínculo perfecto de toda la obra de Cristo en nosotros es la acción de su amor. El amor maduro es el que nos sostendrá y que nos llevará a ser hombres, mujeres, hijos y familiares completamente adecuados para formar hogares verdaderamente cristianos.

1. El amor se concentra primeramente en otros. Procura que sean felices. El egoísmo es el enemigo principal de los hogares felices.
2. El amor es creativo. Busca la manera de servir a los suyos. No acepta fácilmente la derrota. Está convencido de que puede vencer las barreras en la relación.
3. El amor busca la mutualidad. Dice que es *nuestro* matrimonio y que *nosotros* juntos *resolveremos* cualquier cosa que venga.
4. El amor desea profundamente compartir. ¿Compartimos la casa, la cama y la comida? Es bueno hacerlo, pero también hay que compartir el tiempo, los intereses, los sentimientos y las actitudes. No se satisface con lo físico.
5. El amor aprecia a la persona que ama. No busca reformarle, sino la aprecia por lo que es. Está atento para hacer resaltar lo bueno que otros hacen en vez de criticar lo deficiente. El aprecio produce mayor fruto de contentamiento que de regaño.
6. El amor maduro es un amor que perdura. No se pone duro sino blando y moldeable porque se queda cerca del caluroso amor

de Cristo y sigue su ejemplo. Está atento a su manera de actuar y tratar a otros. Esto es seguir en pos del Señor; es decir, seguir su ejemplo de cómo tratar a otros, especialmente nuestra pareja y nuestra familia.

Encuesta: Necesidades de la familia

Nuestra iglesia está planeando una conferencia sobre la vida familiar, la que se realizará próximamente. Para hacer que esta conferencia sea de mayor provecho a la mayoría de las familias, necesitamos saber cuáles son los temas que usted desea que se consideren. Revise por favor la lista de temas e indique su grado de interés colocando una (X) en la columna que mejor refleja su sentir al respecto.

Categoría de edad por años: 12-20____, 21-30____, 31-40____, 41-50____, 51-60____, 61 o más____

Temas	Nada de interés	Algo de interés	Mucho interés
Preparándose para ser padres	______	______	______
Guiando a los preescolares	______	______	______
Guiando a los niños de 6 a 12 años	______	______	______
Guiando a los adolescentes	______	______	______
Viviendo con jóvenes mayores	______	______	______
Viviendo con un niño “especial”	______	______	______
Educación sexual para los preescolares	______	______	______
Educación sexual para los niños de 6 a 12 años	______	______	______
Educación sexual para los adolescentes	______	______	______
Las buenas relaciones con los padres (para niños y/o adolescentes)	______	______	______
La selección de pareja y el noviazgo	______	______	______
Los consejos prematrimoniales	______	______	______
Los problemas morales: drogas, alcohol, etc.	______	______	______
La comunicación entre cónyuges	______	______	______
Los ajustes en el matrimonio	______	______	______
Las buenas relaciones sexuales en el matrimonio	______	______	______
Sólo para hombres: Esposo y padre	______	______	______
Sólo para mujeres: Esposa y madre	______	______	______
El presupuesto familiar	______	______	______

Los cultos familiares	______	______	______
La esposa que trabaja fuera del hogar	______	______	______
Los problemas de los adultos maduros	______	______	______
Resolviendo conflictos en el matrimonio	______	______	______
Los tiempos familiares	______	______	______
Los años de la jubilación	______	______	______
Los problemas del divorcio y el abandono	______	______	______
Confrontando la muerte	______	______	______

Ejercicios

Cuestionario:

1. ¿Cómo se puede definir la educación familiar?
2. Mencione los tres objetivos de la educación familiar.
3. ¿Cuáles son algunos pasos para comenzar un programa de educación familiar en la iglesia?
4. Mencione tres métodos para conducir el programa de educación familiar que usted cree conveniente para su iglesia.
5. Mencione los tres principios a seguir y los tres errores que evitar cuando usted está predicando sobre el hogar.

Proyectos a realizar:

1. Prepare un culto para el Día de las Madres, el Día de los Padres, o cualquier día especial relacionado con la familia.
2. Prepare un programa para la Semana del hogar.
3. Prepare un sermón sobre algún tema que se encuentra en este capítulo.

NOTAS

Capítulo 1

[1]David Mace, *A los que Dios ha juntado en matrimonio* (El Paso: Casa Bautista de Publicaciones, 1977), pp. 26, 27.

[2]Esta presentación de propósitos del matrimonio está basada mayormente en el libro de Ernest White, *Marriage and the Bible* (Nashville: Broadman Press, 1965), pp. 38-47.

[3]Stuart B. Babbage, *Dios creó el sexo* (Buenos Aires: Ediciones Certeza, 1971), p. 23.

[4]Mace, *A los que Dios ha juntado en matrimonio*, p. 12.

[5]Ibíd., p. 13.

[6]White, *Marriage and the Bible*, p. 44.

[7]Ibíd., p. 45.

Capítulo 2

[1]Ralph A. Phelps, *Haciendo planes para el futuro* (El Paso: Casa Bautista de Publicaciones), pp. 46-49.

[2]Entiéndase por "cita romántica" el hecho de ponerse de acuerdo con su pareja para salir de paseo, a una reunión social o de otro tipo, o simplemente para conversar y comer juntos. En suma, para estar juntos y aprovechar esto para conocerse mejor.

[3]Adrián González Quirós, *El noviazgo* (El Paso: Casa Bautista de Publicaciones, 1971), p. 28.

[4] Ibíd.

[5] Ibíd.

[6]Luis Palau, *¿Con quién me casaré?* (Miami: Editorial Caribe, tercera edición, 1976), pp. 25-47.

[7]Phelps, *Haciendo planes para el futuro*, pp. 88-92.

[8]Para una lectura sabia respecto al matrimonio mixto, véase Joan Goetz, *El amor y la juventud,* (El Paso: Editorial Mundo Hispano, quinta edición, 1975), pp. 71-78.

[9]Mace, *Getting Ready for Marriage* (Nueva York: Abingdon Press, 1972), p. 55.

[10]José Grau, *Relaciones prematrimoniales* (Barcelona: Ediciones Evangélicas Europeas, 1977), pp. 20, 21.

[11]Ibíd., p. 36.

[12]Ibíd., p. 47.

Capítulo 3

[1]Mace, *Getting Ready for Marriage* (Nueva York: Abingdon Press, 1972), pp. 18, 19.

[2]Ver la última sección del capítulo 7 de esta obra para una discusión respecto al matrimonio de los divorciados.

[3]Las ideas de estas sesiones son una adaptación de H. Norman Wright, *Premarital Counseling* y Weldon y Joyce Viertel, *Marriage and Family Life* (El Paso: Carib Baptist Publications, 1978), pp. 55-67.

[4]Esto se basa en el estudio de Merrill F. Unger, *Unger's Bible Dictionary* (Chicago: Moody Press, 1957), pp. 698, 699.

[5]Henry Bowman, *Marriage for Moderns* (Nueva York: McGraw-Hill Book Company, séptima edición, 1970), p. 194.

Capítulo 4

[1]Mace, *Getting Ready for Marriage* (Nueva York: Abingdon Press, 1972), p. 17.

[2]Henry Brandt y Phil Landrum, *Cómo mejorar mi matrimonio* (Miami: Editorial Vida, 1977), p. 124.

[3]Citado por Babbage, *Dios creó el sexo* (Buenos Aires: Ediciones Certeza, 1971), p. 64.

[4]Ver la muy interesante exposición de estos versículos en Brandt y Landrum, *Cómo mejorar mi matrimonio*, pp. 61-87.

[5]Cecil Osborne, *Psicología del matrimonio* (Miami: Logoi Inc., 1974), p. 8.

[6]Toda esta sección sobre diferencias está basada en Osborne, pp. 8-50.

[7]Ibíd., p. 9.

[8]Ibíd., p. 11.

[9]Ibíd., pp. 12, 13.

[10]Ibíd., pp. 29-34.

[11]White, *Biblical Perspective for Modern Family Living,* p. 14.

[12]Para otra presentación respecto a la sumisión de la mujer, véase la última sección de este capítulo, "Claves de compañerismo".

[13]Charlotte y Howard Clinebell. *Intimidad, claves para la plentitud de la pareja* (Buenos Aires: Editorial La Aurora, 1973), pp.75-79.

[14]Ibíd., pp. 80, 81.

[15]Ibíd., pp. 36, 37.

[16]Ibíd., pp. 25-28.

[17]Elam J. Daniel, *Cómo ser feliz en el matrimonio* (El Paso: Casa Bautista de Publicaciones, 1976), p. 9.

[18]Larry Christenson, *La familia cristiana* (Puerto Rico: Librería Betania, 1970), pp. 36-58.

[19]Ibíd., p. 51.

Capítulo 5

[1]White, *Marriage and the Bible,* (Nashville; Broadman Press, 1965), pp. 3-9 Aquí también se presenta la idea de *soma,* como la naturaleza humana (cuerpo) en su disposición hacia Dios (por ej. Fil. 1:20; 1 Cor. 6:19).

[2]Jean-Jacques von Allmen, *El matrimonio según San Pablo* (Buenos Aires: Junta de Publicaciones de las Iglesias Reformadas, 1970), pp. 22, 23.

[3]Grau, *Relaciones prematrimoniales* (Barcelona: Ediciones Evangélicas Europeas, 1977), p. 130.

[4]Ibíd., pp. 130, 131.

[5]Ibíd., p. 133.

[6]Roland H. Bainton, *What Christianity Says about Sex, Love and Marriage* (Nueva York: Association Press, 1957), p. 29.

[7]El dualismo fue una de las características de la filosofía griega que decía que el espíritu es bueno y que la carne es mala.

[8]Bainton, *What Christianity Says about Sex, Love and Marriage*, pp. 58-63.

[9]Ibíd., pp. 76-79.

[10]Ibíd., pp. 91-102.

[11]Henlee H. Barnette, *The New Teology and Morality* (Philadelphia: The Westminster Press, 1967), p. 53.

[12]Ibíd., pp. 51-53.

[13]Por eso, algunos los llaman “situacionalistas”.

[14]N. H. Hollis, *Teología bíblica de la sexualidad* (El Paso: Casa Bautista de Publicaciones), pp. 11, 12.

[15]Mace, *A los que Dios ha juntado en matrimonio* (El Paso: Casa Bautista de Publicaciones, 1977), p. 41. Ver John W. Drakeford, *Hechos el uno para el otro* (El Paso: Editorial Mundo Hispano, 1970), pp. 119-122.

[16]Herbert J. Miles expresa que al principio es natural tener relaciones sexuales con más frecuencia y ajustarlas más tarde a dos o tres veces por semana (*Felicidad sexual en el matrimonio,* p. 85). Sin embargo, es algo completamente del gusto y la elección de la pareja. No hay nada malo en compartir este acto con frecuencia, tampoco hay algo malo en hacerlo menos por razones de trabajo o preocupaciones.

[17]Para técnicas e información médica sobre el acto sexual ver Ed y Gaye Wheat, *Intended for Pleasure* (Old Tappan, Nueva Jersey: Fleming H. Revell Company 1977), pp. 73-82; y Tim y Beverly LaHaye, *El acto matrimonial* (Tarrasa, España; CLIE, 1976), pp. 71-96.

[18]José G. Carrero H., *La guerra de los sexos* (Maracaibo: Editorial Libertador, 1978), p. 102.

[19]El doctor Carrero opina que los niños nacidos fuera del matrimonio no son bendiciones de Dios, sino fruto de fornicación (Ibíd., p. 101).

[20]Wheat, *Intended for Pleasure,* p. 145.
[21]Wilson W. Grant, *Amor y sexo* (Tarrasa: Editorial CLIE, 1975), p.116.
[22]Para más detalles véase Grant, *Amor y sexo,* pp. 116-119; Miles, *La felicidad sexual,* pp. 118-135; y Wheat, *Intended for Pleasure*, pp. 145-168.

Capítulo 6

[1]Clyde M. Narramore, *Cómo tener éxito en las relaciones familiares* (Tarrasa, España: CLIE, 1974), p. 20.
[2]Samuel Southard, "The Pastor as Marriage Conselor," *An Introduction to Pastoral Counseling*, editado por Wayne E. Oates (Nashville: Broadman Press, 1959), pp. 165-167.
[3]G. Wade Rowatt, "Managing Conflict in the Christian Family", *Review and Expositor*, vol. 75 (invierno, 1978), p. 59.
[4]Véase Narramore, *Cómo tener éxito en las relaciones familiares,* pp. 15-21.
[5]Mace, *A los que Dios ha juntado en matrimonio* (El Paso: Casa Bautista de Publicaciones, 1977), p. 69.
[6]Narramore, *Cómo tener éxito en las relaciones familiares,* p. 20.
[7]Carrero, *La guerra de los sexos* (Maracaibo: Editorial Libertador, 1978), p. 20.
[8]Para una perspectiva cristiana al respecto, véase Joyce Landorf, *Pros y contras en la liberación de la mujer* (Tarrasa, España: CLIE, 1976).
[9]Eugene A. Nida, *Understanding Latin Americans* (South Pasadena, Calif.: William Carey Library, 1974), p. 59.
[10]Mace, *A los que Dios ha juntado en matrimonio*, p. 76.
[11]Carrero, *La guerra de los sexos,* p. 19.
[12]En su uso original, esta palabra tenía el sentido de arreglar huesos rotos. Así debemos recordar que los que cometen faltas contra el Señor, están sufriendo y, por lo tanto, necesitan un trato manso (o controlado, particularmente controlado por el Espíritu Santo). Ver Howard Colson y Robert Dean, *Gálatas: Libertad en Cristo* (El Paso: Casa Bautista de Publicaciones, 1972), pp. 132, 133.
[13]Esta lista es una adaptación de una parte del folleto "Conflictos", producido por la Comisión de Vida Cristiana de la Convención Bautista del Sur (sin fecha). Ver también, H. Norman Wright, *Comunicación: Clave de la felicidad conyugal* (Tarrasa, España: CLIE, 1974), pp. 224-226.
[14]Comisión de la vida Cristiana. *"Comunication"* (Comunicación), sin fecha.
[15]Este estudio sobre la comunicación se basa en una adaptación del Programa del Avance de Motivos (Guía del Seminario) de Combined Motivation Education Systems, Inc., Rosemont, Illinois, sin fecha, pp. 32-38.
[16]Citado en Wright, *Comunicación: Clave de la felicidad conyugal,* pp. 221, 222.

Capítulo 7

[1]Roger H. Crook, *An Open Book to the Christian Divorcee* (Nashville: Broadman Press, 1974), pp. 52, 53.

[2]Una obra que defiende esta interpretación estricta es Guy Duty, *Divorcio y nuevo matrimonio* (Puerto Rico: Editorial Betania, 1975).

[3]Véase Crook *An Open Book to the Christian Divorcee,* pp. 54, 55; White, *Marriage and the Bible* (Nashville, Broadman Press, 1965), pp. 101, 103.

[4]White, *Marriage and the Bible,* p. 108.

[5]"Impedimento", *Diccionario Enciclopedia Salvat, tomo 7* (Barcelona: Salvat Editores S.A., Edición 13, 1968), pp. 138, 139; Lorenzo Miguélez Domínguez, Sabino Alonzo Morán y Marcelino Cabreras de Anta, *Código de derecho canónico* (Madrid: Biblioteca de Autores Cristianos, 1945), pp. 344, 359.

[6]Bainton, *What Christianity Says about Sex, Love and Marriage* (Nueva York: Association Press, 1957), p. 52.

[7]Canon 1131.

[8]Canon 1120.

[9]Crook, *An Open Book to the Christian Divorcee,* p. 26.

[10]Domingo Fernández, "¿Contribuye la esposa a que su marido le sea infiel?", *El Hogar Cristiano* (abril a junio, 1978), pp. 29, 30.

[11]James G. Emerson, *Divorce, the Church, and Remarriage* (Philadelphia: The Westminster Press, 1961), pp. 33-48.

[12]La razón de Pablo al aconsejar a los cristianos a que se quedaran solteros fue para que de este modo pudieran rendir mayor servicio al Señor (1 Cor. 7:32). Aun decía que los que perdieron a sus cónyuges por muerte, y que tenían el derecho de volverse a casar, debían quedarse solteros (vv. 39, 40).

[13]Crook, *An Open Book to the Christian Divorcee*, pp, 69, 70.

Capítulo 8

[1]Nida plantea que la expresión de la fe católica romana entre los latinos, que adoran principalmente a la madre virgen en contraste con la poca mención de Dios y Cristo se debe a la desconfianza que existe entre los latinos hacia los "hombres". *Understanding Latin Americans* (South Pasadena, Calif.: William Carey Library, 1974), pp. 68-70.

[2]Tomado de un cartel de la Comisión de Radio y Televisión de la Convención Bautista del Sur, Fort Worth, Texas.

[3]W. Robertson Nicoll, ed., *The Expositor's Bible, The Book of Proverbs* (Nueva York: A. C. Armstrong and Son, 1903), p. 304.

[4]R. K. Campbell. *The Christian Home* (Nueva York: Loizeaux Brothers, 1940), pp. 72, 73.

[5]Marjorie Stith, *Understanding Children* (Nashville: Convention Press, 1968), p. 10.

[6]Esta presentación se basa en el artículo por Joyce H. Munro, "The Family: Cradle of Spiritual Development." Review and Expositor, vol. 75 (invierno, 1978), pp. 47, 48.

[7]Ibíd., p. 47.

[8]James Dobson, *La felicidad del niño* (Miami: Editorial Vida, 1978).

[9]Samuel Escobar, "Nuevos hogares para una nueva sociedad", *Certeza,* vol. 62 (abril-junio, 1976), p. 170.

[10]C. René Padilla, "La familia, una perspectiva cristiana", *Certeza,* vol. 62 (abril-junio, 1976), p. 180.

[11]Christenson, *La familia cristiana* (Puerto Rico: Librería Betania, 1970), p. 112; Al y Pat Fabrizio, *Los niños, ¿alegría o alboroto?* (Palo Alto, California: Alegría Press, 1969), p. 10.

[12]Christenson, *La familia cristiana,* p. 117.

[13]Dobson, *Atrévete a disciplinar* (Miami: Editorial Vida,1976), pp. 29, 30.

[14]Bruce Narramore, *¡Ayúdenme! Soy padre* (Tarrasa, España: CLIE, 1974), pp. 48-58.

[15]Dobson, *Atrévete a disciplinar,* pp. 29, 60, 61.

[16] Ibíd., p. 61.

[17]Brandt y Landrum, *I Want to Enjoy My Children* (Gran Rapids; Zondervan Publishing House, 1975), p. 106.

[18]Dobson, *Atrévete a disciplinar,* p. 31.

Capítulo 9

[1]William Dyal, conferencia en Buenos Aires, Argentina, junio, 1970 (multigrafiado), p. 15.

[2]Máximo García Ruiz, *El reto de la juventud* (Tarrasa, España: Editorial CLIE, 1977), p. 36.

[3]Comisión de Vida Cristiana, *Parents and Teenagers* (folleto), p. 1.

[4]M. L. Bigge y M. P. Hunt, *Bases psicológicas de la educación* (México: Editorial F. Trillas, 1970), p. 304.

[5]T. Garvice y Dorthy Murphree, *Understanding Youth* (Nashville: Convention Press, 1969), p. 23.

[6]Ibíd.

[7]Ibíd., p. 24. Para una buena descripción de los cambios físicos de la adolescencia, ver Paul D. Simmons y Kenneth Crawford, *Mi crecimiento sexual* (El Paso: Editorial Mundo Hispano. 1976), caps. 1—4.

[8]Véase Osborne, *¡Ámate siquiera un poco!* (Miami: Editorial Caribe, 1978).

[9]Garvice y Murphree, *Understanding Youth,* p. 31 (trad. del autor).

[10]Dyal, conferencia en Buenos Aires, p. 17.
[11]Ver la lista de las once quejas más comunes de los adolescentes contra sus padres: Gary Collins, *Hombre en transición* (Miami: Editorial Caribe, 1978), p. 86.
[12]Anna B. Mow, *Tú y tu hijo* (Tarrasa, España: Editorial CLIE, 1975), pp. 20, 21.
[13]Haim G. Ginott, *Between Parent and Teenager* (Nueva York: Avon Books, 1971), pp. 64, 65.

Capítulo 10

[1]B. A. Clendinning, "Sex Education in the Church", *Sex Education: Resource Guide for the Church* (Nashville: Broadman Supplies, 1970), p. 15.
[2]John C. Howell, *Discussing Sex with Your Child,* reimpreso de *Training Adults* (Nashville: Sunday School Board of the Southern Baptist Convention, 1968), p. 1.
[3]Ibíd.
[4]Ibíd.
[5]Ver *Issues and Answers: Sex Education,* folleto de la Comisión de la Vida Cristiana, Convención Bautista de Texas.
[6]Samuel Vila, *Padres e hijos hablan del sexo* (Terrasa, España: Editorial CLIE, 1974), p. 25.
[7]James L. Hynes, *How to Tell Your Child about Sex* (Nueva York: Public Affairs Pamphlets, 1949), pp. 23, 24.
[8]Ibíd., p. 7.
[9]Para una presentación muy instructiva de las preguntas normales de los niños y respuestas adecuadas que los padres puedan dar, véase Vila, *Padres e hijos hablan del sexo,* pp. 33-44 y en el apéndice del mismo libro, pp.127-141, donde se trata de preguntas que también hacen los adolescentes y jóvenes adultos.
[10]Citado en Hollis, *Getting Rid of the Birds and the Bees: Sex Education in the Christian Home* (Nashville: Broadman Supplies, 1970), pp. 6, 7.
[11]Ver la presentación de Vila, *Padres e hijos hablan del sexo,* pp.16-22.
[12]Grant, *De padres a hijos acerca del sexo* (El Paso: Editorial Mundo Hispano, 1977), pp. 63, 64.
[13]Vila, *Padres e hijos hablan del sexo,* pp. 15, 16.
[14]Para un vocabulario de términos sexuales y comunicables a los niños ver Grant, *De padres a hijos acerca del sexo,* pp. 180-192.
[15]Ibíd., pp. 57-65.
[16]Para recordar los fundamentos de las amistades y la formación de las relaciones importantes, repase el capítulo 2.

[17]Hollis, *La teología de la sexualidad* (El Paso: Casa Bautista de Publicaciones, 1972).
[18]Miles, *Felicidad sexual antes del matrimonio* (Miami: Logoi Inc., 1974), pp. 56, 57. Ver la experiencia de Vila, *Padres e hijos hablan del sexo,* pp. 68, 69.
[19]Charlie W. Shedd, *The Stork Is Dead* (Nueva York: Pilar Books, 1976), p. 72.
[20]Miles, *Felicidad sexual antes del matrimonio,* pp. 52-57.
[21]Babbage, *Dios creó el sexo* (Buenos Aires: Ediciones Certeza, 1971), p. 45.
[22]Ibíd., p. 78.
[23]Jorge León, *Lo que todos debemos saber sobre la homosexualidad* (Miami: Editorial Caribe, 1976), pp. 70-74.
[24]Miles, *Felicidad sexual antes del matrimonio,* p. 56.

Capítulo 11
[1]Billy Graham, "Let Christ Rule Your Home", *Decision* (Febrero, 1980), pp. 1, 2.
[2]Elva Anson, *Cómo mantener unida a la familia que ora* (Tarrasa, España: Editorial CLIE, 1978), p. 11.
[3]Edward E. Thorton, "Raising God Consciousness in the Family", *Review and Expositor* (invierno, 1978), p. 79.
[4]Ibíd.
[5]A. T. Robertson, *Word Pictures in the New Testament,* vol. 4 (Nashville: Broadman Press, 1931), p. 500.
[6]Dorothy Martin, *Creative Family Worship* (Chicago: Moody Press, 1976), pp. 33, 34.
[7]Ibíd., p. 114.

Capítulo 12
[1]S. A. Clendinning, h. (ed), *Family Ministry in Today's Church* (Nashville: Convention Press, 1971), pp. 112-118.
[2]Adaptación de dos listas: S. Autry Brown, *Church Family Life Conference Guidebook* (Nashville: Sunday School Board of the Southern Baptist Convention, 1973), págs, 9, 10; William M. Pinson, h., *Families with a Purpose* (Nashville: Broadman Press, 1978), pp. 134, 135.
[3]Las ideas hasta aquí expuestas son adaptaciones de las de Pinson, *Families with a Purpose,* pp. 138, 139.
[4]Ibíd., pp. 138-140.
[5]Ibíd., pp. 140, 141.

Libros recomendados sobre la familia

Budziszewski, J. J. *Pregúntame cualquier cosa*. El Paso: Editorial Mundo Hispano, 2006.
Cartmell, Todd. *Hijos respetuosos*. El Paso: Editorial Mundo Hispano, 2008.
Deal, Ron L. *Tus hijos, los míos y nosotros*. El Paso: Editorial Mundo Hispano, 2008.
Drescher, John M. *Siete necesidades básicas del niño*. El Paso: Casa Bautista de Publicaciones, 1983.
Farrar, Steve. *El hombre guía.* El Paso: Editorial Mundo Hispano, 1997.
Farrell, Bill y Pam. *Los hombres son como waffles, las mujeres como espaguetis.* El Paso: Editorial Mundo Hispano, 2008.
Gay, Larry y Susan. *Amar es esperar*. El Paso: Editorial Mundo Hispano, 1997.
Giles, James. *Bases bíblicas de la ética.* El Paso: Casa Bautista de Publicaciones, 1994.
Heald, Jack y Cynthia. *Caminemos juntos*. El Paso: Editorial Mundo Hispano, 2002.
Ingram, Chip y Walker, Tim. *Sexo 180*. El Paso: Editorial Mundo Hispano, 2006.
Ingram, Chip. *Amor, sexo y relaciones duraderas*. El Paso: Editorial Mundo Hispano, 2005.
Jaynes, Sharon. *La mujer de sus* sueños. El Paso: Editorial Mundo Hispano, 2006.
Jones, Stan y Brenna. *¿De qué se trata?* El Paso: Editorial Mundo Hispano, 2000.
Jones, Stan y Brenna. *Esta es la realidad.* El Paso: Editorial Mundo Hispano, 2000.
Jones, Stan y Brenna. *Mi historia*. El Paso: Editorial Mundo Hispano, 2000.
Maldonado, Jorge E. *Programa de enriquecimiento matrimonial.* El Paso: Editorial Mundo Hispano, 2005.
Hernández, Pablo Ernesto y Matute, Edda. *Sexo: vida o sida*. El Paso: Editorial Mundo Hispano, 2008.
McDowell, Josh y Hosteler, Bob. *Es bueno o es malo.* El Paso: Casa Bautista de Publicaciones, 2006.
McDowell, Josh y Johnson, Kevin. *Devocionales para la familia*. El Paso: Editorial Mundo Hispano, 2005.
McDowell, Josh. *El padre que yo quiero ser*. El Paso: Editorial Mundo Hispano, 1998.
Nystrom, Carolyn. *Antes de mi nacimiento*. El Paso: Editorial Mundo Hispano, 2000.

Osborne, Rick. *Lo que María y José sabían de cómo ser padres*. El Paso: Editorial Mundo Hispano, 2006.
Swihart, Phillip y Wooten, Wilford, editores generales. *Los primeros cinco años de matrimonio*. El Paso: Editorial Mundo Hispano, 2008.
Trent, John, Osborne, Rick y Bruner, Kurt, editores generales. *Guía para el crecimiento espiritual de sus hijos*. El Paso: Editorial Mundo Hispano, 2006.
Trent, John, Osborne, Rick y Bruner, Kurt. *Enseñe a sus hijos acerca de Dio*s. El Paso: Editorial Mundo Hispano, 2006.
White, John y Weidemann, Jim, editores generales. *Guía para el crecimiento espiritual de los adolescentes*. El Paso: Editorial Mundo Hispano, 2005.
Wyatt, Joyce Cope de. *Nunca es tarde para decirle ¡Sí! a la vida*. El Paso: Editorial Mundo Hispano, 2008.
Young, Ed. *Aventura conyugal*. El Paso: Casa Bautista de Publicaciones, 1995.